CARIBBEAN

Development Report

加勒比地区发展报告

（2021年）

余江　主编

天津外国语大学拉丁美洲研究中心　编著

人民出版社

前　言

加勒比地区的名称容易确定，其地理范围却颇受争议。① 由于加勒比国家和地区的面积、人口、经济规模及其影响力相对较小，加勒比研究多附着于拉美研究，因而“被拉美”的程度颇深。今天，在实现中华民族伟大复兴中国梦和推动构建人类命运共同体的新征程上，我们遴选加勒比地区作为单独的研究对象，具有独特的学术意义和现实价值。本书着眼于加勒比地区最鲜活的现实，同时从历史中寻找发展线索，旨在为广大读者了解、研究加勒比地区提供帮助。

拉美研究的对象传统上涵盖美国以南的美洲地区，即拉美和加勒比地区。本书聚焦加勒比地区，为避免误解，将“加勒比”与“拉美”、“加勒比地区”与“拉美地区”并立，彼此互不包含、交错。

根据地理和人文的标准，本书选取16个国家和16个未独立地区为研究对象。16个国家分别是：安提瓜和巴布达、巴哈马、巴巴多斯、伯利兹、多米尼克、格林纳达、圭亚那、牙买加、圣基茨和尼维斯、圣卢西亚、圣文森特和格林纳丁斯、特立尼达和多巴哥、苏里南、古巴、多米尼加和海地。16个未独立地区包括：英国的安圭拉、开曼群岛、英属维尔京群岛、蒙特塞拉特、特克斯和凯科斯群岛以及百慕大，美国的波多黎各和美属维尔京群岛，荷兰的圣马丁、库拉索、阿鲁巴和荷属加勒比区，法国的圣马

① 此处不展开讨论，可参见 Thomas D. Boswell, “The Caribbean: A Geographic Preface,” in Richard S. Hillman and Thomas J. D’Agostino, eds., *Understanding the Contemporary Caribbean*, 2nd edition, Boulder, London and Kingston: Lynne Rienner and Ian Randle, 2009, Chap. 2。

丁、马提尼克、瓜德罗普和圣巴泰勒米。当然，因研究主题不同、所获资料不齐，书中各章具体的研究对象会有出入。

全书共设 12 章，分为三个部分。第一部分是“形势篇”，分析 2021 年加勒比地区政治、经济和社会形势；第二部分是“分报告篇”，分别探讨加勒比地区的新冠疫情、旅游业、粮食安全、种族、气候变化、外语教育、地区一体化和中加“一带一路”合作等议题；第三部分是“资料篇”，简要记录 2021 年加勒比地区大事。

不妥之处，祈请方家批评指正！

目 录

形势篇

分报告篇

形势篇

第一章　2021年加勒比地区政治形势

徐济①

摘　要：2021年，加勒比政治在民主体制内展开，紧扣两个主题：新冠大流行和西方政治本土化。一方面，在新冠大流行中，有选举任务的国家和地区克服困难，确保选举顺利举行；各方围绕疫情分离、分化的利益进行政治博弈；安全和自由极具张力，疫苗、紧急状态问题触发了新矛盾、新斗争，考验加勒比民主的韧性。另一方面，深受历史影响的加勒比政治按照惯有的节奏前行，用自由、公正、有序的选举展现民主政治的稳定和相对成熟，朝野力量借机大转换；时隔43年后共和国阵营再添新成员，发挥强大的共和效应；建设政治制度削减民主赤字，尤以多方协商机制、透明度和问责制为要，多国选举制度改革尚待落实，成败得失之间，诠释了新时期的西方政治本土化。

关键词：加勒比地区　选举　大流行　民主　制度

进入2021年，加勒比地区新冠疫情持续发酵，政治和经济社会领域交错，政治传统和现实政治要求叠加，正是在这样的环境下，加勒比政治启程，在民主体制内展开，走过稳定、矛盾、制衡、突破、建设和保守的一年，总体上符合其一贯的政治形象，而其中不同的国家、地区、党派、组织、领导人和人民在不同的命运中领略着特有的意义。

---

① 徐济：博士，天津外国语大学拉丁美洲研究中心副主任、助理研究员。

一、从历史中来，到现实中去

历史造就了今天的加勒比政治。作为连续性加勒比政治报告的开端，这里有必要简要回顾一下其历史进程，强调殖民统治模式差异，突出不同的历史传统，然后概述当前特点，作为本章的语境和前奏。

（一）加勒比政治的历史语境

加勒比地区最早的居民来自南美大陆，加勒比人（Carib）是其中三群土著居民之一，加勒比之名由此而来。自 1492 年哥伦布首次登陆巴哈马的圣萨尔瓦多以后，欧洲殖民者接踵而至，书写数个世纪的殖民统治历史。

16 世纪是西班牙殖民垄断时期，其他欧洲列强开始发出挑战。进入 17 世纪，英国、荷兰和法国在小安的列斯群岛建立殖民地，虽仍未对西班牙重要的殖民地和经济地位构成严重威胁，但争夺较 16 世纪更加激烈。随后一个世纪，欧洲殖民者战争不断，奴隶贸易和奴隶制度成为政治争论的重要议题。到了 19 世纪，奴隶贸易和奴隶制度终结，海地和多米尼加独立，美国在世纪末加入加勒比殖民地抢夺战。

宗主国的统治模式各不相同。西班牙旨在征服、殖民和剥削，遂于加勒比地区建立永久定居点（和企业），作为进一步征服其他地区的滩头堡和舰队停靠地。1524 年、1535 年，西班牙先后设立印度群岛委员会和总督，统理政事。由于路途遥远，王室政令需要 3 个月到 1 年时间才能抵达哈瓦那或圣胡安，故常过时效而不再适用；地方官员和精英为了自身政治和经济利益进行抵制，有很大的自主权。英国起初只授权私人在加勒比地区殖民和建立定居点，后来设立特许殖民地制度，由国王向私人企业颁发特许状，管理殖民地。总督经国王直接任命和派遣，有权指定一个 12 人的委员会，其成员来自不同选区，为殖民地发声、负责收税和监督开支。委员会制定法律，总督执行。可见，英国总督的权力受到委员会监督，小于西班牙总督。法国殖民地有双重功能：防止西班牙人袭击和袭击西班牙舰船，因此，这里的定居者更像冒险家，而非殖民者。为了维护秩序，建立殖民地的公司从法国上层阶级遴选总督。和西班牙、英国不同，法国用“殖民地协议”来要求定居者只能跟法国海军进行贸易，当地殖民者不得生产能买自法国的商品，法国则有义务仅从法属加勒比地区获得热带产品。荷兰刚进入加勒比时并无意建立永久殖民地，而只是看重这里带来的经济机会，所以设立了荷兰西印度公司。17 世纪 70 年代末，荷兰授权该公司管理殖民地，养护军队，处理司法事务，与外国签约。丹麦模式与荷兰模式类似，创立丹麦西印度和圭亚那公司。1754 年，丹麦国王购买公司所有股份，并任命总督管理殖民地。①

在殖民地内部，宗主国的政治制度就是榜样，这既是宗主国和殖民地当局强加的结果，也是这些政治制度造就世界大国的示范效应使然。来自宗主国的政治制度会由于殖民地环境差异和人为因素而走样，也会同时输出优缺点，但无论如何，它们都在殖民地投下长长的时间之影。

20 世纪初，古巴独立，美国在第一次世界大战期间占领多块土地，当地民主进步甚微，种族主义蔓延，大安的列斯群岛的独裁政权相继登台；第一次世界大战后，英国和法国改革殖民地制度，提升殖民地代表权；外部环境和内部经济社会形势的快速变化引发了加勒比政治转型，政治制度化和自由化明显，政党和劳工运动发展，选举权逐步扩大。1958—1962 年西印度群岛联邦的昙花一现揭开了加勒比小岛之间的深层矛盾，1959 年古巴革命成功及随后实行社会主义制度则创设了加勒比地区独一无二的政治、经济和社会模式，非殖民化运动从 20 世纪 60 年代延续到 80 年代……总之，60 年代是一个重大的转折点，政治和社会开始根本性重组②：既有政治体制的改变，也有政治动荡，还有民主质量的根本改善。在后冷战时期，加勒比地区再受西方政治制度和价值观加持，应对复杂的现实世界，得失之间，固化了西方政治本土化③，直至进入新千年乃至今天。

---

① D. H. Figueredo and Frank Argote-Freyre, *A Brief History of the Caribbean*, New York: Facts On File, 2008, pp. 45-51.

② Franklin Knight, “The Societies of the Caribbean Since Independence”, in Jorge I. Domíngues, Robert A. Pastor, and R. DeLisle Worrell, eds., *Democracy in the Caribbean: Political, Economic, and Social Perspectives*, Baltimore: Johns Hopkins University Press, 1993, p. 29.

③ 古巴除外。

（二）当前加勒比政治的主要特点

今天，在诸多历史进程和力量的共同作用下，加勒比政治呈现以下主要特征。

1. 扎根殖民地历史。与其他发展中地区相比，殖民地经历对加勒比地区的影响更为深远。英联邦加勒比国家保持长期稳定的民主制度，源于英国民主结构、价值和渐进式去殖民化政策，海地和多米尼加则深受殖民地时期权力高度集中和考迪罗传统等因素影响，民主巩固任务艰难得多。

2. 多元化。古巴自 1961 年以来一直实行社会主义制度，其他国家和地区则移植西方根本政治制度；独立国家多，未独立地区的数量也相当可观，其自治程度还不尽相同；以原宗主国为核心，不同的政治传统和制度体系体现追寻不同的价值；议会制盛行，但也不乏总统制；议会一院制和两院制并行。

3. 民主质量高。加勒比地区在发展中世界素以民主程度高著称，主要体现在自由和公正的选举、政治权利和公民自由、竞争性的政党制度和政治稳定等几个方面。相对于毗邻的拉美地区，其优势较为明显。

4. 行政权力过大。源于英国的威斯敏斯特体制是加勒比政治的主流，其特点是领先者当选，赢者通吃，行政权力过大，因而衍生“议会独裁”“全能内阁”和“反对自己”等现象。

5. 威权色彩浓厚。单一政党主导议会，反对派力量弱小，决策集中化，权力自上而下运行。推崇魅力型领导，具有个人魅力的政治领导人是权威的来源，长期把握大权，超越民主界限，职业化官僚失去中立、公正的立场。

6. 庇护现象严重。政党庇护、个人庇护和选举庇护叠加，充斥加勒比政治生活。政治成为各方利益不恰当交换的工具和场所，却在多数时候披着合法的外衣。

7. 腐败盛行。仅从政治的角度看，行政权力过大，权力架构失衡，透明度和问责制欠缺，腐败盛行。虽已建立许多反腐机构和制度，但腐败根源难除，反腐不力，效果不尽如人意。

二、政权平稳过渡，执政力量式微

2021 年加勒比政治形势首看选举。和 2020 年相比，整个地区 2021 年选举的次数少、规模小，在特立尼达和多巴哥、特克斯和凯科斯群岛、伯利兹、库拉索、安提瓜和巴布达、开曼群岛、阿鲁巴、圣卢西亚和巴哈马共举行 6 场大选、4 场地方选举①，古巴共产党选举产生新一届中央委员会。

（一）选举基本情况

1 月 25 日，特立尼达和多巴哥举行地方议会选举，人民民族运动党和进步民主爱国者党平分秋色，各赢得多巴哥议会 6 个席位。执政 20 年后，人民民族运动党第一次失去绝对多数优势。6∶6 的结果无法确定哪个政党控制议会，这对宪法提出了挑战，迫使特立尼达和多巴哥议会在 3 月通过多巴哥议会修正案，授权选举和边界委员会增加议席。9 月，特立尼达和多巴哥议会通过选举和边界委员会的报告，将多巴哥议会席位从 12 个增至 15 个。12 月 6 日，多巴哥议会选举再次举行，来自 5 个政党的 45 名候选人参加，结果是进步民主爱国者党大胜，获得 14 个议席（另 1 席为人民民族运动党所得），将多巴哥的政治版图几乎全部变绿。

2 月 19 日，英国海外领地特克斯和凯科斯群岛举行大选，共有 38 名候选人参与竞争 15 个席位，进步民族党以 14∶1 的压倒性优势战胜执政党人民民主运动。议会有 21 个议员席位，另 6 个席位为 4 个任命议员和 2 个当然议员所占。本次大选是 2020 年 12 月立法改革之后的第一次选举。2021 年 1 月 9 日，特克斯和凯科斯群岛历史上首位女总理莎琳・卡特赖特–罗宾逊（Sharlene Cartwright-Robinson）宣布提前举行大选，不料选举失败，自己也失去当选议员资格。2 月 24 日，进步民族党领袖查尔斯・华盛顿・米西克（Charles Washington Misick）率领内阁宣誓就职。

3 月 3 日，伯利兹举行地方选举，160 名候选人角逐 67 个名额，其中包

① 为解决 1 月选举的 6—6 僵局，多巴哥议会在 12 月再次选举，共计为 2 场。

括9个市长、58个市镇议员，结果，人民统一党赢得65个席位（含首都贝尔莫潘在内的8个市长、57个市镇议员），统一民主党仅保住2个席位（1个市长、1个市镇议员）。人民统一党在2020年11月大选中大获全胜后，本轮地方选举乘胜追击已属必然。两党在伯利兹长期轮流执政，此前，统一民主党已经连续执政长达12年。在最近的2018年地方选举中，两党对决，统一民主党以41∶26获胜。

3月19日，在荷兰大选结束2天后，其自治领土库拉索举行大选，6个政党分占21个议员名额，其中排名前4位的是库拉索未来运动、真正替代党、全国人民党和人党，它们分获9、4、4席和2席。2017年大选，真正替代党是第一大党。根据库拉索的选举制度，2017年大选至少赢得1个议席的政党自动竞逐下一次大选，而未获议席的政党必须参加初选，至少拿下相当于2017年大选1%的选票，才有资格参加本次大选。所以，为配合3月19日大选，库拉索于1月30日、31日举办初选，共有8个政党跨过1%的门槛。

3月29日，安提瓜和巴布达举行地方议会选举，巴布达人民运动获胜，囊括巴布达理事会所有5个议席。巴布达理事会于1976年根据《巴布达地方政府法》成立，管理岛上内部事务。理事会共设11个席位（其中9席经直接选举确定），每2年举行一次，本次选举5席。共有11名候选人参加选举，其中5人来自安提瓜和巴布达工党。安提瓜和巴布达工党现为安提瓜和巴布达执政党，但由于中央政府要取消巴布达数个世纪以来的集体土地所有权，在巴布达受到选民抵制。

4月14日，英国海外领地开曼群岛举行大选，选出19名议员，执政的人民进步运动有7人当选，独立候选人则控制了其余12个名额。大选原定于5月26日举行，因议长麦基瓦·布什（McKeeva Bush）殴打他人被定罪却拒绝辞职，总理奥尔登·麦克劳克林（Alden McLaughlin）主动谋局，解散议会，提前大选。布什脱离开曼民主党，以独立候选人身份参选并成功当选。选后次日，独立议员韦恩·潘顿（Wayne Panton）与其他9名独立议员商讨组建PACT（英语“以人为本、负责、有能力、透明”的首字母）政府，随后会见有关政要。人民进步运动也争取独立议员的支持，筹组进步联盟政府。经过一番博弈，潘顿领导的联盟成员占多数优势。4月21日，潘顿就任总理。2017年大选是引入一人一票单名选区制后的首次大选，独立议员从原来的 2 人增加到 9 人，但由有 7 人当选的人民进步运动组阁，2021 年，独立议员第一次组阁成功。

4 月 16—19 日，古巴共产党第八次全国代表大会在首都哈瓦那召开，300 名代表出席会议。会议重点讨论和审议古巴经济社会形势与党的建设情况，为未来发展绘制了新蓝图，通过《关于八大中心报告的决议》《关于古巴社会主义发展经济和社会模式理念的更新的决议》《关于 2021—2026 年纲要执行情况及其更新的决议》《关于党的运转、思想工作和与群众联系的决议》《对党干部政策的决议》等决议，选举产生了以米格尔·迪亚斯-卡内尔（Miguel Díaz-Canel）为第一书记的新一届古巴共产党中央委员会，新老两届中央领导集体代际更迭顺利完成。

6 月 25 日，荷兰自治领土阿鲁巴举行大选，选举 21 名议员，人民选举运动、阿鲁巴人民党、RAIZ 党、阿鲁巴主权运动和行动 21 党分别获得 9、7、2、2 个和 1 个席位，人民选举运动再次获胜。人民选举运动和阿鲁巴人民党是传统大党，得票率分别为 35.32%、31.28%，后三个政党各创立于 2017 年、2015 年和 2020 年，都是首次赢得议会议席。选举原定于 9 月举行，但执政联盟中的自豪和受尊重的人民党因贪污被司法机关调查，3 月 30 日，总理伊芙琳·韦弗-克罗斯（Evelyn Wever-Croes）和代理总督伊冯娜·拉克尔-德克斯（Yvonne Laclé-Dirks）解散议会，将大选提前到6 月 25 日举行。8 月 9 日，伊芙琳·韦弗-克罗斯宣布新一届内阁成员名单，其中 6 人来自人民选举运动，2 人来自 RAIZ 党。

7 月 26 日，圣卢西亚举行大选，选出 17 名议员，反对党圣卢西亚工党获得 13 席，较上次增加 7 席；执政的统一工人党仅得 2 席，失去 9 席；另 2 席由独立候选人获得，创造了圣卢西亚的历史。深谙圣卢西亚政治生态的观察人士选前估计两党旗鼓相当，甚至可能出现联合政府，结果呈现一边倒局面，大出意料，本月较早前宣布提前大选的总理艾伦·查斯塔内（Allen Chastanet）对此大感“震惊”。前总理斯蒂芬森·金（Stephenson King）选前退出统一工人党，以“独立工党候选人”身份投入选举并成功当选。7 月 28 日，菲利普·J. 皮埃尔（Philip J. Pierre）宣誓就任总理。

9 月 16 日，巴哈马举行大选，在野党进步自由党赢得 39 个议席中的 32 个，得票率为 52.53%；执政党自由民族运动拿下另外 7 个，得票率为

36.17%。上届大选，自由民族运动、进步自由党的席次分别为 35 席、4 席。8 月 19 日，总理休伯特·明尼斯（Hubert Minnis）宣布将于 9 月 16 日举行大选，比法定日期提前 8 个月，希望在经济形势不因大流行过度恶化前胜选，打破 1997 年以来没有总理连任成功的魔咒。而早在 1 月，进步自由党就获知提前大选的信息，到 6 月已经确定名单。9 月 17 日，进步自由党领导人菲利普·戴维斯（Phillip Davis）在总督办公室正式宣誓就任总理。

（二）两点结论

选举是政治的极佳观测点，透过 2021 年选举观察加勒比政治，可以看出。

1. 2021 年所有大选和地方选举都在宪政框架下自由、公正、有序地举行，顺利完成政权过渡，凸显加勒比民主政治的稳定和相对成熟。

值得指出的是，国际组织或外国选举观察团经常实地调查加勒比地区选举，只是受新冠疫情影响而有所减少。巴哈马接受加勒比共同体、英联邦和美洲国家组织的选举观察，这些组织认为选举“反映人民的意愿”，“定义了健康民主的特征”，表示祝贺。① 圣卢西亚总理艾伦·查斯塔内主动邀请国际组织前来，加勒比共同体、英联邦和美洲国家组织分别派出选举观察团，总体评价良好。② 加勒比共同体应特克斯和凯科斯群岛邀请，派出 3 人选举观察团前去观察和监督大选，发表声明指出：“大选是自由和公正的，因此必须赞扬特克斯和凯科斯群岛人民……祝贺选民、选举官员和选举日工作人员遵守纪律并致力于推进特克斯和凯科斯群岛的民主进程。”③

为解决多巴哥议会选举 6—6 僵局，特立尼达和多巴哥设法修改法案，最终以 16∶14 的比例通过修正案，将议席从 12 个增加到 15 个，确保不再出

① https：//today.caricom.org/2021/09/17/bahamas-elections-reflect-will-of-the-people-preliminary-statement-caricom-election-observation-mission/，https：//ewnews.com/commendable-commonwealth-observers-group-lauds-bahamas-for-defining-features-of-a-healthy-democracy-in-snap-election，https：//www.oas.org/en/media_center/press_release.asp? sCodigo=E-084/21，最后访问日期：2022 年 2 月 7 日。

② https：//caricom.org/caricom-election-observation-mission-to-saint-lucia-general-elections-26-july-2021-preliminary-statement/，https：//thecommonwealth.org/news/will-people-reflected-saint-lucia-election-result-says-commonwealth-observer-group，https：//www.oas.org/fpdb/press/Saint-Lucia-2021-Preliminary-Report_FINAL.pdf，最后访问日期：2022 年 2 月 7 日。

③ https：//caricom.org/preliminary-statement-caricom-elections-observation-mission-to-turks-and-caicos-islands/，最后访问日期：2022 年 2 月 7 日。

现平局，弥补了选举制度的缺陷。2020 年 3 月 2 日，圭亚那选举危机爆发，8 月 2 日，伊尔凡 · 阿里（Irfaan Ali）宣誓就任新总统，危机暂告一段落，新政府随即进行一系列制度改革，采取了修改《人民代表法》、重组选举委员会和提高司法独立等关键措施。在这个过程中，欧盟派出原选举观察团重返圭亚那，提出 26 项建议，帮助启动选举制度改革①；通过欧盟—圭亚那政治对话支持圭亚那改革进程。2020 年 12 月，特克斯和凯科斯群岛议会通过选举修正案，规定了提前投票，引入电子制表系统，简化和加快结果的统计、报告和公布，规范化投票站布局，要求在每个投票站显示选举结果，这一系列改进措施在 2 个月后的大选速见成效，获得国际选举观察团好评。

海地政局仍是 2021 年加勒比政治的异数，但不改变整个地区政治稳定的全局。总统乔维内尔 · 莫伊斯（Jovenel Moïse）和反对派在总统就任日期、临时选举委员会组成、宪法公投、总统和议会选举以及地方选举等一系列关键问题上存在激烈斗争，互不相让，政治危机愈演愈烈。7 月 7 日，莫伊斯被杀身亡，海地宪政再次遭受严重挫折。鉴于政治社会动荡，加上新冠疫情影响，海地无限期推迟原定 2021 年举行的宪法公投、大选和地方选举。

2. 执政力量衰微，反对党频频获胜。在这个过程中，新势力崛起，改变了部分国家和地区的政治格局。

2020 年，加勒比地区举行 10 多场大选，执政党一半继续执政。2021 年选举却呈现一边倒局面，其中仅阿鲁巴的执政党保住执政地位，开曼群岛的执政党得票最多却组阁失败，多巴哥的执政党先平后输，其余均为反对党直接取胜。

执政党大面积溃败，原因固然有多方面，但对形势复杂性估计不足，提前大选而导致失败是突出现象。本年度 6 场大选，执政党将其中 5 场选举日期提前，结果 4 场失败。特克斯和凯科斯群岛、圣卢西亚和巴哈马的执政党选举失败，开曼群岛的执政党是拿下议席最多的政党，却低估独立议员的能力，行动缓慢，策略有误，最终组阁失败，成为在野党。

---

① https：//eeas. europa. eu/election-observation-missions/eom-guyana-2020/95330/european-union-election-observation-mission-returns-guyana-present-recommendations-and-help_ en，最后访问日期：2022 年 2 月 7 日。

从 2021 年选举结果来看，传统大党轮流执政依然是加勒比政党政治的常态，不过，新势力崛起、改变政治格局的现象应予以重视。多巴哥的进步民主爱国者党成立于 2016 年，是个年轻的政党，它坚持要求扩大多巴哥自治权，举办极富个人魅力的竞选活动，在不到 11 个月的时间里，将与人民民族运动党的竞选结果从 6:6 扩大到 14:1（另一个传统大党：联合民族大会党一无所获），改变了多巴哥的政治格局，至于未来能否跻身全国性大党行列，还有待选举检验。独立议员作为开曼群岛有影响力的政治新势力在 2017 年大选后就已经出现，只是他们对人民进步运动的 9:7 优势并没有转化为领导群岛的成果。4 年后，独立议员韦恩·潘顿成功组阁，担任总理，独立议员联盟开创了开曼群岛政治的历史。开曼群岛选举制度改革有利于独立候选人参选，独立议员作为政坛重要力量的前景可期。

三、新冠疫情持续发酵，考验加勒比民主的韧性

2020 年 3 月 1 日，多米尼加发现加勒比地区的首个新冠肺炎确诊病例。此后，新冠疫情持续发酵。截至 2021 年 12 月 31 日，整个地区累计确诊新冠肺炎 2451345 例，死亡 29330 人。① 到 2021 年第 52 周，拉美—加勒比地区共有 37643538 人接种 2 剂疫苗，接种率为 45. 18%，而在非拉美—加勒比地区，对应的数字分别为 5878609 人、49%②，离世界卫生组织要求 70%人口接种疫苗的差距甚大。新冠疫情改变了一切，是两年来加勒比地区最大的故事，考验着这里的民主韧性。

（一）确保选举顺利举行

选举是至为重要的民主实践，事关各个国家和地区的大局，因此，尽管新冠病毒肆虐，总体上有着良好选举记录的加勒比地区也努力确保选举

① 根据世界卫生组织的数据统计而得。https：//covid19. who. int/WHO-COVID-19-global-data. csv，最后访问日期：2022 年 2 月 10 日。

② https：//ais. paho. org/imm/IM_ DosisAdmin-Vacunacion. asp，最后访问日期：2022 年 2 月 7 日。

顺利举行。

从 2020 年 2 月 21 日至 2021 年 12 月 31 日，全球至少有 80 个国家和地区推迟全国和地方选举，加勒比地区推迟的选举包括巴哈马地方选举、多米尼加总统和立法选举、牙买加地方政府选举、海地宪法公投、海地议会选举和海地总统选举①，其余选举均按原定日期或提前完成。

大流行要求改变竞选方式和选举安排。经历过 2020 年之后，加勒比地区积累了更多应对方法，但不同的国家和地区表现各异。在阿鲁巴，选举日的防控措施包括在投票站使用有选民信息的二维码；投票站从 64 个增加到 70 个，每个投票站的选民不超过 1050 人，以免过度拥挤；为在医院、监狱和疗养院的选民专门安排投票，被隔离的选民邮寄选票。与此形成鲜明对比的是，竞选阶段的卫生和安全措施缺位，挨家挨户拉票依旧是主要的竞选方式。到了 7 月，阿鲁巴的病例逐步增加。库拉索的要求严格得多，除了不允许公众集会外，民众也不得外出，所有政治辩论都在线上举行并在社交媒体上播出，选举日当天进入投票站的人必须消毒双手，戴口罩，至少保持 2 米的安全距离，每个投票站放置 2 个投票箱，选民人数减少到 1000 人，选后从晚上 9 点到第二天凌晨 4 点半实施宵禁。

反映在投票率上，加勒比地区 2021 年的选举受疫情影响并不十分明显，相反，可以看出举行选举的国家和地区努力克服障碍，适应了疫情下选举的新常态（见表 1-1）。而在 2020 年 9 月 3 日，牙买加大选受新冠疫情和登革热的影响，投票率仅为 37.85%②，创下新低。2021 年海地宪法公投和总统大选无限期推迟，公共卫生危机是主因之一。

表 1-1　2021 年加勒比地区选举投票率

选举	登记选民人数	总投票数	投票率
阿鲁巴大选	70283	59500	84.66%
巴哈马大选	194494	126414	65.00%

① https：//www.idea.int/news-media/multimedia-reports/global-overview-covid-19-impact-elections，最后访问日期：2022 年 2 月 7 日。

② https：//ecj.com.jm/wp-content/uploads/2020/11/2020GeneralElectionSummaryResult.pdf，最后访问日期：2022 年 2 月 10 日。

续表

选举	登记选民人数	总投票数	投票率
巴布达理事会选举	1210	771	63.71%
伯利兹地方选举	94890	54076	56.99%
开曼群岛大选	23594	17404	73.76%
库拉索大选	116146	85910	73.97%
多巴哥议会选举（1月）	51062	26470	51.84%
多巴哥议会选举（12月）	51383	29274	56.97%
圣卢西亚大选	174332	89052	51.08%
特克斯和凯科斯群岛大选	8581	6460	75.28%

资料来源：作者根据相关国家或地区选举机构公布的数字整理。

（二）利益的疫情政治

新冠疫情冲击经济、社会，分离、分化出不同的利益，而利益具有全领域属性，渗透到社会各个方面，争取利益的行为、行动及其反馈置入政治场景就析出政治含义。从另一个角度看，这也可以理解为疫情通过利益的管道引起政治后果。在加勒比地区民主体制的背景下，包容和锤炼整个过程就意味着捍卫民主的韧性。

加勒比国家和地区规模小，自然灾害频发，仰赖旅游业、农业、采掘业和金融服务业，抵御外部冲击能力差，经济历来脆弱，在经历2020年重创之后，2021年实现了正增长，却未恢复到疫情前的水平，唯有石油新贵圭亚那除外。大流行持续，整个地区的经济增长、就业、收入、债务、卫生、贫困、不平等、食品、教育和安全形势全面恶化，围绕这些议题和利益的博弈反映到政治网络实属必然。

基思·米切尔（Keith Mitchell）是格林纳达的老牌政治家，1995年以来长期担任总理（2008—2013年任反对党领袖）。早在2018年，米切尔政府就签署协议，承诺从2021年1月起给公职人员加薪4%。2020年疫情暴发，导致以旅游业为支柱产业的格林纳达经济收入顿时锐减，政府于是致函工会，呼吁推迟原定的加薪计划。12月31日，格林纳达公共工人工会、技术和联合工人工会与政府谈判小组谈判，政府要求工会放弃加薪，工会只同意推迟加薪，还要求将来补发所欠的加薪和利息。2021年1月12日，政府发表声明，宣布推迟给公职人员加薪。公职人员及其工会或许能理解国家面临的困难，但要舍弃到手的利益也不容易，更让他们无法理解的是，政府既然能在短时间内向美国 WRB 公司支付 6000 万美元（总额达 6300 万美元），回购格林纳达电力服务公司 50%的股份，还推行 Imani 计划争取青年支持，为什么就不能兑现几年前的诺言？随后，公职人员和工会多次走上街头游行示威，要求政府履行承诺。由于正处在新一轮选举周期的关键时刻，米切尔及其领导的新民族党不敢大意。同时，上半年经济状况有所好转，财政收入增加，也提升了政府兑现诺言的能力。6 月 25 日，米切尔透露，财政部将在 8 月给公职人员（包括教师和公务员）加薪。

相反，伯利兹想要减薪。2020 年 11 月，伯利兹人民统一党赢得大选，约翰・布里塞尼奥（John Briceño）就任总理，4 个月后，人民统一党在地方选举中再次大获全胜。以两次选举大胜为基础，布里塞尼奥政府在选后次日即与工会讨论，准备在即将到来的财政年度将公职人员工资削减 10%，以降低疫情带来的负面影响，实现财政平衡，却遭到工会拒绝。3 月 17 日，数个工会联合召开新闻发布会，表达了它们的立场，还要求总理和部长们放弃部分津贴，减少财政支出。由于政府未能与工会达成一致意见，原定于 3 月 26 日提出预算案的计划推迟。4 月 9 日，政府提出 2021—2022 财政年度预算案，坚持将教师和公务员工资削减 10%，3 年内冻结加薪。4 月 12 日，布里塞尼奥发表声明，同意做出让步，将教师和公务员每周工作时间减少 5 个小时，由发展金融公司和国家银行向教师和公务员提供 500 万美元贷款，延迟拖欠贷款，等等。全国教师工会成员举行和平抗议，反对政府提议，后发展成多个工会领导的全国性罢工。政府态度坚决，占议会多数优势的执政党从旁协助，减薪、冻薪计划得以实施。到 2021 年年底，伯利兹经济增长好于预期，政府考虑停止减薪。

和执政地位一样，执政资源通常也是利益转化器。2021 年 8 月 19 日，在宣布解散议会提前大选的同时，巴哈马总理休伯特・明尼斯还宣布能够获得 55 万剂疫苗，让巴哈马成为世界上接种疫苗最多的小岛屿发展中国家之一，为每个希望接种疫苗的巴哈马人接种疫苗。巴哈马人口将近 40 万，明尼斯以 55 万剂疫苗为选举工具，期待在短时间内收到奇效。8 月 9 日，巴哈马累计确诊病例 15797 例，收到疫苗 129296 剂。8 月 11 日，明尼斯宣布将获得美国辉瑞疫苗 397000 剂，次日即收到其中的 128700 剂。8 月 19 日，来自非洲联盟的 38400 剂强生疫苗运抵。所以，明尼斯选择这个时间点宣布提前大选，有信心在接下来不到一个月的时间里尽速推进疫苗接种，换取选民支持，从而赢得大选。不过，他还是失算了。大流行中的安提瓜和巴布达政府陷入舆论旋涡，被指责分发食品券时优先考虑执政党安提瓜和巴布达工党的支持者，还需出示选民证。反对党议员更指出，只有接种疫苗者才能拿到代金券。执政当局予以否认，媒体真实新闻（Real News）却有证据证实，社会转型部长和残疾人中心将分发援助支票“政治化”，不仅分发点设在部长的选区办公室附近，而且工作人员身穿与执政党颜色相关的红色衣服。①

（三）安全和自由的政治张力

大流行中的安全和自由极具张力，它们显见于法律和政策，与附着的国家和个人同由政治牵引、组织，党派利益掺杂其间，情势骤然复杂，政治张力倍增。科学界定安全和自由的价值归属，与多元利益同行，是非曲直发生变异。其中争议最大的是疫苗和紧急状态。

1. 疫苗

接种疫苗是迄今为止防控新冠疫情最有效的科学手段。政府出于社会安全考虑，往往强制部分人群接种疫苗，但被指责妨碍个人自由和权利，由此引发政治斗争。

在 2021 年 4 月 12 日重新开学前，圣文森特和格林纳丁斯政府先由教育部和卫生部出面，鼓励教师接种疫苗，4 月 7 日，总理拉尔夫·贡萨尔维斯要求教师接种疫苗或接受病毒检测，否则就得离开校园，其时，全国教师接种率仅 17%。公共服务工会、教师工会和警察福利协会表示反对。7 月 30 日，贡萨尔维斯宣布将于 8 月 5 日讨论修改《公共卫生法》。该法不强制接种疫苗和检测病毒，但政府据此要求公共部门一线工作人员接种疫苗，豁免的原因只有两种：医学和宗教。根据该法，卫生部长受权宣布进入紧急状态，采取特别措施，其中之一是自愿接种疫苗，修正案要求去掉“自愿”

① https：//realnewsantigua. com/2021/11/08/potter-accuses-govt-of-making-vaccination-a-pre-condition-for-food-vouchers-while-help-for-the-disabled-said-to-be-politicized/，最后访问日期：2022 年 2 月 10 日。

二字。反对党新民主党举行街头抗议，反对强制接种疫苗。8月4日，公共服务工会、教师工会和警察福利协会举行新闻发布会，认为此举违反人权，谴责政府未与工会对话。8月5日，贡萨尔维斯在进入议会前被示威者掷弹击中头部，紧急送往医院治疗。次日凌晨，《公共卫生（修订）法》经议会表决通过。其后，未按要求在规定时间内接种疫苗的教师和其他在一线工作的公职人员遭解雇，空缺也被迅速填补。12月20日，公共服务工会、教师工会、警察福利协会和几名被解雇人员提起诉讼，认为《公共卫生（修订）法》违反《宪法》第1、5条和第17条的规定。截至当日，已有100多名教师收到解雇信。

安提瓜和巴布达的情形类似，但行动更迅速。7月21日，安提瓜和巴布达总理加斯顿·布朗（Gaston Browne）召开内阁会议，硬性要求一线公职人员接种疫苗，或每月进行2次核酸检测；接种疫苗免费，核酸检测自费。工会要求审查该政策。7月26日，数十人在总理办公室外示威抗议，声称此举违反人权，必须改正。政府不予理会，坚持原来的决定。9月20日，政府政策再加码，规定所有未接种疫苗的公职人员必须留在家中，而且从10月1日起停薪，直到提供疫苗接种证明为止；只有接种疫苗的教师和符合条件的学生才能返回学校，进行面对面授课。10月4日，法院以目前处于紧急状态为由，驳回了工会9月份提交的请求废除强制性疫苗接种政策的诉讼。布朗总理希望这一政策有助于在12月31日前实现群体免疫，是日，安提瓜和巴布达接种率已经超过60%。

和加勒比地区其他地方的疫苗事件和平演进不同，法属安的列斯群岛出现骚乱。在法国政府决定强制卫生工作者接种疫苗和人们使用健康通行证进入公共场所之后，11月15日，瓜德罗普的工会和公民组织发起罢工。17日，罢工演变成骚乱，示威者设置路障，袭击警察和记者，焚烧车辆，抢劫商店、药店。22日，瓜德罗普工人总工会呼吁继续动员并增强纠察队作用，还要求马提尼克也举行罢工。骚乱持续不断，抗议者的诉求也扩大到提高最低工资标准、改善生活条件和针对十氯酮污染进行检测等。26日，法国卫生部发表声明称，瓜德罗普和马提尼克的接种任务推迟到12月31日完成。随后，海外领土部长塞巴斯蒂安·勒科尔努（Sébastien Lecornu）飞抵瓜德罗普，与工会领导人举行会谈，讨论如何结束暴力。他坚称，卫生工作者必须在 12 月 31 日前接种疫苗，否则将被停薪停职，同时，他也愿意就其他问题进行对话。为平息骚乱，法国从本土增派军队到马提尼克。12 月 15 日，法国总统候选人让-吕克·梅朗雄（Jean-Luc Mélenchon）抵达瓜德罗普首府皮特角，向受影响的卫生工作者表示支持。此时，该岛刚摆脱几个星期以来的社会动荡。

因强制接种疫苗而起的街头抗议和政治斗争在加勒比地区是普遍现象。瓜德罗普和马提尼克的暴力抗争又是另外一番情形。海地无暇及此，接种率几乎为零。

2. 紧急状态

紧急状态同样折射出安全和自由的价值冲突，因而安全和自由的取舍、平衡是评价特定紧急状态的标准。不过，这种评价通常并非易事，因为潜藏在下面的政治盘算会借着正当理由嵌入。

加勒比地区是世界上最易受灾难影响的地区之一，多年来注重建设应对灾难的法律、制度和机构，所以相对成功地应对了第一波新冠疫情。其中，实施紧急状态是最重要的一项措施。加勒比国家和地区绝对规模小，资源有限，经济发展经不起长时间限制的拖累，其施政重点在疫情防控和经济发展之间不停地游离，而且宪法和法律对紧急状态予以严格规定，反复实施和结束紧急状态也就成了新常态。

2021 年 5 月 15 日，特立尼达和多巴哥总理基思·罗利（Keith Rowley）举行新闻发布会，宣布全国进入紧急状态，宵禁时间为晚上 9 点到凌晨 5 点。当时，该国正处于第三波疫情暴发期，死亡人数和病例剧增。5 月 24 日，议会投票决定将紧急状态延长 3 个月。8 月 25 日，罗利声称，根据医学专家的建议，决定将 8 月 29 日结束的紧急状态再延长 3 个月。反对党站在劳工的立场，质疑罗利进入议会前是否已与劳工领袖进行协商，听取他们的意见；认为延长紧急状态是压制人民自由，应该咨询利益相关者后再做决定；指责政府利用紧急状态来压制、侵犯劳工权利，工会绝不会同意。9 月 27 日，宵禁时间调整为晚上 10 点至凌晨 5 点。进入 10 月中旬，确诊病例大幅攀升，超过了 5 月的峰值，是几个月以来情况最严重的。11 月 13 日，罗利召开新闻发布会宣布，将于 17 日提前结束紧急状态。11 月 17 日，罗利在议会宣布结束紧急状态，但其他限制措施继续执行，如禁止超过 10

人的聚会，7 岁以上的人在公共场所戴口罩等，安全区计划仍然有效。当时，执政党在 12 月 6 日多巴哥议会选举前的支持率大大落后于进步民主爱国者党，提前结束紧急状态可为执政党争取更多自由行动的机会和时间，扭转形势。此前，多巴哥警方发出严厉警告，将对违反多巴哥议会选举疫情防控规定的行为零容忍。

6 月 15 日，圣基茨和尼维斯总督塔普利·西顿（Tapley Seaton）发布公告，宣布国家自即日起至 7 月 6 日进入紧急状态。其时，新冠病毒在社区快速传播，已有 244 人确诊。6 月 28 日，议会召开紧急会议，总理蒂莫西·哈里斯（Timothy Harris）在会上宣布，鉴于新冠病毒对该国构成突发公共事件规模的重大威胁，有必要将紧急状态延长至 12 月 31 日，自 7 月 7 日起生效。他同时提到，本地区的安提瓜和巴布达、巴哈马、巴巴多斯、圣卢西亚和格林纳达也都延长紧急状态。在实施紧急状态期间，圣基茨和尼维斯人若要举行大型集会或活动，必须经警察局长批准。8 月 2 日，在得知有人计划举行抗议活动后，警方发表声明，警告有意参加者不要参加此类未经警察局长批准的非法活动。本月，加勒比地区抗议活动此起彼伏，自然波及圣基茨和尼维斯。8 月 20 日，人们在圣基茨举行和平抗议，警方使用催泪瓦斯驱散人群，逮捕数人，理由是警方并未收到活动申请。对于这次事件，不仅反对党反对，甚至执政党的议员也说，那些人是在行使民主权利、宪法权利、人权，以和平方式表达自己却被捕，令人非常难过。

2 月 2 日，圣卢西亚总理艾伦·查斯塔内宣布，全国将于 2 月 3 日恢复紧急状态，宵禁从晚上 7 点持续到第二天凌晨 5 点。5 月 4 日，查斯塔内强调，最近议会批准将紧急状态从 5 月 17 日延长到 10 月 16 日，但不会影响 10 月大选，就像圣基茨和尼维斯、牙买加、特立尼达和多巴哥那样。时任反对党工党领袖的菲利普·J. 皮埃尔发表反对意见，认为延长 4—5 周时间再严加监控即可，没有理由让国家一直到 10 月都处于紧张之中；可以根据《新冠肺炎法》规范营业时间、限制社交聚会。不过，他也呼吁民众和执法部门互相体谅，避免发生冲突。在他看来，政府应该将精力集中在检测和隔离上，因为国家没有隔离设施。也有议员认为，紧急状态延期是一个失败的政府为争取更多时间完成各种项目，以便在选举前获得选民青睐的策略。10 月 14 日，皮埃尔以总理身份向全国发表讲话，宣布 10 月 16 日结束紧急状态，不再恢复。2020 年 9 月 30 日，圣卢西亚第一次紧急状态结束，工党于 10 月 4 日举行全国性抗议游行，虽为合法，却因 14 天内染病人数激增而受到指责。

紧急状态是大流行中加勒比地区应对疫情时普遍采用的方法，除此之外，其他严峻形势也触发实施紧急状态的条件，如 11 月 14 日牙买加 7 个警区进入紧急状态，遏制暴力犯罪。2019 年、2020 年，牙买加都曾因为同一个理由宣布进入紧急状态，但没有收到预期效果。大流行时期，疫情是牙买加暴力犯罪案件增加的催化剂。

四、共和效应，尚非共和时代

加勒比地区的共和主义根深蒂固，匹配着巨大的政治能量，长期影响政坛。2021 年，有“小英格兰”之称的巴巴多斯清除殖民主义的最后残余，从君主制转向共和制，继圭亚那、特立尼达和多巴哥以及多米尼克之后，成为本地区独立后第 4 个不再尊英国国王为国家元首的国家，再次掀起地区性的共和效应。

（一）巴巴多斯共和国

2021 年 11 月 30 日是巴巴多斯独立 55 周年纪念日，11 月 29 日晚，巴巴多斯在多个地点举行盛大庆典，纪念国家独立，开创共和国新纪元。此前担任总督的桑德拉·梅森（Sandra Mason）宣誓就任总统一职，成为第一任共和国总统，也是第一位担任国家元首的巴巴多斯人。自从英国殖民者 1625 年在这里登陆并为国王詹姆斯一世宣布占领该岛以来，在将近 4 个世纪的时间里，巴巴多斯一直奉英国国王为元首。从君主制到共和制，标志着殖民主义彻底消散，巴巴多斯这个人口不足 30 万的加勒比小国因此成为全世界瞩目的焦点。

此前，巴巴多斯完成了两个关键任务。9 月 28 日，议会以 25 票赞成 0 票反对表决通过宪法修正案，规定共和制内容，要求 10 月 15 日前完成总统选举、总统在11月30日就任。10月12日，梅森由总理和反对党领袖联合提名为巴巴多斯第一任总统，并于10月20日在只有1名候选人的情况下经议会投票当选。

从君主制走向共和制，巴巴多斯经历了漫长的准备和等待。1966年11月30日，巴巴多斯摆脱英国殖民统治正式独立，成为英联邦王国（Common Realm），以英国国王为国家元首，由总督代表。1979年，工党政府任命的宪法审查委员会在提交的报告中表示，他们反对一个日益疏远的、世袭的、非巴巴多斯人的君主，但又认为君主立宪制总体上运转良好，无须根本改变。1998年的宪法审查委员会报告则建议成立议会共和国，总统为礼仪性职位，经议会选举产生。2004年，工党政府起草一部未公开的议会共和国宪法，承诺就国家元首问题举行全民公决。2005年，《全民公决法》通过，规定就巴巴多斯是否成为议会共和国和巴巴多斯人担任总统、成为国家元首举行公投，但原计划2008年的公投并未举行。2015年，民主工党政府希望次年打造共和政体国家，为独立50周年献礼，终因众议院没有2/3多数支持而功败垂成。2018年工党赢得大选，在朝野均有创建共和国共识的前提下，加快了转制进程。2020年9月15日，政府宣布计划终止君主立宪制。2021年5月22日，政府成立共和国地位过渡咨询委员会，帮助规划和管理从君主制向共和制过渡事宜。7月26日，总理米娅·莫特利（Mia Mottley）选择这个纪念1937年骚乱的特殊日子，郑重宣布将采纳1998年宪法审查委员会报告提出的建议，从11月30日正式开始共和国征程。

由于巴巴多斯现行宪法没有公投条款，选择共和制只需议会2/3多数通过即可，工党政府利用本党囊括30个议会席位①的空前优势，快速转型，取得历史性成就。当然，人们也批评转型过程中缺乏广泛的沟通和协商，过渡咨询委员会缺少跨党派背景，在与新冠疫情做斗争的关键时刻不适宜进行如此重大的改革。政体改制先行，接下来的宪法改革任务更为繁重，2022年的巴巴多斯注定不平凡。

（二）巴巴多斯效应

巴巴多斯共和国扬帆起航，在加勒比地区引起了共鸣和效仿，政治家、

① 约瑟夫·阿瑟利（Joseph Atherley）后来离开工党，另组人民民主与发展党。

行政官员、学者和著名人士或采取实质性措施，或呼吁本国乃至整个地区清除政治体制上最后的殖民主义残余，建立共和制。

牙买加表现最为积极。12月2日，前总理珀西瓦尔·帕特森（Percival Patterson）致信总理和反对党领袖，敦促他们跨越党派边界，在独立60周年之际，也就是2022年废除君主制，创立共和国。他指出，独立40周年之前不久，牙买加已经积极讨论转型共和国一事，从那时起，两大政党都同意让本国人任总统，做国家元首，后来的多个文件和演讲也重申了这一立场。12月10日，总理安德鲁·霍尔尼斯（Andrew Holness）表示，政府已经在制订计划，以一种在功能和形式上有意义和实质性的方式，让牙买加成为一个共和国。此前，司法部长玛琳·马拉胡·福特（Marlene Malahoo Forte）透露，总理已经下达修改宪法的指示，她正在准备文件，适当的时候会公布。

牙买加如此急迫，除了追求在独立60周年建造新共和国的特殊意义外，也是起步比巴巴多斯早反而让巴巴多斯领先的焦虑所致。1962年牙买加独立前夕，宪法起草委员会就收到多份要求牙买加建立共和国的意见书，但拒绝采纳，两个主要政党的领导人也反对。1975年，人民民族党政府成立宪法改革委员会，后宣布将在1981年建成共和国，却因1980年大选败北而计划夭折。继任的工党政府领导人口头支持共和制，实际上没有行动。2002年之后，正如帕特森所说，历届政府都曾表示要努力建设牙买加共和国，它们要么没有实际行动，要么被反对派抵制，要么受制于制度障碍，结果英国女王至今还是牙买加的国家元首。现在，工党政府面临多重挑战：议会2/3多数同意①；全民公投多数同意；独立60周年纪念日为2022年8月6日，时间紧迫。

巴巴多斯的成功让拉尔夫·贡萨尔维斯想到要改变整个地区的命运。在11月30日致巴巴多斯总理的贺信中，这位圣文森特和格林纳丁斯总理热切期盼加勒比共同体的8个国家都效仿已建成共和国的4国，他希望在有生之年能看到加勒比地区共同体所有或大部分国家如愿以偿。2009年，圣文森特和格林纳丁斯举行欲废除君主制的宪法公投，结果赞同票远低于2/3，

① 牙买加议会包括参、众两院。参议院共21名议员，总理、反对党领袖分别指定13名、8名，交总督任命。众议院63名议员经选举产生，现执政党议员占49席（77.8%）、反对党占14席。

宣告失败。

圣卢西亚前总理肯尼·安东尼（Kenny Anthony）的期望没那么高。11月29日，他在脸书上发布消息提到，多年来大家都嘲笑巴巴多斯是英联邦加勒比地区最亲英国的国家，“小英格兰”没什么希望，未曾料到它放弃枢密院而选择加勒比法院为最终上诉法院，取消英国君主为国家元首而选择共和国总统，做了两件不可想象的事情。谈到圣卢西亚，他质疑现任政府是否有勇气迈出第一步，用加勒比法院取代枢密院。如他所说，圣卢西亚议会现在拥有宪法规定的2/3多数，可以修改《宪法》第2条，允许向加勒比法院上诉。因此，他希望朝野不要再拖延，应齐心协力，将宪法归还本地。

12月5日，在“安提瓜观察家”的一个对话节目中，专家们探讨了安提瓜和巴布达是否会成为下一个共和国以及需要注意的事项。政治和社会评论员卡隆·奈特（Carlon Knight）比较悲观。他表示，影响穷人和无权者的结构性问题极难解决，国家应该在飞跃到共和国之前关注结构性问题；就算建成共和国，人们的生活也依然如故。律师贝弗梨·本杰明·乔治（Beverly Benjamin George）则认为，安提瓜和巴布达早该成为共和国；巴巴多斯发生了许多变化，其中，修宪让人们获得高等教育，成为最好的公众，这不仅是名字的变化。西印度大学的乔治·布雷思韦特（George Braithwaite）博士着重谈论摆脱殖民历史是安提瓜和巴布达真正自由的唯一选择。① 可见，该节目揭示了众多讨论中的普遍问题：转型为共和国的意义和可能性、人民能否得到好处。

上述讨论和行动只是多年来加勒比地区共和主义的延续和加剧，并不新鲜。不过，巴巴多斯共和国作为范例，对整个地区发挥正面效应，再次唤醒了其他国家沉睡、停滞的共和梦。至于这些国家能否冲破制度桎梏，则要看它们的政治家有没有能力开辟一块适合共和国生存的土壤。巴巴多斯效应更重要的启示还在于，共和国运动应实至名归，借此实质性改善国家的政治、经济、社会和环境状况，提升国家的全面发展水平和人民的幸福感。

---

① https://antiguaobserver.com/experts-discuss-views-on-antigua-and-barbuda-becoming-a-republic/，最后访问日期：2022年2月12日。

（三）加勒比地区难有共和时代

加勒比国家终将走向共和制，这是历史趋势，是常识，但政治会妨碍常识。2021年的共和效应复刻了多年前的历史，然而，在种种制度和现实障碍面前，要将其确定为共和时代的历史性时刻，恐怕得不到历史确证。

在巴巴多斯之前，圭亚那1966年独立，1970年转为共和国；特立尼达和多巴哥1962年独立，1976年建成共和国；多米尼克则是英语加勒比地区唯一一个以共和国形式独立的国家（1978年）。三国建立共和制的间隔时间不长，数量少，总体上难以构成共和时代，直到43年后才有一个新的共和国屹立于西印度群岛，其间只留下屡屡失败的记录。

1994年，安提瓜和巴布达总理莱斯特·伯德（Lester Bird）对菲德尔·卡斯特罗说，他正在考虑让自己的国家成为共和国，君主不再是国家元首。在得知英国没有干涉安提瓜和巴布达内政后，卡斯特罗说："在这种情况下，你可以保持现状。女王不干涉贵国政府，她向外国投资者和其他人提供了对贵国宪法安排一定程度的信心。"① 这是诸多保留君主制的现实理由之一，不过，现在除了伯利兹想通过保留君主制来依靠英国防止、挫败危地马拉入侵外，其他国家都达成建立共和国的朝野共识。反倒是在面临重大选择的关头，党派利益又往往超越国家利益，反对派总是找到诸多借口，发动群众，利用议会、修宪和公投等制度障碍进行抵制，制造一个个政治妨碍常识的结局。

在共和制已成为共识的时代，最难跨越的是制度门槛。巴巴多斯非常幸运，本届议会30名议员里有29名来自执政党和1名选后离开执政党却支持共和国选项的议员，所以同意票数远远超过2/3多数；宪法没有公投条款，无须交付全民表决。剩下的其他国家不仅要一院制或两院制议会2/3多数赞成，还要全民公投多数同意，难度大得多，朝野唯有捐弃前嫌，携手并进，才能开启共和国新纪元。因此，成功转型多半还是个别事件，难有足够的分量撑起共和时代。未来，英国女王伊丽莎白二世离开可能是个触发点。

① https：//pressroom. oecs. org/has-the-time-come-for-caribbean-republics，最后访问日期：2022年2月12日。

五、民主赤字待减除，制度建设有得失

民主无止境，赤字待减除。加勒比地区的民主质量在发展中世界相对较高，却也多有欠缺，亟待建立和完善一系列制度。而民主制度建设的成败得失，既取决于执政者是否有纯正的动机、坚定的决心，又取决于包括反对派和人民在内的监督者、制衡者是否信任和配合，具体到不同的国家和地区，情况较为复杂。

民主制度建设是个极其庞杂的体系，本章根据加勒比地区 2021 年发展态势，选取多方协商机制、透明度和问责制两个方面加以论述。

（一）多方协商机制

民主政治利出多头，监督、制衡为常态，协商、合作不易。对于由独特政治体制形成封闭性政治文化的加勒比地区来说，多方协商弥足珍贵。

2021 年 2 月 11 日，圭亚那总统伊尔凡・阿里在第 12 届议会的就职演说中宣布成立“一个圭亚那委员会”，由总理领导，主持全国范围内的协商，倾听所有人的声音，促进民族团结，采取切实措施建设国家，解决以下问题：圭亚那的历史教育、宗教，确保教育、就业和创业机会平等，提高民族关系委员会的效率。2020 年大选争议及其后的激烈政治斗争是一个圭亚那委员会成立的背景，阿里希望通过这一机制加强团结和政治协商，消弭政治和社会裂痕，但反对党民族团结伙伴关系和变革联盟并不领情，以缺席议会的方式进行抵制。阿里也承认，政府前不久没有参与民族关系委员会的第一次全国民族关系对话。可见，这样的政治协商机制先天不足，要达成阿里在 2 月 3 日所说的包容性社会契约颇为不易。从政府公布的信息来看，委员会的活动和成就不多。① 7 月 28 日，议会事务和治理部与宗教团体对话，强调利益相关者参与国家决策过程与一个圭亚那委员会的目标相符。8 月 3 日，阿里会见黑人企业家协会和美国高级代表团，要求黑人企业

① https：//dpi. gov. gy/？ s=One+Guyana+Commission&paged=1，最后访问日期：2022 年 2 月 12 日。

家协会发挥专业优势，开展项目和计划，为一个圭亚那委员会做贡献。9 月 4 日，阿里发表演讲，提出要确保美洲印第安人经济赋权落实，全面参与国家决策过程，还谈到多个惠及美洲印第安人的项目，他将这一切均归于一个圭亚那委员会。和 2008 年开始举办后于 2015 年停办的利益相关者论坛相比，一个圭亚那委员会的理念和地位较高，只是迄今尚未建立起有效的协商机制。

9 月 15 日，苏里南总统昌德里卡佩尔萨德·单多吉（Chandrikapersad Santokhi）创建三方协商机制，由政府、工会和工商协会三方组成，1994 年曾担任过三方协商机制秘书的马藤·斯哈尔克韦克（Marten Schalkwijk）主持工作，其首要任务是应对经济社会危机，就急需解决的问题达成协议，尽快实施。成立之时，单多吉确定签署三方协议的最后期限是 11 月 25 日，然后在 2022 年实施。2020 年 11 月，苏里南成为新冠疫情暴发后第二个债务违约国，跟 1994 年一样同处经济危机之中，那时的三方协商机制没能达成协议，新机制吸取教训，设定最后期限，针对短期问题，敦促各方以大局为重，学会妥协、退让，取得共识。11 月 24 日，三方签署 40 项与税收、购买力、社会保障、价格、创业和就业有关的协议。这是苏里南历史上的第一份三方协议，三方都表示满意，单多吉称为“给苏里南的美丽礼物”①，堪称苏里南民主的一个里程碑。12 月 8 日，政府批准协议。随后，威廉·德·米兰达（Willem de Miranda）接任三方协商机制主席，他参与过 1994 年三方协商机制并曾担任 2021 年三方协商机制秘书，对成功推进新一轮谈判和签署新三方协议不无裨益。

2021 年也见证了特立尼达和多巴哥三方咨询理事会停摆。3 月 10 日，三大工会集体退出该理事会，因为政府非常不尊重工会，解雇了数千名劳工，6 年来议会也没有制定进一步保护劳工的法律。此前，工会也曾退出，后被劝留下。4 月 29 日，工会方面发表声明，指责政府利用该理事会控制工会运动，认为理事会已死，它们不会再加入。巴巴多斯的社会伙伴关系与此形成鲜明对比。7 月 27 日，巴巴多斯政府与工会、工商协会开会，一致认为应定期做核酸检测，强制接种新冠疫苗，会后共同召开新闻发布会。

① https：//www. srherald. com/suriname/2021/11/24/tripartiet-akkoord-bereikt-tussen-regering-vakbeweging-en-bedrijfsleven/，最后访问日期：2022 年 2 月 13 日。

8 月 21 日，内阁改变政策，不再强制接种疫苗，在已听取私营部门和工会意见基础上，三方计划于 8 月 30 日再次开会，进一步讨论。

全国性多方协商机制在加勒比地区属于群体性现象，其他如安提瓜和巴布达的全国经济和社会理事会、格林纳达的社会伙伴委员会、巴哈马的全国三方理事会、圭亚那的全国三方委员会、圣文森特和格林纳丁斯的全国经济和社会发展理事会、牙买加的进步伙伴关系，建树不一①，个中缘由，同样错综复杂。

（二）透明度和问责制

透明度和问责制关涉监督和制衡，直指民主核心。大流行中的加勒比国家和地区是积极改进还是消极回避透明度和问责制问题，向清明政治交出了不同答卷。

2021 年 1 月 18 日，鉴于英属维尔京群岛出现严重的腐败和有组织犯罪案件，总督在英国政府的支持下成立调查委员会。其导火索是发生在 2020 年的两件事：一是 6 月公布金额达 6290 万美元的经济刺激计划，资金主要来自社保委员会；二是 11 月缉获 2.3 吨可卡因，这是英国历史上最大的陆上可卡因案。上诉大法官加里·希金伯顿（Gary Hichinbottom）爵士出任委员会唯一专员，调查是否存在腐败、滥用职权或其他严重不诚实行为，并向总督报告调查结果，提出建议。委员会原本应在 6 个月内调查完毕，但时至年底仍在调查，调查范围包括公共工程、疫情防控、警察租船费用、援助款分配、利益登记、公务人员关联公司和财产、公款使用、竞选资金、利益冲突回避、公共服务、采购、土地转让、内阁决策和行政绩效等，已揭露大量不作为、失策和违法行为。委员会共举行 55 天听证会，而且从第 8 天开始全部现场直播，所有文件、听证会记录均在专门网站②上公布。到听证会接受调查的人包括前、现任总理和内阁成员、议长和议员，政党党员，航空公司前经理以及政府顾问等。委员会独立、专业、细致的调查受到当地民众和媒体的欢迎，也招致一些政治人物批评，比如前任总督认为

① Kristina Hinds, *Civil Society Organizations, Governance and the Caribbean Community*, Cham: Palgrave Macmillan, 2019, pp. 166–170.

② http://bvi-inquiry.hk，最后访问日期：2022 年 2 月 14 日。

此举会对公共服务产生不当影响；还有人指责委员会是殖民遗产，意图报复总督；副总理甚至在联合国特别政治和非殖民化委员会上批评调查动机可疑，严重干扰政府工作。无论如何，在委员会调查期间，议会加快了多项立法议程，政府将注意力转向治理改革，暴露出的一些问题也得到改正和处理。2009—2012 年，特克斯和凯科斯群岛因为严重的腐败问题接受调查委员会调查并由英国直接接管，部分宪法暂停，直到 2012 年年底才再次获批举行地方选举。英属维尔京群岛屡屡提到前车之鉴，正在等待英国政府的最后决定。

2013 年以来，圭亚那反腐成绩有目共睹，透明国际多次点名表扬。这一进程几乎与 2015 年发现 100 亿桶石油储藏量后国家巨变同步，可见其必要性和重要性。2021 年年初，国家采购和招标管理局开通政府采购网站，发布公共部门采购信息，公开每一项采购的过程和记录，接受社会监督。[①] 数字化服务有利于提高政务透明度和问责力度，圭亚那此举无疑是一大进步。不过，圭亚那 2021 年传递的信息不都是积极的。上台不久，伊尔凡·阿里总统通过公共事务部长宣布，他将定期举行新闻发布会，和公众沟通，但此后并未履行诺言。2021 年 1 月 30 日，阿里原本要就新冠疫情和圭亚那渔民在委内瑞拉被扣留事件向全国发表讲话，后未事先通知就改成公开简报会。12 月 29 日，议会通过新的《自然资源基金法》，目的是更好地管理国家石油收入，特别是增加透明度和问责力度。新法强制要求公开政府的石油收入、政府从基金提款须经议会批准，加强了问责。可是，在关键的基金使用问题上，旧法规定由 22 名成员组成的公共问责和监督委员会在新法中减少到 9 人，其中 7 人由总统任命；委员会不再独立编列预算，成员报酬由财政部长决定；基金的管理者并非委员会，而是总统任命的董事会，如此则难以问责。2021 年，圭亚那的反腐感知指数较上一年度下降 2 分。

2020 年牙买加大选在大流行中举行，是竞选资金立法后的第一次大选。2021 年 6 月 2 日，政治监察员办公室发布《2020 年大选竞选审查报告》，这在牙买加历史上还是首次。报告分析大选得失自然重要，而政治监察员办公室的性质及其未来角色在这里更值得关注。政治监察员办公室是议会的一个委员会，经 2002 年《政治监察（临时）法》设立，其任务是调查任何

---

① https：//www. npta. gov. gy/，最后访问日期：2022 年 2 月 14 日。

政党的行动，向政党领导人提出建议。多年来，该办公室的存废引发争议，未来能否争取更大的问责权力仍未确定。政治监察员唐娜·帕吉门·布朗（Donna Parchment Brown）认为，卢旺达的监察员制度非常成功，监察员办公室预算不断增加，监察员待遇好，它由宪法设立，位阶高，有能力调查腐败案件，所以，卢旺达 2020 年腐败感知指数排名能比牙买加高 20 位，牙买加借鉴卢旺达的成功经验，赋予政治监察员办公室更大权力。[①]

《信息自由法》或《获取信息法》是保护公民知情权，增加透明度的有效法律手段。1994 年，伯利兹在加勒比地区首次制定该法，截至 2020 年 9 月，已立法的国家共有 9 个。[②] 2021 年 12 月，苏里南政府制定《信息自由法》，等待议会通过，已迈出一大步。巴巴多斯、格林纳达和圣卢西亚 10 多年前就已起草，至今仍未正式出台。

从选举对于民主治理的重要性来看，这里不应缺席选举制度。确实，探索选举改革之路也是 2021 年的政治大事。[③] 如圭亚那政府 11 月公布《人民代表（修订）法》草案供全社会讨论，下一步再提交议会审议；多米尼克聘请前加勒比法院院长丹尼斯·拜伦（Dennis Byron）爵士担任唯一专员，推动选举改革，但年底前尚未按期提交改革报告；美洲国家组织、欧盟选举观察团分别向巴哈马、圭亚那提出选举改革建议等，都说明在加勒比地区一直有内外部力量努力除弊革新，促进民主治理，理应重点关注，但这些改革因尚未定型、落地，此处暂不展述。

六、总结与展望

2021 年，加勒比地区的民主政治总体稳定而有张力，有突破也有守旧，有增益也有衰减，在新冠大流行中续写西方政治本土化篇章。多场选举公

① https：//jamaica-gleaner. com/article/commentary/20210610/david－salmon－give－office－political－ombudsman-teeth，最后访问日期：2022 年 2 月 14 日。

② https：//www. ccj. org/wp-content/uploads/2021/02/Keynote-address-at-the-International-Day-for-Universal-Access-to-Information_ Mr-Justice-Anderson_ 20200928. pdf，最后访问日期：2022 年 2 月 14 日。

③ 针对疫情防控所做的临时调整不在此列。

正、自由、有序地举行，政权平稳过渡；执政力量式微，反对党纷起领首。新冠疫情持续发酵，加勒比国家和地区调整竞选方式和选举安排，努力完成选举任务，继续保持良好的选举记录；疫情政治在新环境、新议题下再现权力、利益争夺局面，激化安全和自由的价值冲突，考验加勒比地区民主的韧性。巴巴多斯成功创建共和国，再掀加勒比地区共和热潮，但后来者不得不面对难以逾越的制度障碍。以制度建设——尤其是在多方协商机制、透明度和问责制领域——弥补民主赤字，新旧制度各有得失，不同国家和地区成效不一。

展望加勒比政治，有四个重点、热点值得关注。

一是新冠疫情。大流行持续，西方疫情综合征蔓延，疫苗赤字严重的加勒比地区要继续承受全面冲击，被激化的矛盾将在何种程度得以解决或者根本无解，得看政治心脏有多强大。整体乱象或可避免，局部稳定值得推崇。

二是选举。2022年，巴哈马、巴巴多斯、圭亚那、海地、美属维尔京群岛、圣巴泰勒米和圣马丁（法国）将举行大选或地方选举。无论选举地是否独立，无论是大选还是地方选举，由此展示的民主质量和政治格局测试了那里的政治风向，也是加勒比政治的应有指标。在巴巴多斯，转向共和制后的第一次大选已提前，总理米娅·莫特利和工党借共和东风，优势明显。

三是共和制。牙买加朝野能否暂却龃龉，共闯制度难关，为独立60周年写下历史性的一笔，尚不确定。成则再次代表加勒比影响世界，败则悄然无声。其他国家亦然。现在普遍的难题是要过议会2/3多数同意、公投多数同意两关，总体情况并不乐观。

四是民主制度建设。基于民主体制的系统惯性和优势，加勒比地区要维持多年来的稳定体系并非难事，当然不否定会出现个别国家和地区脱序的现象，比如海地。在宪政体制基本面保持相对稳定的同时，行政权力监督力度不足、庇护和腐败等痼疾非刮骨疗伤不足以根治，目前还看不到彻底好转的迹象，不过，它们指涉的制度建设不仅事关不同国家和地区人民的福祉，也在加勒比地区层面积累统计意义。巴巴多斯、圭亚那和多米尼加的宪法改革，巴哈马、圭亚那和多米尼克的选举制度改革，英属维尔京群岛的独立调查委员会报告，牙买加的政治观察员制度，苏里南的第二阶段三方协议和《信息自由法》，等等，都是近期应当跟踪观察的指标性制度。

第二章　2021 年加勒比地区经济形势

崔顺伟　王婷婷　张逸群①

摘　要：随着新冠疫情防控措施放松以及世界经济复苏，2021 年加勒比地区经济走出深度衰退，步入温和复苏轨道，实现了中低速经济增长；消费、投资以及出口对经济增长拉动作用较大；平均失业率趋于下降；性别差距呈扩大趋势；通货膨胀率呈温和上升趋势，部分国家失控；商品和服务进出口实现恢复性增长，国际收支保持总体顺差。为了应对疫情冲击，2020 年加勒比各国政府采用了扩张性的财政政策和货币政策，导致财政赤字规模扩大，公共债务规模居高不下，也推高了物价水平。2021 年，随着经济复苏加快、通胀压力加大，加勒比地区财政政策和货币政策逐步偏向紧缩。2022 年，加勒比地区经济有望继续增长，但也面临着疫情反复、宏观经济政策两难困境以及内部长期存在的一系列结构性问题的制约和挑战。

关键词：加勒比地区　新冠疫情　经济增长　通货膨胀　财政政策　货币政策

---

①　崔顺伟：博士，天津外国语大学国际商学院副院长，教授。王婷婷：天津外国语大学国际商学院 2020 级硕士研究生。张逸群：天津外国语大学国际商学院 2021 级硕士研究生。

一、加勒比地区经济发展的简要脉络

关于加勒比地区的地理范围，众说纷纭。本书研究 16 个国家和 16 个未独立地区。① 限于数据可得性，本章重点考察 16 个国家，有些地方也会涉及部分未独立地区。

在正式展开本章内容前，这里简单介绍一下加勒比地区经济发展的历史脉络，作为知识背景。

（一）前殖民地时期

在欧洲殖民者到达之前，加勒比地区生活着瓜纳哈塔贝人、泰诺人和海岛加勒比人等土著族群，这些族群被殖民者统称为印第安人。瓜纳哈塔贝人主要靠狩猎和采集为生，主要食物为贝类、鱼类等，泰诺人和海岛加勒比人则在被称作“科努科”的小型农场中种植木薯。②

（二）殖民地时期

哥伦布发现新大陆以后，加勒比地区成为西班牙、荷兰、英国和法国等国殖民者长期掠夺的对象。殖民者来到这里是为了发财致富，财富最初主要来自采矿和淘金，到 16 世纪和 17 世纪是农业和商业，形成了以甘蔗和烟草等经济作物为代表的种植园奴隶制经济。

加勒比地区的气候和土壤适宜种植甘蔗，甘蔗是劳动密集型作物，解决劳动力短缺的主要办法是通过三角贸易输入来自非洲的黑人奴隶。到 19 世纪早期，约有 314. 97 万奴隶被带到加勒比地区。巴巴多斯、牙买加、圣多明各和古巴相继成为重要的蔗糖生产地，1820—1824 年期间，仅法属西印度群岛、英属西印度群岛和古巴平均每年生产蔗糖 24. 58 万吨。③ 从 1794

---

① 见本书《前言》。

② ［美］D. H. 菲格雷多、弗兰克 · 阿尔戈特-弗雷雷：《加勒比海地区史》，王卫东译，东方出版中心 2016 年版，第 14 页。

③ Jan Rogozinski, *A Brief History of the Caribbean: From the Arawak and the Carib to the Present*, New York: Plume, 2000, p. 105.

年到 1886 年，黑人奴隶的斗争、废奴论者的努力最终促使该地区彻底废除奴隶制。获得解放的奴隶不再为种植园主劳动，而是致力于开垦和耕种小片土地，因而种植园的廉价劳动力供给减少，再加上世界市场上甜菜糖的供给增加导致蔗糖价格下降，大量种植园破产，种植园奴隶制经济最终走到了历史的尽头。

为了解决劳动力由种植园流向小农场的问题，该地区采取提供路费并允许移民在一定年限内挣得劳动工资的办法，从印度和中国吸引大批劳动力。在大种植园使用来自印度和中国的劳工代替非洲奴隶的同时，获得自由的奴隶变成了小农户，这就形成了大种植园主、小农和农业工人并存的社会阶级结构。在蔗糖生产逐步恢复的同时，加勒比地区又引进咖啡、胡椒、生姜、金鸡纳霜树、香蕉、柠檬树、可可和椰子等作物，它们后来都成为重要的出口产品。

在殖民地时期，加勒比地区不过是其欧洲宗主国的大农场或小农场，农业是唯一的经济命脉，绝大多数人都直接或间接地从事农业生产。畸形的单一经济结构使该地区长期处于贫困和落后状态。

（三）20 世纪 60 年代以来

进入 20 世纪 60 年代，加勒比地区民族解放运动风起云涌，独立国家纷纷出现，经济发展也出现了一系列重大变化。

1. 商品出口结构

在各种经济思潮的影响下，该地区开始大力发展制造业，先是采用进口替代后又转向出口导向来实现工业化，形成了以矿产品和制成品出口为主的货物贸易结构。到 2019 年，加勒比共同体初级农产品出口占商品出口总额的比重只有 6.1%，而矿产品和工业制成品出口占 93.9%，其中矿产品为 32.8%，工业制成品为 61.1%。①

2. 服务出口

长期以来，货物出口在加勒比地区的出口结构中一直占支配地位，服务出口在 1960 年占商品和服务出口总额的比重略大于 20%。此后，该地区的出口结构逐渐从货物出口为主向服务出口为主转变。到 2019 年，扣除特

① ITC, *List of Products Exported by Caribbean Community*, https: //www.trademap.org/Index.aspx.

立尼达和多巴哥、圭亚那、苏里南、海地和巴巴多斯以后的加勒比共同体10 个成员的服务出口占总出口的比重已经达到 81.5%，在东加勒比货币联盟，这个比例更是高达 93.9%。[①] 旅游和金融已发展成当地排名前两位的服务出口行业，这里被公认为世界旅游天堂，也是全球最大的避税型离岸金融产业聚集区。

3. 公共部门

20 世纪 50 年代末，当地政府收入大部分来自贸易税，财政支出占 GDP 的比重很低。1960 年之后，先后有 13 个国家独立，剩下的未独立地区也获得更大自治权，政府重新划定了私人支出与政府支出之间的边界，各国选民对政府也提出更多需求。公共支出占 GDP 的比重急剧增加，由 1960 年的15%提高到 2019 年的 30%[②]，这主要是由于用于教育、卫生、住房、社会保障、基础设施、国防和公共安全等方面的支出增加。

4. 城市化率

在 20 世纪 60 年代到来前夕，加勒比地区农业部门提供了绝大部分就业岗位，农村人口占绝大多数，城镇人口极少。1960 年以后，当地非农就业人数显著增加，农业就业人员占比大幅下降。到 2019 年，该地区农业就业人员占比为 16.9%；如果剔除海地，这一比例为 12.7%。[③] 与此同时，城市化率从 1960 年的 39.3%提高到 2018 年的 70.3%。[④]

5. 区域经济一体化

1968 年，加勒比自由贸易协会正式成立。1973 年，特立尼达和多巴哥、巴巴多斯、牙买加和圭亚那签署《查瓜拉马斯条约》，成立加勒比共同体和共同市场，以取代加勒比自由贸易协会。随后，安提瓜和巴布达、伯利兹、多米尼克、格林纳达、蒙特塞拉特、圣基茨和尼维斯、圣卢西亚、圣文森特和格林纳丁斯、巴哈马（共同体成员，但不是共同市场成员）、苏里南和

---

① IMF, *Balance of Payments and International Position Statistics*, https: //data. imf. org/? sk = 7A51304B - 6426-40C0-83DD-CA473CA1FD52&sId = 1542635306163.

② Victor Bulmer-Thomas, *The Economic History of the Caribbean Since the Napoleonic Wars*, Cambridge: Cambridge University Press, 2012, pp. 368-369. 2019 年公共支出占 GDP 的比例由作者根据国际货币基金组织 WEO 数据库的数据计算所得。

③ 非农就业人员占比为作者根据如下数据计算的结果：世界银行 WDI 数据库农业就业人员占比，世界旅游服务理事会官网中的旅游就业数、旅游对就业总量的贡献。

④ UN, *World Urbanization Prospects 2018*, https: //population. un. org/wup/Download/Files/WUP2018-F21-Proportion_ Urban_ Annual. xls.

海地相继加入。2006 年 1 月 1 日，加勒比单一市场和经济启动，区域经济一体化进入新阶段。目前，除海地、巴哈马和蒙特塞拉特之外，其他 12 个加勒比成员均已加入加勒比单一市场和经济。

二、2021 年经济基本形势

（一）走出深度衰退，步入温和复苏轨道

2020 年，由于新冠疫情在全球的蔓延，世界经济遭遇了第二次世界大战以来最严重的一次衰退，产出下降 3. 1%。加勒比地区作为世界上旅游业最密集的地区，更是受到疫情的沉重打击，实际产出下降 9. 2%。在数据可得的 16 个国家中，15 个国家的 GDP 出现不同程度的下降，其中有 10 个国家的 GDP 下降幅度高达 10%以上。安提瓜和巴布达旅游业产值占 GDP 比重高达 75%、圣卢西亚为 39%，它们的实际产出较 2019 年都下降 20%以上。只有圭亚那一国因为石油部门快速膨胀而实现正增长，其增速甚至达到 43. 5%的惊人水平，但若扣除石油部门，该国的实际 GDP 也下降 7. 3%。①

表 2-1　加勒比 16 国 2019—2021 年经济增长率和通货膨胀率　（单位:%）

国家	经济增长率			通货膨胀率		
	2019 年	2020 年	2021 年	2019 年	2020 年	2021 年
安提瓜和巴布达	4. 7	−20. 2	5. 3	0. 7	2. 8	2. 7
巴巴多斯	−1. 3	−18. 2	1. 5	7. 2	1. 3	5. 6
巴哈马	0. 7	−14. 5	2. 3	1. 4	1. 2	2. 7
伯利兹	1. 8	−16. 75	9. 8	0. 2	0. 4	5. 7
多米尼加	5. 1	−6. 7	12. 3	3. 7	5. 5	8. 2
多米尼克	7. 5	−16. 6	6. 5	0. 1	−0. 7	0. 6
格林纳达	0. 7	−13. 5	0. 1	0. 1	−0. 8	1. 5

① Bank of Guyana, *Annual Report of Bank of Guyana 2020*, p. 7, https: //bankofguyana. org. gy/bog/images/research/Reports/ANNREP2020. pdf.

续表

国家	经济增长率			通货膨胀率		
	2019 年	2020 年	2021 年	2019 年	2020 年	2021 年
古巴	—	-10.95	0.1	-1.3	18.5	75.2
圭亚那	5.4	43.1	18.5	2.1	0.9	5.6
海地	-1.7	-3.34	-1.8	20.8	19.2	24.5
牙买加	1.0	-9.9	4.6	6.2	4.5	7.8
圣基茨和尼维斯	4.8	-14.2	-3.9	-0.8	-1.2	1.2
圣卢西亚	-0.1	-20.4	7	-0.7	-0.4	2.5
圣文森特和格林纳丁斯	0.5	-5.3	0.74	0.5	-1.0	2.7
苏里南	1.1	-16.5	-2	4.2	60.7	63.3
特立尼达和多巴哥	-1.2	-7.4	3.3	0.4	0.8	3.9
加勒比 16 国	—	-9.2	4.1	—	—	—
世界	2.8	-3.1	5.9	—	—	—

资料来源：IMF，*World Economic Outlook January 2022 Update*，http：//www.imf.org；ECLAC，*Preliminary Overview of the Economies of Latin America and the Caribbean* 2021，Santiago：ECLAC，December 2021，p. 128；ECLAC，*CEPALSTAT Statistical Databases and Publications*，https：//statistics.cepal.org/portal/cepalstat/dashboard.html？theme = 2&lang = en. 通货膨胀率数据采用消费者价格指数 12 月到 12 月年度增长率。

2021 年，世界经济走出衰退，表现亮丽，增长率据估计达 5.9%，而 2020 年为-3.1%。其中，发达经济体增长 5%，新兴市场和发展中经济体增长 6.5%①，实际增长则分别为-4.5%和-2%。2021 年，世界货物和服务贸易增长率由 2020 年的-8.2%转为 9.3%。其中，发达经济体从-9%提升到 8.3%，新兴市场和发展中经济体由-6.7%增加到 11.1%。作为加勒比地区排名前两位的贸易伙伴，美国和中国在 2021 年的经济增长率分别达到 5.6% 和 8.1%。这些有利因素为加勒比地区的经济增长创造了良好的外部条件。

随着疫情防控措施放松以及世界经济复苏，2021 年加勒比地区经济实现稳步复苏，16 个国家的实际 GDP 增长率达到 4.1%，扣除圭亚那和多米尼加这两个高速增长的经济体以后，仅增长 0.7%，为中低速增长。在 16 个国家中，有 15 个经济增长情况明显好于 2020 年，只有圭亚那低于 2020 年。

① IMF，*World Economic Outlook January 2022 Update*，http：//www.imf.org.

该地区经济复苏呈现明显的分化态势。除了圣基茨和尼维斯（-3.9%）、苏里南（-2%）、海地（-1.8%）3 个国家之外，其他 13 个国家的 GDP 增速均已为正，其中圭亚那（18.5%）、多米尼加（12.3%）实现了高速增长，伯利兹（9.8%）、多米尼克（6.5%）、圣卢西亚（7%）、安提瓜和巴布达（5.3%）、牙买加（4.6%）为中低速增长，特立尼达和多巴哥（3.3%）、巴巴多斯（1.5%）、巴哈马（2.3%）、圣文森特和格林纳丁斯（0.74%）、格林纳达（0.1%）、古巴（0.1%）的复苏步伐更加缓慢。[①] 圭亚那的经济增长率虽然较 2020 年低，但仍高达 18.5%。圣文森特和格林纳丁斯则因 2021 年 4 月拉苏弗里耶尔火山喷发导致国际游客较 2020 年下降 90.8%，实际产出较上年下降 6 个百分点（见表 2-1）。

根据国际货币基金组织世界经济展望数据库的统计数据，我们以 2007 年价格为不变价格进行估算，结果显示，2021 年，加勒比地区[②]实际 GDP 为 1682.9 亿美元，同比增长 6.8%，为 2010 年以来增长率第二高的年份（见图 2-1）。

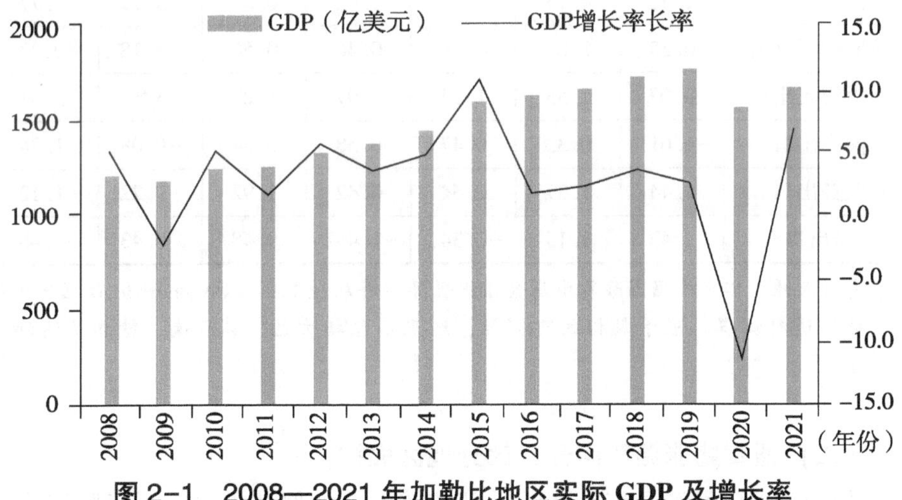

图 2-1　2008—2021 年加勒比地区实际 GDP 及增长率

资料来源：作者根据国际货币基金组织世界经济展望数据库的数据进行测算得出。

① ECLAC, *CEPALSTAT Statistical Databases and Publications*. 部分数据系作者根据该数据库进行测算得出。https://statistics.cepal.org/portal/cepalstat/national-profile.html? theme=2&country=brb&lang=en。

② 包括 15 个国家，古巴不在此列。

从 GDP 中的各项指标对经济增长所做贡献来看，消费、投资以及商品和服务出口贡献显著。从实际 GDP 增长的各因素看，消费支出对 GDP 贡献最大，达到 5.77%（见表 2-2）。投资支出在实际 GDP 增长中的贡献达到 3.51%，其次是商品出口和服务出口，分别达到 1.34%和 1.12%。2021 年加勒比地区的出口和进口实现了恢复性增长。截至 2021 年第三季度，圭亚那的出口总额达到 6587.34 亿圭亚那元，同比增长 80.8%；进口总额达 4106 亿圭亚那元，同比增长 21.9%。[①] 伯利兹的出口总额为 4.228 亿美元，较 2020 年增长 17.7%；进口总额为 21.778 亿美元，增长 35.6%。[②] 政府支出对 GDP 增长的贡献为负值，下拉 GDP 负增长 0.37%。

表 2-2　2015—2021 年加勒比地区实际 GDP 增长中各因素贡献情况

（单位:%）

GDP 增长率及各因素贡献	2015 年	2016 年	2017 年	2018 年	2019 年	2020 年	2021 年
GDP 增长率	4.51	4.45	3.38	4.95	3.19	−6.54	7.43
消费支出	1.46	0.76	1.66	3.01	0.88	−5.79	5.77
政府购买支出	0.55	1.0	0.94	0.46	0.56	3.18	−0.37
投资支出	0.07	1.55	1.12	2.97	1.27	−3.5	3.51
商品出口	−1.61	0.33	0.47	0.58	0.54	−0.08	1.34
服务出口	1.44	1.37	0.54	0.42	1.92	−9.22	1.12
净出口	2.43	1.15	−0.34	−1.49	0.48	−0.43	−1.48

资料来源：作者根据国际货币基金组织世界经济展望数据、UNcomtrade 数据库中的相关数据进行测算。限于数据的可得性，这里不包括古巴、苏里南、特立尼达和多巴哥。

（二）通货膨胀温和回升，部分地区失控

加勒比地区经济具有较强的外部依赖性，外部冲击对其通货膨胀水平历来都造成较大影响。2020 年，随着各国相继启动疫情防控措施，经济陷

① Bank of Guyana, *Bank of Guyana Third Quarter Report 2021*, pp. 24-26, https://bankofguyana.org.gy/bog/images/research/Reports/Sep2021.pdf.

② Central Bank of Belize, *Monthly Economic Highlights December 2021*, p. v, https://www.centralbank.org.bz/docs/default-source/4.2.2-monthly-economic-reports/monthly-economi c-highlights-december-2021.pdf? sfvrsn=2faa8d35_2.

入衰退，通货膨胀率呈现回落态势。如圭亚那 2020 年 1 月通货膨胀率为 1.68%，到 4 月下降到 1.04%，7 月进一步下降到年中最低水平 0.42%；巴哈马 2020 年 1 月通货膨胀率为 2.01%，到 4 月降到-0.92%，出现通货紧缩，7 月降到年中最低点-1.18%；巴巴多斯 2020 年 1 月通货膨胀率为 7.7%，到 9 月降到年中最低点 0.5%。

在此期间，加勒比国家国内通胀率的下降受到国际油价下降和国际旅行断崖式下跌的影响。此后，国际油价开始反弹并稳步攀升，2020 年 12 月以后加勒比地区的通货膨胀率逐渐攀升并恢复到疫情之前的水平。国际市场上能源和食品价格上涨，加上全球通货膨胀率提高，导致加勒比地区通货膨胀率上升。WTI 原油价格在 2020 年 12 月和 2021 年 9 月之间上涨了 54.6%，肉类、小麦等食品、食物的通货膨胀率在 2021 年的前九个月从 3.5%提高到 13.3%，其他商品的通货膨胀率在 2021 年前九个月同样提升。在上述因素影响下，加勒比地区的通货膨胀水平出现了整体性上升，由 2020 年 9 月的 1.8%上升至 2021 年 9 月的 4.2%，为 2019 年 12 月以来的最高值。

不同国家通货膨胀率的变化各不相同，可分为三类。根据拉美和加勒比经济委员会的统计数据，截至 2021 年年底，加勒比 16 国中有 15 国的通货膨胀率上升，仅安提瓜和巴布达一国略微下降；苏里南、古巴和海地为恶性通货膨胀，其中古巴更是高达 75.2%；其他各国的通货膨胀率均小于 10%，多属于温和或者爬行的通货膨胀（见表 2-1）。

为了进一步说明加勒比国家通货膨胀率的变化趋势，这里专门给出圭亚那、巴巴多斯、多米尼加、伯利兹、牙买加、巴哈马、特立尼达和多巴哥、海地和苏里南等 9 个国家 2020 年 1 月到 2022 年 1 月之间的通货膨胀率月度数据（见图 2-2—图 2-10）。这些数据表明，从 2020 年年底或者 2021 年年初以来，多数国家的通货膨胀率均呈现明显的上升趋势，通货膨胀的压力越来越大。海地的通货膨胀率在 2021 年 9 月以后重现上升态势。通过对通货膨胀影响因素的深入分析可知，这一轮通货膨胀率上升的主要驱动因素是能源价格，其次是食品价格，因而本轮通货膨胀属于成本驱动型而非需求拉动型。

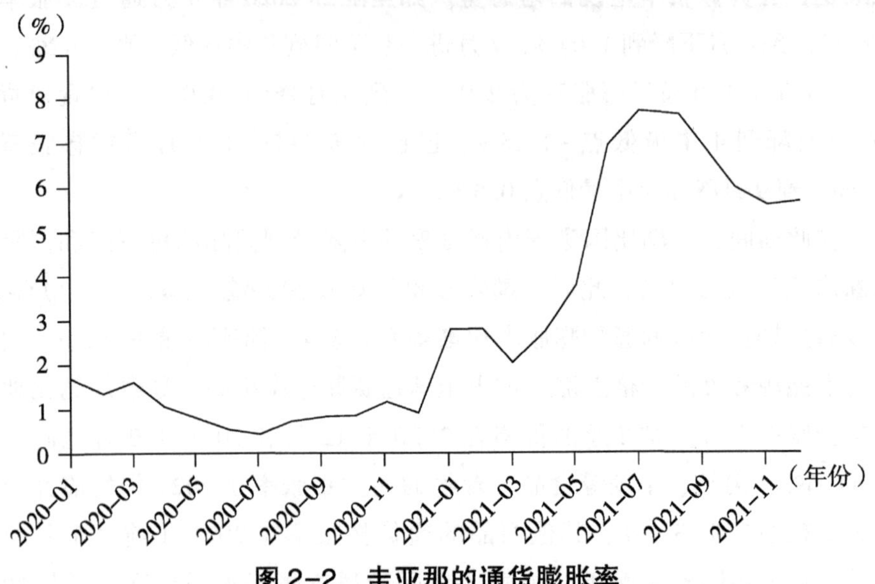

图 2-2　圭亚那的通货膨胀率

数据来源：https：//tradingeconomics. com/guyana/inflation-cpi，最后访问日期：2022 年 3 月 18 日。

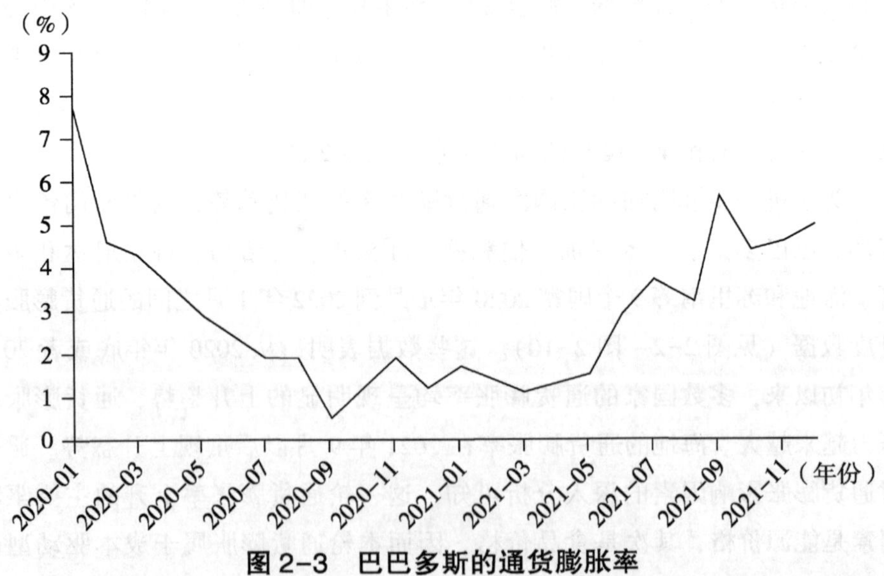

图 2-3　巴巴多斯的通货膨胀率

数据来源：https：//tradingeconomics. com/barbados/inflation-rate，最后访问日期：2022 年 3 月 18 日。

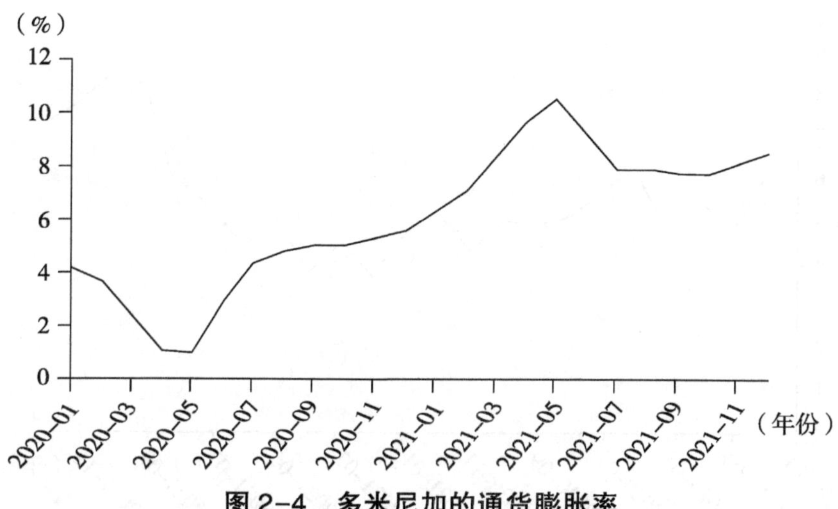

图 2-4　多米尼加的通货膨胀率

数据来源：https：//tradingeconomics. com/dominican-republic/inflation-cpi，最后访问日期：2022 年 3 月 18 日。

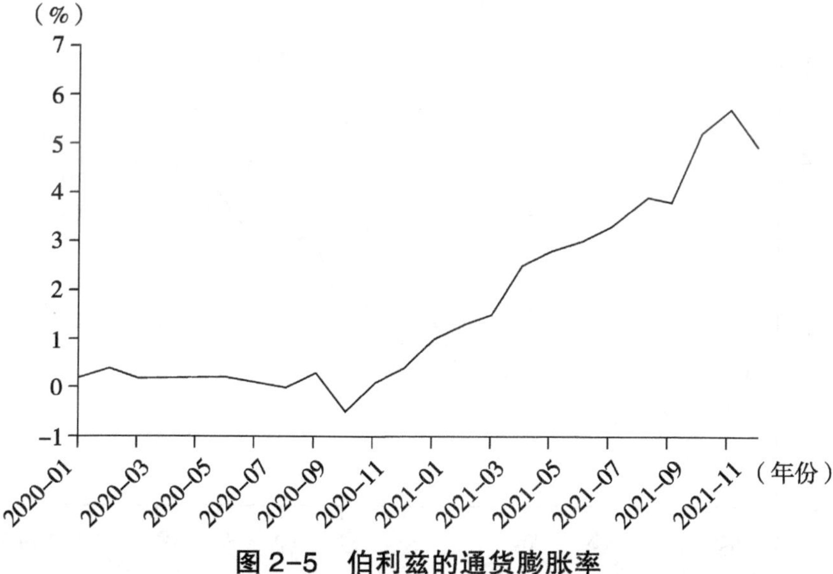

图 2-5　伯利兹的通货膨胀率

数据来源：https：//tradingeconomics. com/belize/inflation-rate，最后访问日期：2022 年 3 月 18 日。

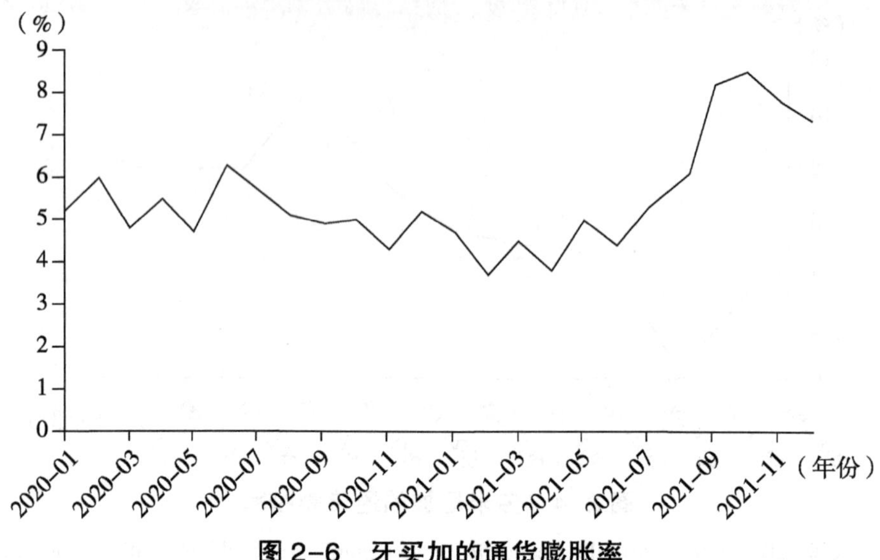

图 2–6　牙买加的通货膨胀率

数据来源：https：//tradingeconomics. com/jamaica/inflation–cpi，最后访问日期：2022 年 3 月 18 日。

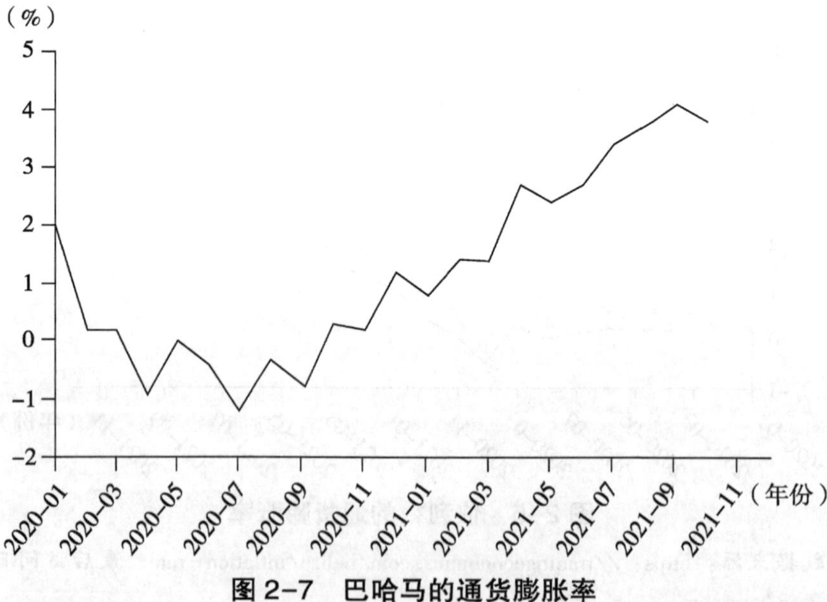

图 2–7　巴哈马的通货膨胀率

数据来源：https：//tradingeconomics. com/bahamas/inflation–cpi，最后访问日期：2022 年 3 月 18 日。

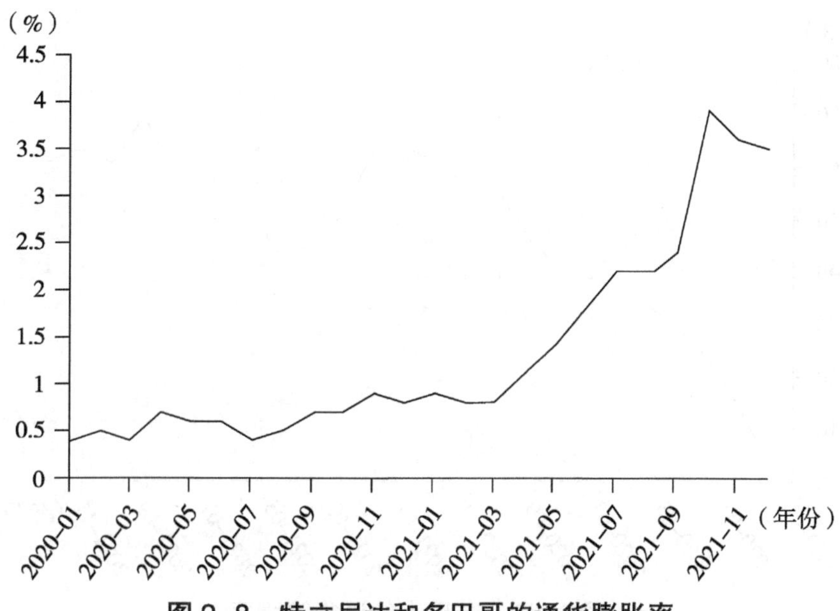

图 2-8　特立尼达和多巴哥的通货膨胀率

数据来源：https：//tradingeconomics. com/trinidad-and-tobago/inflation-cpi，最后访问日期：2022 年 3 月 18 日。

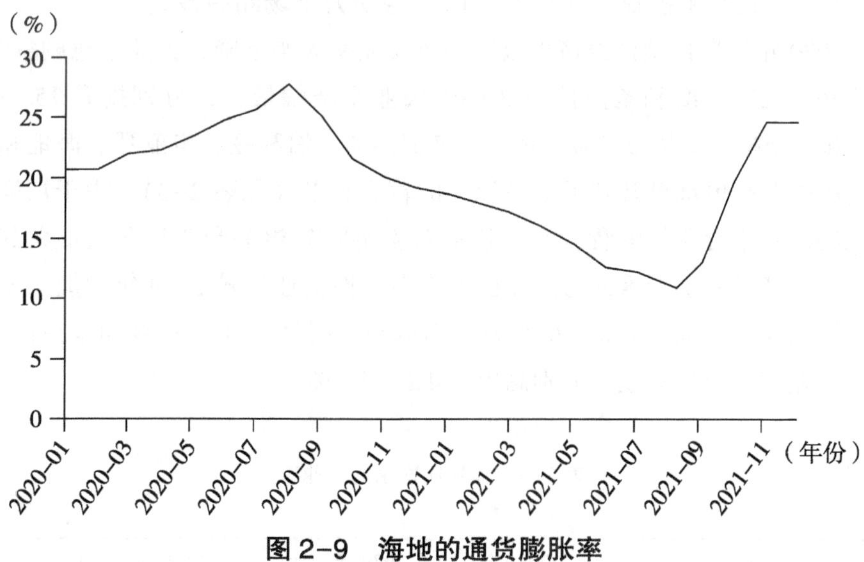

图 2-9　海地的通货膨胀率

数据来源：https：//tradingeconomics. com/haiti/inflation-cpi，最后访问日期：2022 年 3 月 18 日。

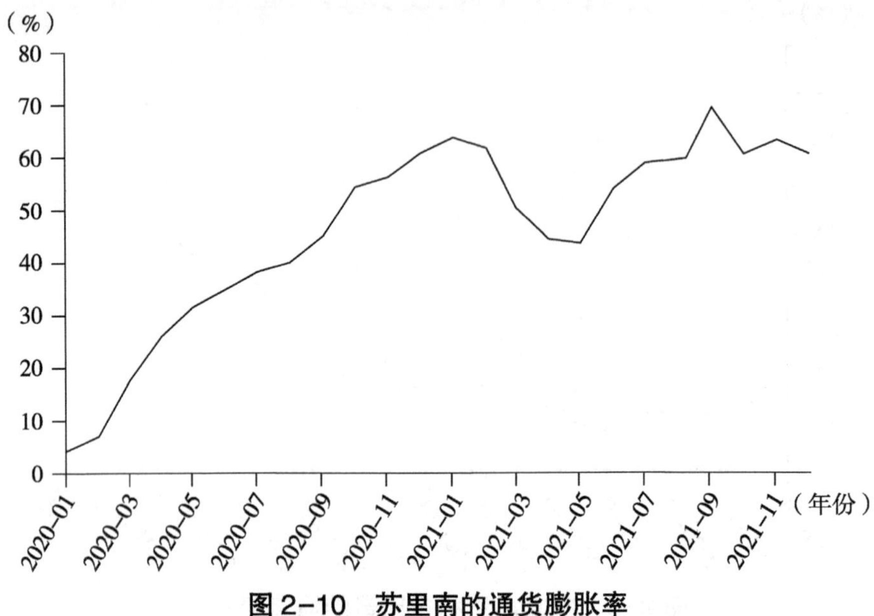

图 2-10　苏里南的通货膨胀率

数据来源：https：//tradingeconomics. com/suriname/inflation-cpi，最后访问日期：2022 年 3 月 18 日。

（三）就业率提高，失业率下降，劳动力市场略有改善

2020 年加勒比地区经济大衰退导致就业率大幅下降、失业率急剧攀升。巴哈马、巴巴多斯和圣卢西亚 3 国的失业率增幅最大，分别提升 15. 5%、14%和 4. 9%，高达 25. 6%、24. 7%和 21. 7%。伯利兹、圭亚那、海地和苏里南的失业率也都攀升到了 10%以上的较高水平（见表 2-3）。由于加勒比国家经济对旅游业依赖程度高，疫情对旅游服务相关产业从业人员尤其是女性就业者带来了严重冲击。如巴巴多斯女性失业率较 2019 年增加 7. 6%，而男性失业率增加 4. 6%。女性失业率也高于男性。在伯利兹和圣卢西亚，女性失业率比男性失业率分别高出 5. 4%、6. 5%。

表 2-3　加勒比国家的失业率

（单位：%）

国家	2019 年	2020 年	2021 年 1—9 月
安提瓜和巴布达	—	—	—
巴巴多斯	10. 7	24. 7	18. 6

续表

国家	2019 年	2020 年	2021 年 1—9 月
巴哈马	10. 1	25. 6	21. 5
伯利兹	9	13. 7	10. 6
多米尼加	6. 2	5. 8	7. 4
多米尼克	—	—	—
格林纳达	—	—	—
古巴	1. 2	3. 87	—
圭亚那	11. 9	15. 8	
海地	13. 5	14. 5	—
牙买加	5. 0	6. 6	5. 6
圣基茨和尼维斯	—	—	—
圣卢西亚	16. 8	21. 7	—
圣文森特和格林纳丁斯	18. 6	20. 3-	—
苏里南	8. 8	11. 1	—
特立尼达和多巴哥	4. 3	4. 7	—

数据来源：IMF，*World Economic Outlook*（*April* 2022），https：//www. imf. org/-/media/Files/Publications/WEO/WEO - Database/2022/WEOApr2022all. ashx； https：//tradingeconomics. com/cuba/unemployment-rate；ECLAC，*Preliminary Overview of the Economies of Latin America and the Caribbean* 2021，Santiago：ECLAC，December 2021，p. 146；Dillon Alleyne，etc.，*Economic Survey of the Caribbean* 2021，Santiago：ECLAC，2021，p. 10.

2021 年，随着经济复苏，加勒比地区的劳动参与率和就业率有所提高，失业率下降，就业形势好转。拉美和加勒比地区的就业率由 2020 年的 52. 8%上升到 2021 年的 55%，整体失业率则由 2020 年的 10. 3%下降到 2021 年（1 月到 9 月）的 10. 0%。在数据可得的加勒比地区 6 个国家中，巴哈马的失业率由 2020 年的 25. 6%下降到 2021 年的 21. 5%，巴巴多斯从 24. 7%减少至 18. 6%，伯利兹自 13. 7%缩减到 10. 6%。[①] 牙买加的劳动参与率由 2020 年的 60. 6%上升到 2021 年的 63. 2%，就业率从 56. 6%增加到 57. 6%，整体失业率则自 6. 8%减至 5. 6%（2021 年 1—9 月）。同期，多米尼加的劳动参

① IMF，*World Economic Outlook*（*April 2022*），https：//www. imf. org/external/datamapper//export/excel. php？ indicator=LUR.

与率由 60.2%提高到 62.4%，就业率从 56.7%上升到 57.6%，整体失业率自 12.6%下降到 7.7%（2021 年 1—9 月）。[①] 只有苏里南一国的失业率略微上升，由 2020 年的 11.1%提高到 2021 年的 11.2%。整体而言，这些国家的失业率都还没有降到 2019 年新冠疫情暴发以前相对较低的水平。

（四）国际收支有所改善，外汇储备增加

2020 年，全球经济受疫情影响陷入大衰退，世界贸易大幅减少，加勒比地区的对外贸易同样急剧下降。从国际收支的两大项目来看，该地区 14 个国家的经常项目总体上呈现逆差，达到 59.2 亿美元，较 2019 年有所扩大，资本和金融项目顺差较 2019 年有所增加，达到 98.5 亿美元，形成国际收支盈余，顺差 39.3 亿美元，外汇储备资产因此增加了 30.7 亿美元。[②]

2021 年，加勒比地区的对外贸易额快速增长。从国际收支的两大项目来看，其经常项目逆差 64.7 亿美元，较上年有所扩大，资本和金融项目顺差 103.5 亿美元，国际收支总差额为顺差 38.8 亿美元，规模与上年基本持平（见表 2-4）。从经常项目的子项目来看，该地区的货物出口总额由上年的 239.8 亿美元提高到 293.4 亿美元，增长 22.4%，货物进口总额从 359.7 亿美元大幅提高到 461.2 亿美元，增长 28.2%；货物贸易项目呈现巨大逆差，达到 167.8 亿美元，较上年进一步扩大。除了特立尼达和多巴哥、巴哈马、苏里南和圭亚那 4 国之外，其他 10 个国家均存在不同规模的货物贸易逆差。2021 年，该地区的服务贸易大幅增长，服务出口总额和进口总额分别由 2020 年的 132.2 亿美元和 134.5 亿美元提升至 192.3 亿美元和 163.4 亿美元，增长率分别达到 45.4%和 21.5%；服务贸易项目实现顺差 23.9 亿美元，远小于货物贸易逆差，从而导致货物和服务贸易项目逆差 143.9 亿美元。从经常项目的其他组成成分来看，该地区收入项目逆差 65.9 亿美元，经常转移项目虽然顺差 143.4 亿美元，但不足以抵销货物和服务项目逆差以及收入项目逆差，因而经常项目出现逆差 64.7 亿美元，较 2020 年的 42.8 亿美元有所扩大。在数据可得的 14 个国家中，11 个国家经常项目出现逆

① ECLAC, *Preliminary Overview of the Economies of Latin America and the Caribbean 2021*, Santiago: ECLAC, December 2021, p. 146. 牙买加、多米尼加 2021 年数据均为 2021 年 1 月到 9 月的统计数据。

② 由于缺乏古巴、海地的国际收支数据，这里是对加勒比地区 14 个国家的国际收支平衡表中的相应数据进行加总得到的数据，未扣除区域内的跨国贸易和跨国资本流动数据。

差，只有苏里南、牙买加以及特立尼达和多巴哥为顺差。

从资本与金融项目来看，加勒比地区 2021 年出现顺差 103.5 亿美元；除了特立尼达和多巴哥之外，其他 13 个国家均有着不同规模的顺差。由于资本与金融项目的顺差远大于其经常项目的逆差，该地区 2021 年国际收支总差额为顺差，达到 38.8 亿美元，较上年有所增加。安提瓜和巴布达、圣基茨和尼维斯、圣文森特和格林纳丁斯出现国际收支逆差，其他 11 个国家均处于顺差状态。国际收支的改善使该地区 2021 年国际储备资产增加了 44.4 亿美元。除了圣基茨和尼维斯的储备资产出现缩水之外，其他 13 个国家均有不同程度的扩大。①

表 2-4　2021 年加勒比国家国际收支基本情况

（单位：百万美元）

国家	货物和服务差额	收入差额	经常转移差额	经常项目差额	资本与金融项目差额	综合差额	储备资产变动	净误差与遗漏
安提瓜和巴布达	−119.1	48.1	53.3	−220.5	149.5	−71	−102.2	173.1
巴巴多斯	−465.5	−96.2	33.1	−528.7	616.9	88.2	−199.2	110.9
巴哈马	−1320	−734.4	−156.2	−2210.6	1551	−659.6	−51.5	711.1
伯利兹	−210.9	−81	125.7	−166.2	198.8	32.6	−66.4	33.7
多米尼加	−8032.3	−4706.2	10409.8	−2688.7	4786.1	2097.4	−2333.6	235.8
多米尼克	−196.5	1.64	16.4	−178.4	211.9	33.4	−14.8	−18.6
格林纳达	−256.1	−65.9	0	−293.2	331.3	38.1	−55.2	17.2
圭亚那	−2661.6	2641.6	1001.2	−1660.3	1772.8	112.5	−130.2	17.8
牙买加	−2038.6	−383.8	2658.8	236.4	529	765.4	−753.9	−11.5
圣基茨和尼维斯	−32.7	−19.9	−8.3	−60.9	39.9	−21	35.9	−14.9
圣卢西亚	44.2	−61.5	15	−2.3	171	168.8	−154.3	−14.5

① 尽管安提瓜和巴布达、圣文森特和格林纳丁斯 2 国出现国际收支逆差，不过由于存在比较大的净误差和遗漏项，这两个国家的储备资产是增加的。

续表

国家	货物和服务差额	收入差额	经常转移差额	经常项目差额	资本与金融项目差额	综合差额	储备资产变动	净误差与遗漏
圣文森特和格林纳丁斯	−289.4	−4.8	82.9	−211.3	126.7	−84.6	−83.5	168
苏里南	404	−384.6	146.2	165.6	71.5	237.1	−417	179.9
特立尼达和多巴哥	1278.5	−0.7	68	1345.9	−208.3	3875.1	−119	−1018.7
加勒比地区	−13896	−3943.7	14339.3	−6473.1	10348.2	3875.1	−4444.8	569.2

资料来源：作者根据各国中央银行官网公布的国际收支平衡表数据计算所得。

三、2021 年经济政策

（一）扩张性的预算赤字政策

自 2020 年 3 月新冠疫情暴发以来，为了应对疫情对经济所造成的严重冲击，加勒比各国政府纷纷增加在医疗卫生体系建设方面的投资，加大对困难家庭和企业的转移支付力度，致使财政支出规模扩大，它们同时采取减少税费征收、实行税收优惠等措施为困难企业减负，导致财政收入减少，其结果就是财政赤字规模扩大，公共债务增长。

1. 财政支出占 GDP 比重上升

从财政支出占 GDP 比重来看，除了多米尼克和苏里南有所下降之外，其他 12 个国家均有明显提高。从财政支出总额来看，2020 年多米尼加、格林纳达、圭亚那、圣卢西亚、圣文森特和格林纳丁斯等 5 个国家有明显提高。尽管安提瓜和巴布达、巴哈马、巴巴多斯、伯利兹、牙买加、圣基茨和尼维斯、苏里南、特立尼达和多巴哥等 8 个国家的财政支出总额较 2019 年有一定程度的下降，但它们的财政收入下降幅度更大，因而仍然处于财政赤字状态。2020 年，在数据可得的 14 个国家中，只多米尼克一国实现了财政盈余，其他 13 个国家均处于财政赤字状态。可见，加勒比地区在总体上实行了扩张性的预算赤字政策。

从财政支出的构成来看，加勒比地区 2020 年度财政支出的增加主要是由于初级经常性支出项目增长（贡献率为 68%），经常性支出项目占 GDP 的比重由 2019 年的 21.5%提高到 23.6%；其次是因为资本支出项目增长（贡献率为 29%）；最后是来自公共债务利息支付增长（贡献率为 3%）。为了缓和疫情所带来的危机，该地区在 2020 年采取了诸如为家庭和企业提供现金转移支付计划之类的政策，大幅增加在经常性补贴和转移支付上的开支，导致经常性支出的巨额增长（见表 2-5）。

表 2-5　加勒比国家中央政府支出的构成

（单位：%）

国家	财政支出占比		资本支出占比		公共债务利息支出占比		经常性支出占比	
	2019 年	2020 年	2019 年	2020 年	2019 年	2020 年	2019 年	2020 年
安提瓜和巴布达	22.4	26.8	1.9	2.9	2.5	2.6	18	21.3
巴巴多斯	25	28.2	1.8	2.6	2.4	3.2	20.8	22.4
巴哈马	20.5	23.7	1.7	3	2.5	2.8	16.3	17.9
伯利兹	33.8	36.2	6.4	8.6	3.2	1.6	24.2	26
多米尼加	16.8	22.5	2.5	3.8	2.8	3.2	11.5	15.5
多米尼克	55.7	52.4	18.2	11.4	2.1	2.4	35.4	38.6
格林纳达	22.1	33.2	2.7	9.7	1.9	2	17.5	21.5
圭亚那	26.2	28.5	6.1	6.7	0.8	0.7	19.3	21.1
牙买加	29.7	32.2	3.3	2.5	6.2	6.5	20.2	23.2
圣基茨和尼维斯	36.6	38.7	10.6	9	1.1	1.2	24.9	28.5
圣卢西亚	23	31.5	3.5	5.2	3	3.7	16.5	22.6
圣文森特和格林纳丁斯	34.1	39.1	7.2	9.7	2.5	2.4	24.4	27
苏里南	39	29.6	6.6	2.2	2.9	3.7	29.5	23.7
特立尼达和多巴哥	32.2	33.7	2.4	2.7	3.2	3.3	26.6	27.7
加勒比地区	28.7	31.8	4.5	5.4	2.7	2.8	21.5	23.6

资料来源：ECLAC, *Preliminary Overview of the Economies of Latin America and the Caribbean* 2021, Santiago: ECLAC, December 2021, p. 159. 经常性支出占比数据来自作者测算。

以圭亚那为例。2020 年圭亚那财政支出总额较上年增长了 15.2%。主要是由于与对冲疫情有关的非利息经常性开支增加，圭亚那的经常性支出总额（含债务利息费用）较 2019 年增加了 15.3%，达到 2493.57 亿圭亚那元。若扣除债务利息支出，其非利息经常性支出总额增长 16.3%，转移支付增加 19.7%，资本支出提高 14.9%。进入 2021 年以来，圭亚那进一步加大了扩张性财政政策的力度。截至 2021 年 9 月，圭亚那财政支出总额较 2020 年同比增长 19.9%；经常性支出总额增加 24.1%，其中转移支付增加 20.9%，资本支出总额增加 26.7%（见表 2-6）。

表 2-6　圭亚那中央政府财政运行状况

（单位：亿圭亚那元）

项目	2018 年	2019 年	2020 年	2021 年 1—9 月
1. 经常项目				
1.1 收入	2170.16	2405.85	2274.02	1985.75
1.1.1 税收收入	1985.12	2259	2183.30	1904.34
1.1.1.1 所得税	782.35	935.95	1047.03	877.51
1.1.1.2 增值税和消费税	278.62	965.51	838.30	747.93
1.1.1.3 国际贸易税	219.56	249.92	196.41	180.59
1.1.1.4 其他税收收入	104.60	108.55	101.56	98.32
1.1.2 非税收收入	185.04	145.93	90.72	81.41
1.2 非利息支出	1911.02	2076.83	2415.95	1795.63
其中，转移支付	804.00	812.24	972.66	743.73
1.3 经常性初级余额	259.15	329.02	(141.93)	190.12
1.4 减去利息	85.11	85.11	77.62	47.11
1.5 经常项目差额	174.04	243.92	(219.55)	143.01
2. 资本项目				
2.1 收入（包括赠款和债务减免）	107.33	119.45	75.82	16.6
2.2 支出	550.19	662.62	761.15	463.9
2.3 资本项目差额	(442.46)	(543.18)	(685.33)	(447.3)
3. 综合差额	(268.42)	(299.26)	(904.88)	(303.62)
4. 融资	268.42	299.26	904.88	303.62

续表

项目	2018 年	2019 年	2020 年	2021 年 1—9 月
4.1 净对外借款（+）/储蓄（-）	55.02	109.64	23.23	217.02
4.2 净国内借款（+）/储蓄（-）	213.40	189.62	881.65	86.60

资料来源：Bank of Guyana，*Bank of Guyana Report* 2020，p. 30，https：//bankofguyana. org. gy/bog/images/research/Reports/ANNREP2020. pdf；*Bank of Guyana Third Quarter Report* 2021，p. 17，https：//bankofguyana. org. gy/bog/images/research/Reports/ Sep2021. pdf. 作者根据上述数据进行编制。

2. 财政收入占 GDP 的比重下降

受疫情影响，加勒比地区的财政收入状况总体上出现恶化。2020 年，该地区财政收入占 GDP 的比重明显下降，从 24.7%减少到 20.8%，其中税收收入占 GDP 的 19.7%，占财政收入的 94.7%。同时，不同的国家财政收入状况出现差异和分化。在数据可得的 14 个国家中，有 9 个国家 2020 年的财政收入以及财政收入占 GDP 的比例较 2019 年下降；圣卢西亚、格林纳达、安提瓜和巴布达的财政收入下降，但其财政收入占 GDP 的比重上升；多米尼克、圣文森特和格林纳丁斯的财政收入以及财政收入占 GDP 的比重均有所提高。财政收入大幅下降的国家有：苏里南（34.7%）、巴哈马（31.9%）、巴巴多斯（29.7%）、特立尼达和多巴哥（29%）、圣基茨和尼维斯（25.1%）。在税收收入方面，除了圣文森特和格林纳丁斯圭亚那外，加勒比地区其他 11 个国家都有不同程度的下降（见表 2-7）。

表 2-7　加勒比国家的财政收入与税收收入

（单位：亿美元）

国家	财政收入			税收收入		
	2018 年	2019 年	2020 年	2018 年	2019 年	2020 年
安提瓜和巴布达	3.18	3.14	2.90	2.52	2.50	2.26
巴巴多斯	14.96	15.21	10.69	14.04	14.15	9.98
巴哈马	21.05	24.75	16.84	19.0	22.4	15.1
伯利兹	5.94	5.85	4.50	5.17	5.24	3.87
多米尼加	121.6	130.9	112.1	111.3	121.1	97.9

续表

国家	财政收入			税收收入		
	2018 年	2019 年	2020 年	2018 年	2019 年	2020 年
多米尼克	2.81	2.51	2.88	1.49	1.61	1.19
格林纳达	3.15	3.23	2.94	2.68	2.74	2.37
圭亚那	10.96	12.11	11.27	9.58	10.81	10.45
牙买加	47.88	48.37	40.64	41.31	43.16	35.76
圣基茨和尼维斯	4.29	4.33	3.25	2.00	2.05	1.68
圣卢西亚	4.42	4.41	3.54	3.84	3.94	3.20
圣文森特和格林纳丁斯	2.36	2.52	2.64	1.89	1.91	1.94
苏里南	7.99	8.13	5.31	5.55	5.98	3.86
特立尼达和多巴哥	65.36	68.70	48.79	48.54	49.67	37.78

资料来源：ECLAC，*Preliminary Overview of the Economies of Latin America and the Caribbean* 2021，Santiago：ECLAC，December 2021，p. 157. 财政收入和税收收入数据系作者测算所得。

以圭亚那为例。2020 年，圭亚那财政收入较 2019 年下降了 6.9%，幅度较小，这主要是因为石油行业税收收入增加部分抵销了疫情造成的税收减少。和 2019 年相比，圭亚那 2020 年的经常性收入减少 5.5%，为 2274.02 亿圭亚那元；税收收入和非税收收入分别减少 3.3%和 37.8%；增值税和消费税减少 13.2%；国际贸易税减少 21.4%，主要原因是旅行税和进口关税分别下降 65%和 15.9%，出口税减少 5.6%。①

2021 年，随着疫情限制措施解除以及经济明显复苏，圭亚那的财政收入快速增长。截至 2021 年 9 月，圭亚那税收收入增加 18.7%，经常性收入提高 19.1%，其中所得税增长 14.3%，增值税和消费税增长 21%，贸易税增长 29.1%；非税收收入增加 27.9%。②

3. 财政赤字规模扩大，但赤字率下降

在减收扩支的双向作用下，加勒比地区的财政赤字规模有所扩大。2020

① Bank of Guyana，*Bank of Guyana Report 2020*，p. 30，https：//bankofguyana. org. gy/bog/images/research/Reports/ANNREP2020. pdf.

② Bank of Guyana，*Bank of Guyana Third Quarter Report 2021*，p. 17，https：//bankofguyana. org. gy/bog/images/research/Reports/Sep2021. pdf.

年，该地区初级财政赤字占 GDP 的比重为 4.3%，而 2019 年的初级财政盈余占 GDP 的比重为 0.2%，综合赤字占 GDP 的比重由 2019 年的 2.6%进一步扩大为 6.4%。在数据可得的 15 个国家中，巴巴多斯、牙买加和多米尼克保有初级财政盈余，苏里南的财政赤字规模较 2019 年有所缩小，其他 11 个国家的初级财政赤字规模不断扩大，或者由盈余转为赤字。在财政综合差额方面，除了多米尼克和牙买加保有财政盈余外，其他 13 个国家均有不同规模的财政赤字。特立尼达和多巴哥、伯利兹、苏里南、圣卢西亚的总赤字占 GDP 的比重均保持在 10%左右的高位。

2021 年，疫苗接种在加勒比地区全面展开，多国放宽对国内各种聚集性活动和国际旅行的防疫限制措施。多数国家在经济活动回暖、税收收入实现恢复性增长的同时，财政支出增速逐步放缓，财政政策转向紧缩。该地区的赤字率从 6.4%下降到 4.6%，意味着财政扩张的步伐有所放缓。伯利兹、苏里南、格林纳达、牙买加、巴巴多斯、圭亚那的赤字率分别下降了 5.4%、5.1%、4%、3.4%、2.8%、1.4%，而圣文森特和格林纳丁斯、巴哈马、安提瓜和巴布达的赤字率则有所提高（见表 2-8）。这表明，各国财政政策取向并不完全一致，出现一定程度分化，少数几个国家仍然在继续实行扩张性的财政政策。

表 2-8　加勒比国家财政差额

（单位：占 GDP 百分比）

国家	初级财政差额		综合财政差额		
	2019 年	2020 年	2019 年	2020 年	2021 年
安提瓜和巴布达	-1.2	-2.8	-3.8	-5.4	-5.7
巴巴多斯	4.9	2.6	3.1	-0.4	-1.2
巴哈马	0.8	-3.6	1.7	-6.2	-12.7
伯利兹	-0.2	-8.6	-3.5	-11.4	-4.4
多米尼加	0.7	-5.1	-2.1	-8.3	-
多米尼克	-12.9	3.0	-15.0	0.6	0.0
格林纳达	6.8	-2.5	5.0	-4.4	-0.6
圭亚那	-2.0	-7.3	-3.1	-8.5	-6.5

续表

国家	初级财政差额		综合财政差额		
	2019 年	2020 年	2019 年	2020 年	2021 年
牙买加	7.5	2.8	1.4	-3.7	0.3
圣基茨和尼维斯	2.9	-4.8	1.7	-6.2	-4.2
圣卢西亚	0.7	-6.1	-2.2	-10.0	-8.1
圣文森特和格林纳丁斯	-0.5	-3.4	-3.0	-5.9	-15.0
苏里南	-7.8	-7.1	-9.8	-10.0	-4.6
特立尼达和多巴哥	0.6	-7.9	-2.6	-11.2	-9.4
加勒比地区	0.2	-4.3	-2.6	-6.4	-4.6

资料来源：Dillon Alleyne，etc.，*Economic Survey of the Caribbean* 2021，Santiago：ECLAC，2022，p. 12；ECLAC，*Preliminary Overview of the Economies of Latin America and the Caribbean* 2021，Santiago：ECLAC，December 2021，p. 157；ECLAC，*Fiscal Panorama of Latin America and the Caribbean* 2021：*Fiscal Policy Challenges for Transformative Recovery Post-COVID-*19，Santiago：ECLAC，2021，p. 29. 圭亚那 2019—2020 年的数据为作者测算所得。

就圭亚那而言，在中央政府财政支出增加及财政收入减少的双向作用下，2020 年中央政府的财政赤字规模由 2019 年的 299.26 亿圭亚那元扩大到 904.88 亿圭亚那元，财政赤字率由 3.1%提高到 8.5%。其中，经常项目赤字为 219.55 亿圭亚那元，资本项目赤字为 685.33 亿圭亚那元。包括中央政府和非金融公共企业在内的公共部门的财政赤字规模达到 1025.22 亿圭亚那元，其中非金融公共企业的财政赤字为 120.34 亿圭亚那元。

2021 年 1 月至 9 月期间，圭亚那财政支出增加比财政收入增加更多，由此导致中央政府总体赤字规模增加到 303.62 亿圭亚那元，相对于 2020 年 9 月末的 165.71 亿圭亚那元有所扩大。包括中央政府和非金融公共企业在内的公共部门的财政赤字规模达到 359.22 亿圭亚那元，其中非金融公共企业的财政赤字为 50.82 亿圭亚那元。尽管赤字规模有所扩大，但相对于圭亚那 2021 年 GDP 的高速增长，其财政赤字占 GDP 的比重估计会有所下降。截至 2021 年 9 月底，圭亚那已经由扩张性的积极财政政策转向松紧适度的稳健财政政策。

4. 公共债务不断增加，居高不下

2020 年，由于新冠疫情影响，加勒比地区的公共债务较 2019 年有较大幅度上涨，中央政府公共债务总额占 GDP 的比重从 69.7%提高到 89%。2020 年，伯利兹、圣卢西亚、多米尼克、巴巴多斯、苏里南等 5 个国家的公共债务占 GDP 比重均比 2019 年增加 20%以上，巴哈马、安提瓜和巴布达、多米尼加、圭亚那、格林纳达、圣文森特和格林纳丁斯、牙买加等 7 个国家的增速相对温和，不过也增加了 10%以上。

从已经公布的 2021 年 9 月的数据来看，加勒比地区的公共债务占 GDP 的比重再创新高，达到 90.3%，较 2020 年的债务水平略有增加。截至 2021 年 9 月，在数据可得的 14 个国家中，有 9 个国家的公共债务占比为历史最高，其中最高的 3 个国家是巴巴多斯（145.6%）、伯利兹（120.3%）和多米尼克（100.4%）（见表 2-9）。在另一极，圭亚那的公共部门债务总额占 GDP 的比重为 36.6%，较 2020 年末降低了 11%。公共债务的积累反映了一个国家诸如财政赤字、GDP 增长率以及隐含的利息率和汇率等的国内和国外因素。加勒比国家中央政府负债增加和疫情期间采取转移支付和扩张性财政政策密切相关。疫情期间，加勒比地区 31%的人口收到了紧急现金和实物转移支付。此外，该地区每年需 30 亿美元应对环境灾害和气候变化，这也增加了各国的财政负担。

表 2-9　加勒比国家中央政府的公共债务总额

（单位：占 GDP 百分比）

国家	2019 年	2020 年	2021 年 9 月
安提瓜和巴布达	64.9	83.1	82.3
巴巴多斯	117.3	142.2	145.6
巴哈马	64.9	84.1	97.5
伯利兹	88.1	118.2	120.3
多米尼加	39.6	55.9	53.7
多米尼克	72.0	97.1	100.4
格林纳达	57.8	70.6	72.9
圭亚那	32.6	47.3	36.6
牙买加	92.4	103.3	98.2
圣基茨和尼维斯	40.1	46.4	45.7

续表

国家	2019 年	2020 年	2021 年 9 月
圣卢西亚	57.6	85.0	87.0
圣文森特和格林纳丁斯	71.2	82.8	95.1
苏里南	86.6	111.4	121.8
特立尼达和多巴哥	61.2	68.4	70.2
加勒比地区	69.7	89.0	90.3

资料来源：ECLAC，*Preliminary Overview of the Economies of Latin America and the Caribbean* 2021，pp. 101，160-161.

（二）货币政策适度收紧

2020 年，为应对新冠疫情的不利冲击，加勒比国家的中央银行实行相对宽松的货币政策，向银行体系注入充足的流动性。2021 年以来，随着通货膨胀压力上升，其货币政策适度收紧。

1. 货币政策利率

以货币政策利率为主要政策工具的国家试图通过降低利率来刺激经济增长，或者通过提高利率来控制通货膨胀。从整体上看，加勒比地区 2020 年的货币政策相对宽松，除了巴哈马、伯利兹、圭亚那保持利率水平不变以外，其他各国均调低了基准货币政策利率，其中巴巴多斯下调 370 个基点，海地下调 590 个基点，牙买加、多米尼加、特立尼达和多巴哥各下调 40、150、120 个基点，圣卢西亚、安提瓜和巴布达、圣文森特和格林纳丁斯、格林纳达、圣基茨和尼维斯、多米尼克等东加勒比货币联盟成员国则统一下调 240 个基点。

2020 年，巴巴多斯中央银行将商业银行以及吸收存款的非银行金融机构隔夜贷款的贴现率从 7%降低到 2%①，并针对商业银行下调政府债券准备金率，完全取消了吸收存款的非银行金融机构的政府债券准备金率。东加勒比货币联盟将短期贴现率由 6.5%下调到 2%，将长期贴现率下调到 3%。特立尼达和多巴哥的货币政策利率由 5%下调到 3.5%。

① Dillon Alleyne，etc.，*Economic Survey of the Caribbean* 2021，p. 17.

表 2-10　加勒比国家货币的政策利率（平均利率）和基础货币

（单位：相对于一年前平均余额的变动百分比）

国家	货币政策利率			基础货币		
	2019 年	2020 年	2021 年	2019 年	2020 年	2021 年
安提瓜和巴布达	6.5	3.1	2.0	—	—	—
巴巴多斯	7.0	3.3	2.0	12.6	15.1	25.3
巴哈马	4.0	4.0	4.0	10.1	13.0	18.4
伯利兹	11.0	11.0	11.0	-0.6	33.3	15.5
多米尼加	5.0	3.5	3.0	22.6	17.6	23.7
多米尼克	6.5	3.1	2.0	21.2	—	—
格林纳达	6.5	3.1	2.0	—	—	—
圭亚那	5.0	5.0	5.0	0.6	12.0	25.6
海地	16.7	10.8	10.0	18.5	19.3	7.6
牙买加	0.9	0.5	0.6	0.6	12.0	25.6
圣基茨和尼维斯	6.5	3.1	2.0	—	—	—
圣卢西亚	6.5	3.1	2.0	—	—	—
圣文森特和格林纳丁斯	6.5	3.1	2.0	—	—	—
苏里南				70.0	47.5	50.9
特立尼达和多巴哥	5.0	3.8	3.5	0.1	12.7	7.8

数据来源：ECLAC, *Preliminary Overview of the Economies of Latin America and the Caribbean* 2021, Santiago, Chili, December 2021, pp. 150-152, 154.

2. 货币总量

以货币总量为政策工具的国家通过增加货币供应量来刺激总需求扩大或调整通货膨胀。2020 年，加勒比地区部分国家试图通过扩大货币供应量来扩大需求，促进经济增长。在数据可得的 9 个国家中，巴哈马、伯利兹、圭亚那、特立尼达和多巴哥、牙买加、巴巴多斯和海地等 7 个国家的基础货币平均增速在 10%左右，而且比 2019 年有明显提高。圭亚那 2020 年的基础货币同比增长 19%，截至 2021 年 9 月，其基础货币较 2020 年 12 月又增加 1.1%，达到 3047.18 亿圭亚那元。多米尼加、苏里南的基础货币平均增速有所下降，却仍分别保持在 17.6%、47.5%的高位。苏里南的货币超发比较严重，引起国内较高的通货膨胀率。

法定准备金率是调节货币总量的重要工具。为增加流动性，2020 年 8 月以来，圭亚那中央银行将法定准备金率由 12%下调到 10%，活期存款的流动资产比率由 25%下调到 20%，定期存款的流动资产比率由 20%下调到 15%。① 伯利兹将商业银行流动资产的法定准备金率和现金的法定准备金率各下调 2 个百分点，分别达到 21.0%和 6.5%。苏里南于 2021 年 6 月将本国货币法定准备金率由 35%下调到 27.5%。②

从广义货币供应量 M2 的增速来看，各国中央银行在宽松的货币政策上并不完全同步，存在一定的差异性。伯利兹 2020 年 M2 的增速较 2019 年有明显提高，2021 年又进一步提速，从 2020 年 10 月到 2021 年 12 月已经连续 15 个月保持两位数增长（见图 2-11）。伯利兹 2019 年 M2 的数量为 30.38 亿美元，2021 年 12 月已增至 39.68 亿美元，M2 与 GDP 之比由 2019 年 1 月的 1.53 提高到 2021 年 12 月的 2.05。③

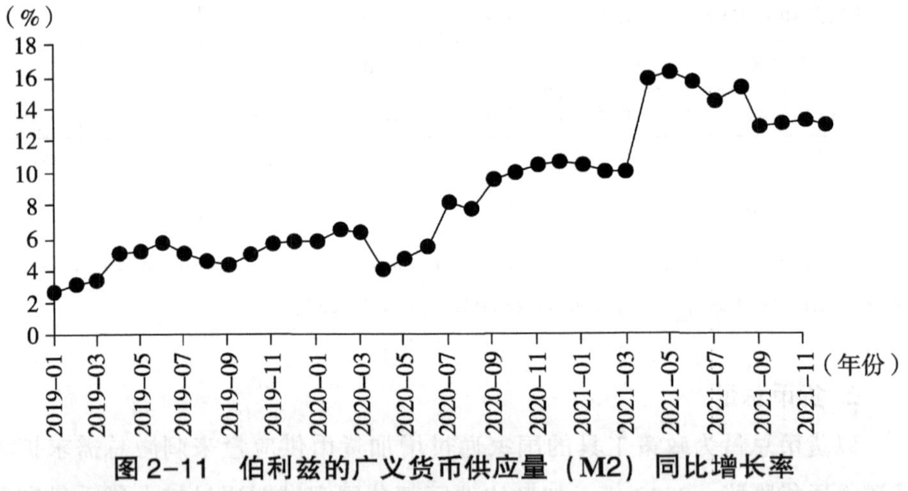

图 2-11 伯利兹的广义货币供应量（M2）同比增长率

资料来源：https://www.centralbank.org.bz/.

① Bank of Guyana, *Bank of Guyana Third Quarter Report 2021*, p. 55, https://bankofguyana.org.gy/bog/images/research/Reports/Sep2021.pdf.

② Dillon Alleyne, etc., *Economic Survey of the Caribbean 2021*, p. 17. 在此之前的 2020 年 12 月，为应对汇率和通货膨胀压力，苏里南央行曾被迫将法定准备金率提高到 39%。

③ Central Bank of Belize, *Monthly Economic Report*, https://www.centralbank.org.bz/publications-research/economic-publications/monthly-economic-reports.

圭亚那的 M2 从 2019 年 12 月的 4582. 19 亿圭亚那元增加到 2020 年 12 月的 5210. 15 亿圭亚那元，增长了 13. 7%；2021 年 12 月又比 2020 年 12 月增加 12. 9%，达到 5882. 69 亿圭元。从月度数据来看，圭亚那 M2 增长速度自 2019 年 7 月至 2021 年 12 月已经连续 30 个月保持两位数增长（见图 2-12），在 2020 年 5 月达到峰值之后才有所放缓。①

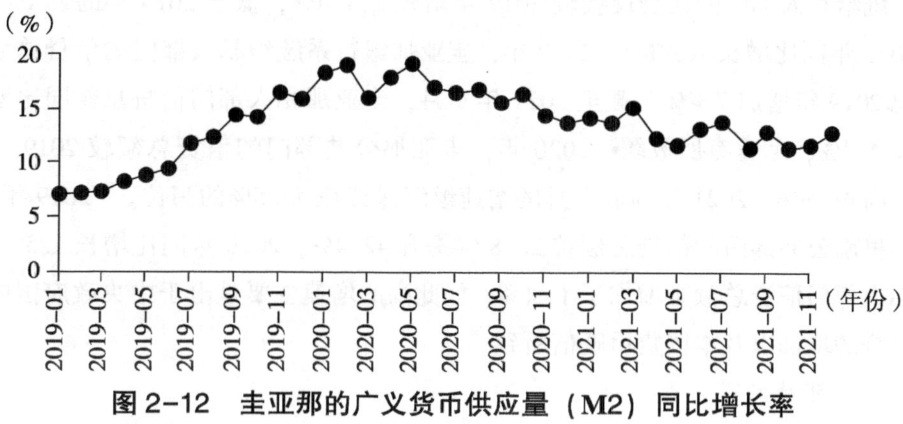

图 2-12　圭亚那的广义货币供应量（M2）同比增长率

资料来源：https：//bankofguyana. org. gy/.

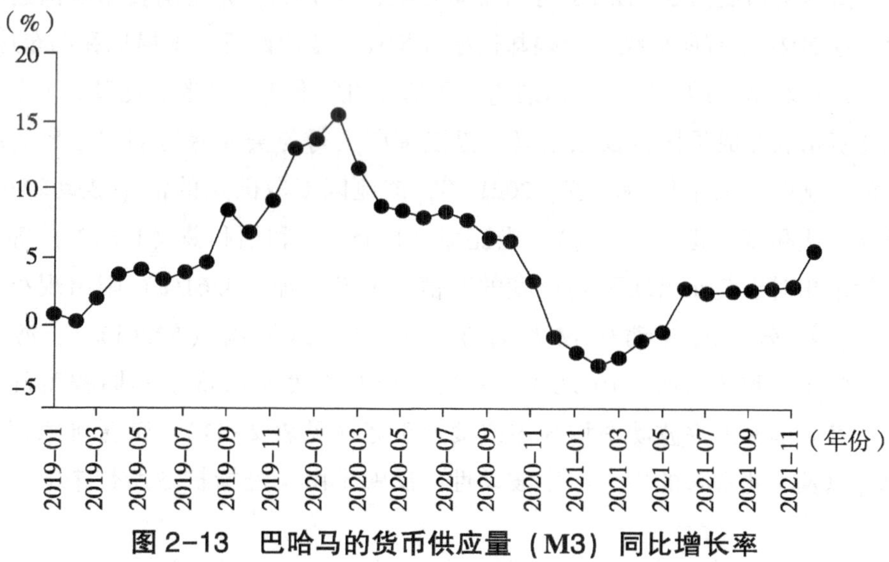

图 2-13　巴哈马的货币供应量（M3）同比增长率

资料来源：https：//www. centralbankbahamas. com/money-credit-aggregates.

① Bank of Guyana, *Bank of Guyana Third Quarter Report 2021*, p. 12, https：//bankofguyana. org. gy/bog/images/research/Reports/Sep2021. pdf.

巴哈马的货币供应量 M3 增速从 2019 年 7 月到 2020 年 2 月一路提升，在 2020 年 2 月达到峰值（15.6%），此后逐步回落，到 2021 年 2 月降到最低值（-3.08%），接着逐步回升，转负为正（见图 2-13）。2021 年 12 月，巴哈马的 M3 增加到 83.9 亿巴哈马元，较 2020 年 12 月提高了 5.6%。

国内信贷规模同样是货币政策的重要组成部分。2020 年，伯利兹银行系统给私人部门的信贷规模较 2019 年增长了 1.4%，低于 2019 年的 8.4%，2021 年同比增长 2.9%。① 2020 年，圭亚那银行系统给私人部门的信贷总额比 2019 年增加 7.4%。截至 2021 年 9 月，圭亚那私人部门信贷总额同比增长 4.4%，增速有所放缓。2020 年，圭亚那公共部门的信贷总额较 2019 年提高 44.6%，2021 年前五个月的增速继续保持在 43.5%的高位。② 2019 年，苏里南公共部门的信贷总额较 2018 年提升 42.4%，2020 年同比增长 125%，私人部门信贷总额则增加了 11%③，如此高的增速主要是由于中央政府国内借贷的增加以及本国货币贬值所致。

3. 汇率政策

2021 年，加勒比地区一些国家出现了相对于美元的货币贬值问题。其中，海地货币贬值 39.12%，牙买加货币贬值 7.74%，苏里南货币贬值速度尽管在 2021 年有所放缓，贬幅却仍超过 52%。圣卢西亚、安提瓜和巴布达、圣文森特和格林纳丁斯、格林纳达、圣基茨和尼维斯、多米尼克等 6 个东加勒比货币联盟成员国以及巴哈马、巴巴多斯实行与美元保持固定汇率的联系汇率制度，汇率保持不变。2021 年，该地区多数国家的汇率波动较小，特立尼达和多巴哥（2.33%）、圭亚那（1.65%）和伯利兹（1.61%）等国的货币相对于美元出现不同程度的贬值，多米尼加（4.61%）则出现小幅升值；汇率幅度波动比较大的 3 个国家：苏里南（52.61%）、海地（44.25%）和牙买加（10.28%）的货币相对于美元出现了不同程度的贬值；其余国家汇率波动率均为零或接近于零（见表 2-11）。部分国家汇率修正以及由此带来的更大汇率波动性，反映了由于疫情扩散所带来的不确

① Central Bank of Belize, *Monthly Economic Report*, https://www.centralbank.org.bz/publications-research/economic-publications/monthly-economic-reports.

② Bank of Guyana, *Bank of Guyana Third Quarter Report 2021*, p. 61, https://bankofguyana.org.gy/bog/images/research/Reports/Sep2021.pdf.

③ Central Bank van Suriname, *Selected Macroeconomic Indicators*, https://www.cbvs.sr/images/content/highlights/selected-macroeconomic-indicators.pdf.

定性及其对经济所带来的深远影响。

表 2-11　加勒比国家货币贬值率和汇率波动率

（单位:%）

国家	相对于美元的货币贬值率			汇率波动率		
	2019 年	2020 年	2021 年	2019 年	2020 年	2021 年
安提瓜和巴布达	0.00	0.00	0.00	0.00	0.00	0.00
巴巴多斯	0.00	0.00	0.00	0.00	0.00	0.00
巴哈马	0.00	0.00	0.00	0.00	0.00	0.00
伯利兹	-0.06	-0.36	0.07	1.41	2.41	1.61
多米尼加	4.51	9.44	-1.63	6.42	11.82	4.61
多米尼克	0.00	0.00	0.00	0.00	0.00	0.00
格林纳达	0.00	0.00	0.00	0.00	0.00	0.00
圭亚那	-0.16	-0.36	0.03	1.95	2.16	1.65
海地	22.86	-23.82	39.12	26.72	82.03	44.25
牙买加	3.45	7.06	7.74	11.82	15.62	10.28
圣基茨和尼维斯	0.00	0.00	0.00	0.00	0.00	0.00
圣卢西亚	0.00	0.00	0.00	0.00	0.00	0.00
圣文森特和格林纳丁斯	0.00	0.00	0.00	0.00	0.00	0.00
苏里南	0.00	89.78	47.01	0.00	89.78	52.61
特立尼达和多巴哥	-0.61	-0.08	0.01	1.43	2.63	2.33

数据来源：作者根据 Fx-rate 网站中的汇率数据（网址：https：//fx-rate.net/historical/）测算。

注：汇率波动率=（年度汇率最大值-年度汇率最小值）/年度汇率最小值。

四、2022 年经济形势展望

（一）复苏态势持续向好，增长速度有望进一步加快

从外部经济环境来看，2022 年加勒比地区仍具备有利条件。一方面，根据国际货币基金组织预测，随着通货膨胀压力加大，各国中央银行货币政策趋于收紧，财政刺激开始消退，未来两年全球经济增速将放缓，2022

年为 4. 4%，2023 年降至 3. 8%，仍保持相对较高的增长率。全球经济持续复苏无疑将为加勒比地区经济继续增长创造良好的外部条件。另一方面，随着全球疫苗接种的普及以及防疫形势进一步好转，世界各国会进一步放宽跨境旅行限制并重启国际航线，国际旅行在未来两年有望全面恢复。国际旅游业的全面重启将为加勒比地区经济增长注入强大动力。

根据拉美和加勒比经济委员会的预测，加勒比地区的经济增长率在 2022 年将达到 11%，不包括圭亚那的话，增速预计达到 6. 1%，高于 2021 年。不过，加勒比 15 国（不包括古巴）GDP 占世界总产出的比重在 20 世纪 80 年代中期最高曾达到 0. 3%，2020 年，这一比例只有 0. 19%，未来几年估计还会保持在 0. 2%左右。这样的经济体量使得加勒比地区在世界经济舞台上所能够发挥的作用极其有限，不得不处在边缘的地位。

（二）宏观经济政策面临两难选择

就宏观经济政策而言，2022 年加勒比地区各经济体面临着一个两难选择：除了需要继续推进可持续性、包容性的经济增长之外，还需要面对抑制通货膨胀压力、降低汇率波动性的巨大挑战。2020 年上半年，加勒比国家为维持总需求而实行扩张性货币政策时正好赶上相对较低的通货膨胀水平，但自 2020 年年底以来，物价上涨压力逐步扩散，2021 年通货膨胀压力有所加大，个别国家甚至失控。这就大大削弱了各国货币当局的政策空间，形成货币政策目标的两难困境：一方面仍然需要刺激经济增长和创造就业的扩张性货币政策；另一方面还需要采取紧缩性的货币政策来缓和通货膨胀压力，降低汇率波动。

（三）经济发展面临多重制约

加勒比地区经济增长率在新冠疫情暴发之前近乎为零，2020 年的大衰退进一步加大了该地区已经存在的结构性问题：低投资率、低劳动生产率、高失业率、社会保障和卫生体系的覆盖面窄以及严重的不平等和贫困问题。此外，疫情的发展仍然存在很大的不确定性，像奥密克戎这样的新冠病毒新变种的出现和扩散可能会带来对人员流动的严格限制，给加勒比地区经济活动带来极大的消极影响。

第三章　2021年加勒比地区社会形势

何伶俐①

摘　要：2021年疫情给加勒比地区的社会发展带来了全面而深刻的影响。中低收入阶层返贫风险有所增加，减贫动力明显不足。经济缓慢复苏，就业指标部分恢复，但劳动参与率的性别差距扩大，就业质量下降。不同国家、不同群体的不平等状况加剧，社会保障覆盖面范围较窄，社会复原力受限。贫困、失业、不平等、人口老龄化和疫情等增加了加勒比社会的脆弱性。民众对政府公共服务的不满情绪上升，公共机构的受信任度和合法性下降；腐败、有罪不罚和暴力行为增加，削弱了社会凝聚力。因此，社会改革仍是该地区面临的重大挑战，公民之间以及公民与公共机构之间需要建立新的社会共识。

关键词：加勒比地区　社会形势　就业　社会保护　社会公平　社会共识

一、加勒比地区社会发展简史

由于不同的语言和宗主国文化影响、不同种族和民族混合，加勒比地

① 何伶俐：博士，天津外国语大学马克思主义学院副教授。

区社会呈现出异质性，由此决定了该地区社会发展的复杂性。本节从历史的角度简单回顾加勒比地区的社会发展进程。

1492 年哥伦布首次在巴哈马群岛登陆后，西班牙、葡萄牙、英国、荷兰、法国等先后在加勒比地区开辟殖民地，建立了以殖民统治、奴隶制和种植园为主的社会、经济制度。宗主国的社会管理模式在加勒比地区发展起来，表现为有限的“白人社会的代议制政府和黑人奴隶的父权统治”①，对该地区经济和社会事务进行自由放任的殖民地管理。

19 世纪奴隶制和奴隶贸易的结束给加勒比社会带来了巨大的变化，要求独立和民主的呼声对殖民地制度产生重要影响。1917 年至 1919 年期间，牙买加、特立尼达和多巴哥等地发生骚乱和罢工，包括妇女团体在内的中产阶级组织开始推动政治和社会改革。20 世纪 30 年代大萧条时期，加勒比地区经济体陷入困境，暴力事件频繁爆发，健康、教育和住房状况极其糟糕，人们要求社会改革的呼声日益高涨。作为回应，英国政府于 1938 年成立了著名的莫因委员会（Moyne Commission），研究西印度群岛的经济和社会问题，通过扩大社会服务和建立福利国家，以减轻经济痛苦和平息社会动荡，在一定程度上促进了殖民地福利和社会发展。牙买加（1944 年）、特立尼达（1945 年）、巴巴多斯（1950 年）和其他岛屿（1951 年）先后实行宪法改革，获得有限的自治和选举权，加勒比地区开始向独立迈进。但在这种有限自治模式中，社会管理体制仍然受到传统殖民体系的深远影响。

20 世纪 60 至 70 年代，加勒比国家纷纷独立，但独立并没有引起政治、行政、经济和社会制度的重大变革，宗主国的文化传统、社会制度和治理实践得以延续。事实上，除了 20 世纪 70 年代的牙买加和 1979—1983 年格林纳达的革命外，加勒比地区并没有出现多少激进的社会改革。70 年代到 80 年代，许多国家推行教育制度改革，试图缩小城乡和性别差距。80 年代，该地区进行了劳工制度、养老金制度及行政制度改革，目的是增加就业和劳工福利、减少工资和养老金的压力、通过精兵简政来提高社会管理和服务的质量、促进社会发展的效率。例如，牙买加等国实行结构调整，通过

① D. J. Murray, *The West Indies and the Development of Colonial Government* 1801—1834, Oxford: Clarendon Press, 1965, p. 22.

削减公共开支提高了社会运行效率。医疗保健制度改革让更多人受益，其措施包括增加政府配套费用、提供保险、利用非政府资源和扩大保健服务等。21 世纪前十年，受全球金融危机影响，该地区社会改革的重点放在债务管理和重组等领域，包括缩减公共部门支出、冻结或减少工资和福利、改进税收管理等。这一时期的社会改革部分弥补了从宗主国继承的社会管理模式的缺陷，促进了经济快速增长，社会发展稳定，人民生活质量大大提升。男女平权、社会保障、劳工福利、教育、卫生、财政制度等方面取得巨大进展，为发展人力资本以及改善整个地区贫穷和恶劣的生活条件奠定了基础。

从总体上看，独立后的加勒比地区社会改革是零碎的，无法对传统去制度化，也无法有效重塑适应现代化的新制度体系，这导致该地区在实现长期经济增长和社会发展方面缺乏足够的能力，仍面临重大的社会发展问题。

失业是一些加勒比国家面临的长期挑战，正式就业岗位短缺，尤其是年轻人的失业率高居世界各地区之首，20 世纪 80 年代以来，加勒比地区非正规就业和就业不足的现象尤为严重。虽然与世界其他地区相比，这里相对富裕，但许多国家仍存在严重的贫困问题。加勒比国家贫困化程度的变动趋势大体可分为两类：一是贫困家庭占家庭总数的比重有所下降；二是贫困家庭占家庭总数的比重有所上升。该地区的收入分配是世界上最不平等的、最集中的，在教育、医疗等领域也极不平等。由于无法提供足够的就业机会和薪金，这里成为全球人才流失率最高的地区之一。受此影响，侨汇成为加勒比经济体重要的收入来源。然而，鉴于对外移民和人才外流的重大负面影响，侨汇不大可能成为持久增长的驱动力。

其他更广泛的社会问题还包括人口挑战、边缘化的青年、性别不平等和犯罪等。21 世纪第一个十年，随着经济发展，加勒比地区的公共政策和服务呈现扩大之势，贫困和社会不平等现象减少，社会包容性不断增强，社会环境和劳动力市场得到改善。但自 2015 年以来，这里的经济增长速度放缓，劳动力市场和一些社会指标逐渐恶化，极端贫困和总贫困程度略有上升，家庭收入水平相对停滞，人口老龄化，失业率增加，教育程度不足，致使年轻人遭受社会排斥和忽视等问题日益凸显；促进性别平等的行动虽有成效，但与男性相比，女性在就业、收入、社会保障等方面仍存在巨大差距；向上流动的通道不畅，毒品和犯罪成为棘手的社会问题，滥用药物既是许多地方犯罪、腐败、无家可归和社会不稳定的原因，也是症状。

总之，即使在进入 21 世纪后，加勒比社会仍以“失业、普遍贫困、犯罪、暴力、毒品文化、边缘化、猖獗的艾滋病、青年日益被社会排斥和忽视”等为其特征，持续的社会不平等导致“社会赤字”（愤怒、沮丧、疏远）的增加和“社会资本”（希望）的丧失①，这些问题将在相当长的时间内继续困扰该地区的社会发展。

二、新冠疫苗接种推进缓慢②

新冠大流行对加勒比地区卫生系统的组织和应对能力形成了巨大挑战，暴露了其长期资金不足、公共卫生支出低、私人（自费）支出水平高的弱点。该地区医疗系统总体协调能力和运转效率较低，各国新冠疫苗接种方案推进缓慢，疫苗接种比例低且极度不均衡，大多数国家未能实现为 70% 人口接种疫苗的目标。

截至 2021 年 11 月 20 日，加勒比地区已累计出现新冠肺炎确诊病例 357180 例，死亡人数达 8609 人。新冠疫苗是疫情防控的基本工具，2021 年，加勒比国家获得疫苗和接种疫苗的速度缓慢，可能导致大流行持续时间更长，并出现新的病毒变异，危及现有疫苗的有效性。

加勒比地区的疫苗接种速度比邻近的拉丁美洲地区滞后约 3 个多月。截至 2021 年 4 月，加勒比 13 国③完全接种疫苗的人口比例仅为 0. 2%，7—10

① Tyrone Ferguson, “Social Disintegration in the Context of Adjustment and Globalisation: The Caribbean Experience”, in Kenneth Hall and Dennis Benn, eds., *Contending with Destiny: The Caribbean in the 21st Century*, Kingston: Ian Randle, 2000, pp. 185-195.

② 除特别标注外，本部分数据均来自 ECLAC, *Social Panorama of Latin America 2021*, Santiago: ECLAC, 2022, pp. 93-120。

③ 这 13 个加勒比国家分别是：安提瓜和巴布达、巴哈马、巴巴多斯、伯利兹、多米尼克、格林纳达、圭亚那、牙买加、圣基茨和尼维斯、圣卢西亚、圣文森特和格林纳丁斯、特立尼达和多巴哥、苏里南。

月，接种疫苗的速度显著加快，每月增加约 4 个到 5 个百分点，随后在 11、12 月下降（见图 3-1）。由于 2021 年疫苗接种进展缓慢，2022 年将面临最大挑战的国家是格林纳达、牙买加、圣卢西亚、圣文森特和格林纳丁斯。

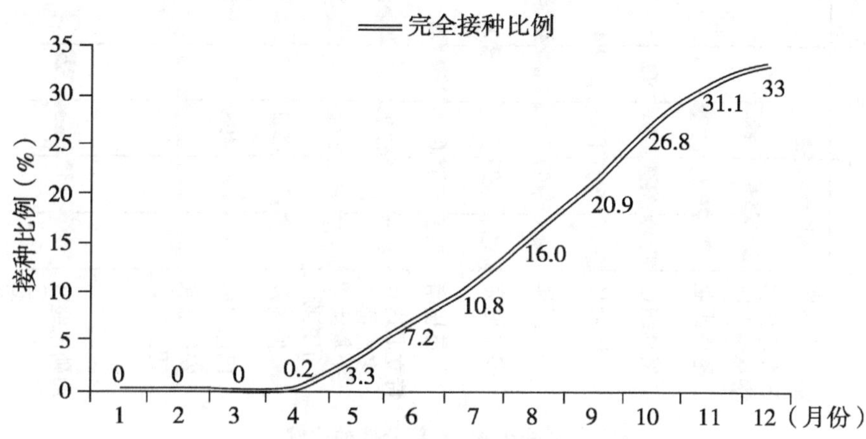

图 3-1　加勒比 13 国 2021 年完全接种新冠疫苗的人口比例

资料来源：ECLAC，*Social Panorama of Latin America* 2021，Santiago：ECLAC，2022，p. 108.

截至 2021 年 12 月 31 日，加勒比 13 国仅有 33%的人口完全接种了疫苗，约 5.6%的人口仍在等待接受第二次接种疫苗，这意味着加勒比地区没有完成到 2021 年年底为 40%的人口接种疫苗的目标。考虑到加勒比国家接种的大多数是两剂疫苗，共需要约 690 万剂疫苗才能满足为 80%的人口接种的需求，这就需要加强地区合作以及与域外国家、国际组织合作来加快该地区大规模疫苗接种速度，从而在控制健康危机方面取得进展。

在加勒比国家之间，疫苗接种率差异甚大。特立尼达和多巴哥、圣基茨和尼维斯、伯利兹、巴巴多斯等国 40%以上的人口已经完全接种了新冠疫苗，安提瓜和巴布达为 60%，但牙买加、圣文森特和格林纳丁斯不到 25%（见图 3-2）。疫苗分配和接种不平等的后果或导致较大的健康风险，如出现威胁疫苗有效性的新变异，这是一个需要国际社会努力解决的全球性问题，必须采取措施增加发展中国家的疫苗、基本医疗产品和供应品的供应，探索加快全球疫苗接种速度的方法。

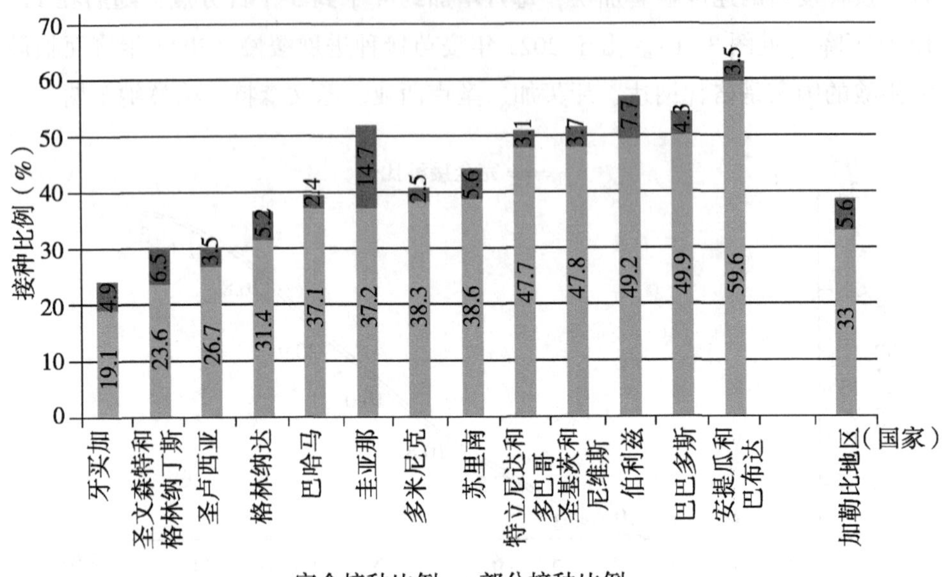

图 3-2　加勒比 13 国完全和部分接种新冠疫苗的人口比例

（2021 年 12 月 31 日）

资料来源：ECLAC，*Social Panorama of Latin America* 2021，p. 22.

2021 年 9 月，拉美和加勒比国家共同体第六届峰会批准联合国拉美和加勒比经委会特别制定的指导方针，要建立区域性采购疫苗的即时机制、国家监管机构之间的协调机制以及实施临床试验平台机制，帮助加勒比地区在短期内加快疫苗接种进程，控制当前的健康危机；在中长期内加强和培养疫苗技术和生产能力，更好地应对未来的危机。拉美和加勒比经委会呼吁加勒比国家加倍努力，完成到 2022 年中期为 70%的人口完全接种疫苗的目标。

三、自然灾害频繁爆发

加勒比地区是世界上灾害多发区之一，与中美洲和南美洲甚至其他小岛屿发展中国家不同，大多数加勒比国家和地区靠近海岸线、面积小、人口密度高，因此特别容易受到气候变化和极端天气影响。反复出现的自然灾害对人们的生命安全、生产生活、基础设施，特别是对农业和旅游业造成了巨大影响。在历史上，这一地区经常发生热带风暴、飓风、洪水、干旱、地震、海啸和火山喷发等气象和地质灾害。2000—2021 年，该地区共记录 326 次自然灾害，其中 2004 年 30 次、2017 年 29 次（见表 3-1）。2017 年飓风厄玛、玛丽亚和 2019 年飓风多里安摧毁了 10 多个加勒比岛屿国家的基础设施，并引发了人道主义危机。

表 3-1　2000—2021 年加勒比地区的自然灾害

国家/地区	受影响人口（人）	灾害次数（次）
安圭拉	15000	1
安提瓜和巴布达	32600	3
巴哈马	53150	15
巴巴多斯	7181	7
伯利兹	240925	12
百慕大	0	1
英属维尔京群岛	0	2
开曼群岛	300	7
古巴	20405628	35
多米尼克	107857	5
多米尼加	3412767	54
法属圭亚那	144	2
格林纳达	60000	2
瓜德罗普岛	113155	4
圭亚那	762048	7
海地	12883002	85
牙买加	869591	21
马提尼克	29308	5
蒙特塞拉特	200	1
波多黎各	773384	18

续表

国家/地区	受影响人口（人）	灾害次数（次）
圣基茨和尼维斯	500	1
圣卢西亚	228785	10
圣文森特和格林纳丁斯	74886	11
荷属圣马丁	11400	1
苏里南	41648	3
特立尼达和多巴哥	151760	5
特克斯和凯科斯群岛	1700	5
美属维尔京群岛	0	3
总计	40276919	326

资料来源：ECLAC，*Disasters and Inequality in a Protracted Crisis：Towards Universal，Comprehensive，Resilient and Sustainable Social Protection Systems in Latin America and the Caribbean*，Santiago：ECLAC，2021，p. 66.

东加勒比地区有 19 座活火山，一旦喷发，将直接威胁人们的生命安全和当地经济社会发展。2021 年 4 月 9 日，圣文森特和格林纳丁斯的拉苏弗里耶尔火山爆炸性喷发，产生大量火山碎屑流和火山灰，导致民众流离失所。最初的报告显示，有 1.6 万至 2 万人无家可归，当局启用了 85 个公共避难所。到 5 月 28 日，有 5311 户家庭或 18761 人流离失所，其中 3630 人住在公共避难所，15131 人住在出租屋或借住在亲友住所，岛上超过 2.4 万人①受影响，邻近的巴巴多斯、格林纳达和圣卢西亚也受波及。在拉苏弗里耶尔火山喷发、新冠肺炎病例激增和登革热疫情暴发的三重威胁下，圣文森特和格林纳丁斯的经济社会发展前景并不乐观。

由于大多数加勒比国家的经济活动都处于风险易发的沿海区域，因此越来越易受海啸、强风、海浪、洪水和暴雨等沿海灾害影响。旅游、海洋捕捞和海上贸易占多数加勒比国家 GDP 的比重较大，而这些经济活动多集中在沿海附近。加勒比地区总人口的 84%生活在沿海地区，巴巴多斯、牙买加、特立尼达和多巴哥约 45%的人口居住在离海岸线 5 公里的范围以内，安提瓜和巴布达、阿鲁巴、巴哈马、格林纳达、圭亚那、圣文森特和格林

① PAHO（Pan American Health Organization），“La Soufrière Volcano”，*Situation Report*，No. 29，June，2021.

纳丁斯约 20%以上的人口居住在海拔 5 米以下的地方，这一比例在苏里南接近 70%。① 这意味着沿海地区超过 50 万人随时可能面临某种灾难或危险，是 2004 年印度洋海啸官方估计死亡人数的两倍多。

除了这些由气候变化和地质灾害引发的脆弱性问题外，加勒比地区一直努力应对在发展过程中长期存在的结构性挑战。2000—2019 年，全世界因自然灾害造成的经济损失占 GDP 的比例最高的 10 个国家和地区中有 9 个位于加勒比地区。这说明一次自然灾害就可能对加勒比地区的小经济体造成全域性破坏，对社会和经济发展产生巨大的负面影响。例如，2004 年飓风伊万破坏了格林纳达近 90%的基础设施，飓风玛丽亚摧毁了多米尼克 90%的住房②（见表 3-2）。

表 3-2　飓风和热带风暴给加勒比国家和地区造成的经济损失

飓风和热带风暴	国家/地区	经济损失（10 亿美元）	经济损失（占 GDP 的%）
飓风多里安（2019）	巴哈马	3. 40	365
飓风厄玛（2017）	荷属圣马丁	2. 50	797
飓风厄玛（2017）	法属圣马丁	4. 10	584
飓风玛丽亚（2017）	多米尼克	1. 46	259
飓风厄玛（2017）	英属维尔京群岛	3. 00	309
飓风玛丽亚（2017）	波多黎各	68. 00	69
热带风暴艾丽卡（2015）	多米尼克	0. 48	90
飓风伊万（2004）	格林纳达	1. 15	148
飓风伊万（2004）	开曼群岛	4. 43	129
飓风乔治（1998）	圣基茨和尼维斯	0. 60	110

资料来源：Pascaline Wallemacq and Rowena House, *Economic Losses*, *Poverty and Disasters*: *1998—2017*, Brussels and Geneve: Center for the Research on the Epidemiology of Disasters and United Nations Office for Disaster Risk Reduction, 2018, p. 23.

① ECLAC（Economic Commission for Latin America and the Caribbean）, *Planning for Sustainable Territorial Development in Latin America and the Caribbean*, Santiago: ECLAC, August, 2019, p. 43.

② Pascaline Wallemacq and Rowena House, *Economic Losses*, *Poverty and Disasters*: *1998-2017*, Brussels and Geneve: Center for the Research on the Epidemiology of Disasters and United Nations Office for Disaster Risk Reduction, 2018, p. 5.

因此，尽管近几十年来加勒比地区整体生活水平有所改善，但这些自然灾害引发诸如贫困、失业等经济社会问题，使社会发展的脆弱性增加，对社会凝聚力造成威胁。

四、减贫任重而道远[①]

就整体情况而言，加勒比地区的贫困率处于较高水平，通常有不少于五分之一的人口处于贫困状态。根据所能获得的最新数据，2016年巴巴多斯贫困人口占总人口的比例为17.5%，2010年多米尼克为28.8%，2018年多米尼加为22.8%，2016年圣卢西亚为25.0%。2018年牙买加的贫困率为12.6%，比2017年的19.3%有了明显下降。

新冠疫情持续发酵不仅危及加勒比地区居民的健康，而且对经济产生严重的冲击，加剧了这一地区社会的贫困和脆弱性。大宗商品价格的急剧下降致使加勒比国家的出口和财政收入遭受重大损失，对圭亚那、苏里南、特立尼达和多巴哥等大宗商品出口国影响更为明显。受新冠疫情影响，2020年多米尼加贫困人口的比例增加4.4个百分点，极端贫困人口提高2.2个百分点，基尼系数从3%升至3.9%；牙买加2017年的贫困率为19.3%，2020年为23%。圣卢西亚2019年的贫困率为18.4%，2020—2021年为22.8%。2021年安提瓜和巴布达的贫困率为18.4%，贫困儿童的比例约为24.3%。[②]2021年，由于经济的逐步复苏，加勒比地区的贫困率会低于2020年的水平，但仍高于大流行之前。

加勒比地区减贫任重而道远。首先，贫困人群的危机复原力差，社会资源少。虽然灾难可以对任何人产生影响，但穷人和弱势群体受到的影响更为严重，他们抵御风险的能力更加脆弱，一些人甚至可能遭受灭顶之灾。

① 除特别标注外，本部分数据均来自 Rodolfo Beazley and Asha Williams, *Adaptive Social Protection in the Caribbean: Building Human Capital for Resilience*, Washington: World Bank Global Facility for Disaster Reduction and Recovery, 2021, pp. 5-10。

② Government of Antigua and Barbuda, *2021 Voluntary National Review of Antigua & Barbuda*, St. John's: Government of Antigua and Barbuda, 2021, p. 29.

这个群体通常缺乏储蓄和金融工具来缓解危机的影响，而且由于他们绝大多数依靠农业或不稳定的非正规就业生存，因此也更容易受到风险冲击。例如在牙买加，20%最贫穷的人中只有3.7%的人拥有家庭保险，而在20%最富有的人中，这一比例达到58.6%；20%最贫穷的圣卢西亚人中只有28.9%的人拥有银行账户，而在20%最富裕的人中，这一比例为78.3%。因此，贫困人群只能通过减少基本食品消费、降低医疗保健支出和教育投资、出售固定资产或基本生产资料来消极应对风险的影响。这种消极的应对策略会对全社会的人力资本和整体福祉产生长期负面影响，引发粮食安全问题，致使青少年辍学率提升，最终加剧贫困的代际循环。

其次，贫困救助政策不完善导致脱贫工作收效有限。大多数加勒比国家实施了旨在阻断贫困代际传递的有条件现金转移计划，但随着计划的实施，很多弊端也逐渐暴露出来。这类计划提升人力资本的效果是有限的，而且受益的贫困群体往往因依赖于救助而缺乏就业的动力。旨在减轻老年人贫困的非缴费型养老金计划不仅使政府面临巨大的财政压力，也降低了人们储蓄养老的意愿。此外，现有的国家扶贫资金的分配和使用也存在覆盖面窄、资金使用效率低的问题，很大一部分受益家庭属于非贫困群体，而一部分真正的贫困人口却被排除在外。这也意味着减贫资金并未完全用于解决贫困问题，相当多的贫困群体特别是赤贫家庭并没能从减贫计划中受益。

五、劳动力市场缓慢恢复①

2021年，由于疫苗接种工作铺开和疫情管控措施放松，加勒比地区经济出现逐渐复苏的趋势，主要就业指标部分恢复。然而，就业复苏和创造就业机会受行业局限，各部门之间存在着差异。劳动力市场参与方面的性

① 除特别标注外，本部分数据均来自ECLAC（Economic Commission for Latin America and the Caribbean）and ILO（International Labour Organization），“Employment Situation in Latin America and the Caribbean：Policies to Protect Labour Relations and Hiring Subsidies amid the COVID-19 Pandemic”，*Employment Situation in Latin America and the Caribbean*，No. 25，Santiago and Geneve：ECLAC and ILO，2021，pp. 7-14。

别差距扩大，妇女重新进入劳动力市场的速度较慢，新增就业人口有限，就业人员工资上涨滞后，这表明虽然就业率在提高，但就业质量在下降。

（一）主要就业指标部分恢复

2021年上半年，加勒比地区就业市场发生积极变化。全球经济增长强劲导致外部需求增加和大宗商品价格上涨，加上经济重新开放和疫情管控措施放松，加勒比经济复苏步伐加快，就业出现复苏。在疫情流行的最初几个月，特别是在2020年第二季度就业人数下降明显，从2020年下半年到2021年经济开始反弹，但就业方面的复苏一直不那么强劲，劳动力市场没有恢复到疫情前的指标。具体到各个国家，差异则较为明显。如圭亚那2021年第三季度的劳动力参与率为49.6%，低于第一季度的51.1%和第二季度的50.3%，第三季度的失业率为14.5%①。2021年9月，伯利兹约有48%的女性加入劳动力市场，高于2020年9月的42.4%。男性的参与率也从2020年9月的68.7%上升到一年后的76.1%。2021年9月，伯利兹的劳动力参与率为65.9%，失业率为9.2%，同比下降了4.5个百分点②。

疫情期间，就业人员工作时间显著减少。圭亚那的调查显示，2021年第三季度工作时间不足的工人比例为2.8%。2021年9月，伯利兹就业人员平均每周工作约38.8小时，比2020年9月多出2.6小时，但仍低于2019年水平。据估计，加勒比地区工作时间的减少比世界其他任何地区都多，在2019年至2020年间下降了16.2%，几乎是全世界平均水平8.8%的两倍。

（二）两性就业差距进一步扩大

2021年，加勒比地区女性劳动力市场参与率为52.4%，比2019年（52.1%）低0.3个百分点；男性的参与率为75.2%，比2019年高1个百分点（74.2%）。③在伯利兹，女性失业率从2020年9月的17%降至2021年9月的13%，几乎

① Bureau of Statistics of Guyana, *Guyana Labour Force Survey: 2021 Third Quarter Report*, Georgetown: Bureau of Statistics of Guyana, 2021, pp. 9-13.

② Statistical Institute of Belize, "Unemployment Rate at 0.2% in September 2021", *Labour Force Survey*, November, 2021, p. 1.

③ World Bank, *Gender-Responsive Disaster Preparedness and Recovery in the Caribbean: Desk Review*, Washington, D. C.: World Bank, 2021, p. 19.

是男性失业率的两倍。① 2021 年，圭亚那女性失业率达到 18.4%，大大高于男性失业率的 12%。② 这表明，妇女在重返劳动力市场方面面临更大的困难，主要原因在于，受疫情影响，女性经常就业的诸多服务部门尚未完全恢复正常运营。疫情暴发以来，两性在劳动力参与率和就业率方面的差距都有所扩大。2021 年第二季度，该地区女性失业率为 12.0%，男性失业率为 8.6%。男女之间的失业率差距从 2019 年第二季度的 2.3%上升到 2021 年同期的 3.4%。

需要特别指出的是，与受教育程度相同的男性和受教育程度较高的女性相比，受教育程度较低的女性更容易受到失业的影响，她们也是 2021 年为重新融入劳动力市场而最挣扎的群体。

（三）不同行业的就业复苏不均衡

2021 年，加勒比地区就业复苏，但不同行业并不均衡，即使在受影响最严重的行业也是如此。其中，建筑业就业恢复较快，商业部门就业部分恢复后又大幅下降，与酒店和餐馆相关的行业复苏较慢，2021 年第一季度，这些行业的就业率仍比 2020 年年初低 20.2%。服务业的就业率也比大流行前的水平低了约 6%。制造业、社区和个人服务等也出现了部分复苏，但其运行水平仍低于疫情前。相比之下，农业、金融和商业服务以及基本服务领域的就业人数高于 2019 年第二季度。

（四）就业复苏由较低质量的工作岗位主导

2020 年，受疫情影响，加勒比地区不同职业类别的失业现象非常普遍，且自由职业者所受影响大于普通工薪阶层。2021 年，自由职业者就业复苏速度更快，工薪阶层就业人数同比增长 8.9%，而自由职业者就业人数同比增长 22.8%，使这一群体就业恢复到与疫情暴发前相似的水平。截至 2021 年第二季度，从事有偿家政服务和无偿家务劳动的就业人数仍分别比疫情前低 20.9%和近 7%。这些部门的主要就业者为女性。疫情期间，一些女性因家庭照顾任务增加而不得不辞职回家，随着疫情减缓和经济复苏，她们

① Statistical Institute of Belize, "Unemployment Rate at 0.2% in September 2021", p. 1.

② Bureau of Statistics of Guyana, *Guyana Labour Force Survey: 2021 Third Quarter Report*, p. 13.

重新返回工作岗位。总体上看，该地区 2021 年年初正式就业水平有所上升，但在 5 月出现下降，从 6 月开始保持稳定，但下半年正式就业的人员数量增加很少。这反映了经济复苏的脚步缓慢，也意味着，就业恢复更多依赖的是重新召回之前因疫情影响暂时居家而保留工作岗位的工人，或增加之前减少的工作时间，而不是新增就业岗位和新增就业人员。以上趋势表明，虽然就业人数有所增加，但低质量的就业机会恢复最为强劲，高质量的就业机会则相对滞后。

（五）就业支持政策发挥重要作用，但仍需进一步改革

鉴于劳动力市场复苏缓慢，促进就业的政策仍然非常重要，政府一方面要创造新的就业机会；另一方面更要避免现有就业岗位遭到破坏。2021 年，加勒比地区的招聘激励措施发挥了新的重要作用。一些国家和地区已采取各种措施支持正规就业，如伯利兹、多米尼加、牙买加和法属圣马丁实施了工资补贴。一些国家免除或补贴企业社会保险缴款。在巴巴多斯，如果雇主保留四分之三的就业岗位，就可将保险缴款推迟三个月；如果危机持续超过 3 个月，将再延长 3 个月。牙买加向 2017—2019 年期间平均年销售额约 3.4 万美元的所有小企业一次性提供新冠肺炎小企业赠款，只要这些企业在 2019—2020 财政年度申报了税收或提交的工资单显示它们雇用员工。伯利兹对中小微企业的支持计划包括 1250 美元赠款、工资补贴和软贷款，帮助它们在危机期间继续运营和留住员工。巴巴多斯批准了新冠肺炎救济计划，应对因疫情所致的个人收入减少和生计中断难题。

目前，加勒比地区的疫情影响尚未完全消除，经济增长缓慢，新进入劳动力市场的就业人数增加，这些因素叠加可能会导致未来失业率上升或平均就业质量恶化。2022 年达到大流行前就业水平的可能性将取决于不同国家推广疫苗接种的速度和关键经济活动的恢复程度。鉴于危机的持续存在，未来几个月面临的政策挑战是维持紧急财政计划，对社会最脆弱阶层特别是对中小微企业实施救济机制。在未来几年，政府有必要实施劳工改革措施并完善社会保障体系，帮助更多人从目前非正规就业状态过渡到正规就业状态，拥有更体面的就业机会。

六、社会支出缓慢下降

由于自然灾害、非经常性外部汇款等因素的影响，加勒比地区近年来经历了复杂的宏观经济形势。2010—2019 年，该地区政府总收入逐渐增加，从平均占 GDP 的 25.9%上升至 27%以上。由于疫苗接种工作的推进和经济的逐步复苏，2021 年 6 月底官方估计的数据显示，政府总收入将占 GDP 的 26.6%，高于 2020 年的 24.4%。[①] 2000—2019 年，这一地区社会支出占 GDP 的百分比保持相对稳定的增长态势，累计增长了 36%。近年来，中央政府的社会支出已稳定在 GDP 的 11.4%左右，接近于每人每年 950 美元，但各国的社会支出水平仍有较大的差异。[②]

面对疫情，加勒比地区社会保障系统脆弱、社会稳定基础薄弱等结构性问题暴露出来，对社会和经济发展、人民福祉造成了严重冲击。为了弥补这些缺陷和刺激经济复苏，各国努力加强公共卫生系统抗击风险的能力，保障家庭基本生活开支，保护基本生产正常运行。2020 年，该地区用于疫情防控的紧急现金和实物转移支出增加，从平均每月占 GDP 的 0.84%上升至 1%，覆盖约 36.7%的居民。2020 年，巴哈马、巴巴多斯、圭亚那、牙买加、特立尼达和多巴哥等国中央政府的平均社会支出占 GDP 的比例上升到 13.3%，人均社会支出实际增长 10%，平均达 1650 美元，这是有记录以来的最高值。2020 年 3 月 1 日至 2021 年 10 月 31 日，加勒比国家采取了 128 项措施来确保人们的基本需求得到满足，如巴哈马推出新冠肺炎政府失业援助计划，伯利兹执行新冠肺炎现金转移方案。

2021 年，虽然疫情仍然持续且前景无法预测，但加勒比国家用于保护贫困和弱势家庭收入、消费的支出减少。1—12 月，巴哈马、巴巴多斯、圭亚那、牙买加、特立尼达和多巴哥等国与新冠疫情相关的现金转移支出总

① ECLAC, *Economic Survey of Latin America and the Caribbean: Labour Dynamics and Employment Policies for Sustainable and Inclusive Recovery Beyond the COVID-19 crisis*, Santiago: ECLAC, 2021, p. 79.

② ECLAC, *Social Panorama of Latin America 2020*, Santiago: ECLAC, 2021, p. 180.

额为 1.45 亿美元，仅为 2020 年的一半左右，其中近 58%是在 1—4 月投入使用的。巴哈马和牙买加占这一数额的 40% 以上，其中巴哈马的社会福利支出翻了一番（增加 110.9%）。2021 年上半年，一些国家的社会支出显著增加。[①]

进入 2021 年下半年，加勒比地区社会支出有所减少，这主要是因为，随着疫情防控措施的改变，尤其是疫苗接种工作的推进，公共部门应对疫情的临时性现金转移和支付项目逐步减少。2021 年第四季度，该地区平均每月抗击新冠疫情的紧急现金和实物转移支出占 GDP 的比例已在 0.4% 以下，而 2020 年同期的比例则为 1%左右。1—10 月，现金和实物转移覆盖居民比例从 2020 年的 36.7%下降到 20.8%，有条件转移方案覆盖比例约为 6.1%。2021 年，加勒比国家应对疫情的现金和实物转移的平均支出估计为人均 55.2 美元，低于拉美和加勒比地区的 87.2 美元、南美洲的 141.9 美元和中美洲的 66.9 美元。[②] 鉴于疫情仍会持续，一些加勒比国家已经宣布了新的应急计划，相应支出占 GDP 的 2.2%，这一揽子措施包括加强卫生系统应对危机的能力，维持对脆弱家庭和中小微企业的救济机制，推动互联网基础设施建设，促进教育等。

尽管社会支出减少，加勒比地区 2021 年的政府总支出占 GDP 的比例仍超过 2020 年，达到 32.7%，主要原因是资本支出和利息支出显著增加。[③] 大多数国家已制订增加公共投资的计划，意在创造就业机会和重新激活经济活动。例如，在圣文森特和格林纳丁斯，主要支出涉及加勒比地区通信基础设施项目、培训和就业支助方案以及港口改造项目。利息支付也随着 2020 年公共债务的增长而增长。该地区 2021 年社会支出减少一事表明，各国为保护受疫情影响最大的贫困和脆弱性家庭的努力在减弱，但在这场持续且仍然不可预测的大流行中，这可能会导致贫困率和极端贫困率上升。

2021 年，加勒比地区公共部门收入出现反弹，其占 GDP 的比例从 2020 年的 24.4%增至 26.6%。所以，尽管总支出占 GDP 的比例较 2020 年提高

① ECLAC, *Social Panorama of Latin America 2021*, Santiago: ECLAC, 2022, pp. 151-189.

② ECLAC, *Social Panorama of Latin America 2021*, Santiago: ECLAC, 2022, p. 175.

③ ECLAC, *Economic Survey of Latin America and the Caribbean: Labour Dynamics and Employment Policies for Sustainable and Inclusive Recovery Beyond the COVID-19 Crisis*, 2021, p. 83.

1.1 个百分点，达到 32.7%，全年财政赤字占 GDP 的比例仍降至 6.1%，比 2020 年下降了 1.1 个百分点。① 然而，总支出增长意味着巨额财政赤字持续存在，该地区发展面临长期挑战。2021 年，加勒比经济体进行了财政调整，但经济增长仍然乏力。从中期来看，该地区的债务比率应该会稳定下来，却仍将高于危机前的水平，致使整个地区在面对风险冲击时更显脆弱。

七、社会不公平状况加剧

新冠疫情对加勒比地区几乎所有行业和人员都产生重大影响，加剧了社会不平等状况。在两性收入的获得和分配、就业、保健、粮食安全以及儿童、青少年全面发展等方面，不平等差距正在逐步扩大。

（一）性别差距扩大

在加勒比地区，女性的就业和发展机会少于男性。针对安提瓜和巴布达、伯利兹、多米尼加、格林纳达、圭亚那、牙买加、圣卢西亚、圣文森特和格林纳丁斯以及苏里南等国的调查结果显示，男性劳动力市场参与率明显高于女性，女性的失业率往往也高于男性（见图 3-3）。此外，由于性别刻板印象、职业隔离和职业教育中的性别差距，这些国家的女性更有可能在非正规部门、低薪部门工作。2021 年，加勒比地区女性就业率的降幅达 10.1%，大于男性的 8.0%，退出劳动力市场和经济活动的女性比例为 7.5%，也高于男性的 5.6%。②

① ECLAC, *Economic Survey of Latin America and the Caribbean: Labour Dynamics and Employment Policies for Sustainable and Inclusive Recovery Beyond the COVID-19 Crisis*, 2021, pp. 79-83.

② ECLAC, *The Recovery Paradox in Latin America and the Caribbean Growth amid Persisting Structural Problems: Inequality, Poverty and Low Investment and Productivity*, Santiago: ECLAC, 2021, pp. 14-15.

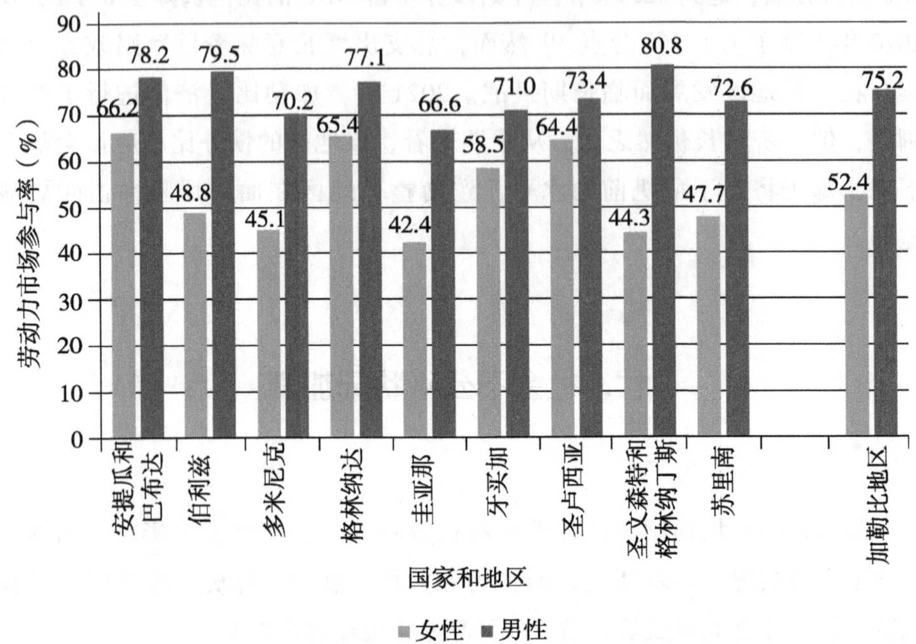

图 3-3　加勒比地区劳动力市场参与率的性别差距

资料来源：World Bank，*Gender-Responsive Disaster Preparedness and Recovery in the Caribbean*：*Desk Review*，Washington，D. C.：World Bank，2021，p. 19.

由于性别分工，加勒比地区女性在整个职业生涯中获得社会保障的机会低于男性。在这里，妇女主要负责家务劳动，照顾儿童、残疾人和老年人，即使就业也缺乏体面的工作条件，更多成为自由职业者或家庭帮佣，不太可能为自己缴纳养老金或其他社会保险，因而通常缺乏相应的社会保护，在社会保障方面往往比男性处于更加不利的地位。

在加勒比地区，妇女每天无偿做家务和照料工作的时间是男子的 3 倍，疫情期间无偿家务劳动时间成倍增加。受经济条件影响，该地区部分家庭无法获得安全的饮用水，生活在这种家庭中的妇女平均每周要多花 5—12 小时做家务劳动，而卫生投入较低使得这一群体更难获得医疗保健的机会，她们不得不承担家庭卫生保健的任务。

在疫情之前，加勒比地区 15%的妇女报告曾遭受过家庭暴力。2017 年联合国犯罪趋势调查结果显示，安提瓜和巴布达、格林纳达、圣文森特和格林纳丁斯的强奸率高于 73 个国家的平均水平。疫情期间，该地区女性遭受家庭暴力的次数有所增加，她们的经济状况恶化，更容易受到各种形式的剥削，包括为获得食物、住所安全而遭受性虐待等。

（二）儿童、青少年和青年不平等问题越发严重

受疫情影响，大多数加勒比国家完全或部分关闭教育机构，转向在线教育和家庭教育。然而，由于互联网基础设施和使用互联网机会不平等，并不是每个人都以同样的方式从在线教育或家庭教育中受益，这导致儿童和青少年教育机会不平等，扩大了教育差距。对于难民、移民、来自土著社区的儿童和青少年特别是残疾儿童和青少年来说，形势更加严峻。由于学校暂时关闭，他们无法接受正常的学校教育；由于互联网基础设施的限制，他们无法参与正常的网络在线学习。受家庭经济收入影响，不同群体对教育的投入也存在巨大差异。高收入和父母学历高的家庭能够为儿童和青少年居家学习提供更好的互联网条件、家庭教育和辅导，而低收入和父母学历低的家庭则无法提供相同的家庭服务，这更加剧了教育不平等。居家学习和限制社交距离增加了未成年人遭受家庭暴力和性暴力的机会，线上学习增加了他们接触到网络暴力和欺凌的可能性。父母失业、经济不平等导致未成年人接受教育与获得社会保护的机会有限，这导致童工率增加，特别是农村和土著女童从事无薪工作的时间有所增加。疫情对儿童和青少年的粮食安全也产生了影响。疫情暴发前，大多数加勒比国家都安排学校膳食，随着疫情的到来，这一制度不得不中断，加上家庭收入下降，儿童特别是最脆弱和家庭收入最低的儿童营养不良和粮食安全风险上升，儿童和青少年的脆弱性增加，这对他们的身心健康产生巨大的负面影响。

疫情以来的封锁措施使青年就业形势严重恶化，就业率下降。2020 年上半年，加勒比地区 18 岁至 25 岁的年轻人就业率下降了 7. 8 个百分点，25 岁以上的年轻人就业率下降了 7. 3 个百分点，许多青年在非正规部门就业。从中期和长期来看，受就业市场低迷影响，未来既不就业也不继续从事学业的年轻人数量将增加，在这种情况下，越来越多的年轻人不得不通过临时就业的方式来解决当下的生存问题，这也导致非正规就业成为青年进入

劳动力市场的主要选择（2019 年平均非正规就业率为 67.5%）。[1] 不断增长的数字平台是青年就业的机会。在多米尼加，68%的网络平台员工都是 29 岁以下青年。[2] 然而，数字平台的工作往往不稳定，缺乏相应的机制保护就业者权利。当前，关注青年一代不仅是让任何人不掉队，也是为建立一个更公平、更可持续的未来社会奠定基础。

（三）移民不平等现象恶化

疫情使人们的生活质量和流动性发生了重大变化。据国际移民组织估计，截至 2020 年 7 月中旬，加勒比地区至少有 300 万人滞留在国外，许多人获得领事援助的机会有限或根本无法获得援助，边境关闭也降低了流离失所者申请庇护的可能性。一些国家改变入境签证和所需文件的要求，如要求提供疫苗接种证明、医疗证明，并采取强制检疫措施。疫情期间，流动限制、居家办公、暂停某些类型的工作和活动使许多人无法获得工作居留签证。移民主要集中在非正式的低生产率部门，他们更容易接触病毒，也更有可能失业。缺乏对教育和资格的承认限制了移民进入正式劳动力市场以及在大流行后恢复就业的能力。由于暂时游离于主流社会之外，这些人一般得不到必需的社会服务，特别是基本的医疗和保健服务，获得社会保护的机会也十分有限。因此，与其他群体相比，移民面临失去生计和基本权利受到侵犯的高风险。无陪伴儿童的权益也遭受了巨大挑战，他们在一定意义上是社会中的隐形人，缺乏来自年长家庭成员的支持，无法克服教育系统中的障碍，获得正规教育的机会非常有限。总而言之，疫情加剧了加勒比地区移民的不平等状况，给目的地和过境地带来了新的健康、包容和适应挑战。

2021 年，新冠疫情持续发酵，加勒比地区不同群体的经济和社会不平等问题更加严重。以往的经验和教训告诉我们，短暂的危机（对大多数群体产生严重的短期影响）可能对处于弱势的女性、儿童、青少年和青年、

---

① ECLAC and ILO, *Employment Trends in an Unprecedented Crisis: Policy Challenges*, *Employment Situation in Latin America and the Caribbean*, No. 23 (LC/TS. 2020/128), Santiago and Geneve: ECLAC and ILO, 2020, pp. 36-40.

② ECLAC and ILO, *Decent Work for Platform Workers in Latin America*, *Employment Situation in Latin America and the Caribbean*, Santiago and Geneve: ECLAC and ILO, 2021, p. 28.

移民群体产生长期影响，阻碍社会发展。为了防止新出现的不平等现象演变成难以扭转的不平等状态，加勒比地区不仅必须维持足够的社会支出水平，而且要扩大对女性、未成年人、青年、移民群体需求的投入，建立一个更有弹性、更具包容性和更公平的社会复原系统。

八、社会保护力度不足

社会保护为个人和家庭在面临脆弱性和突发事件时提供安全保障，在每个社会中都是必不可少的。疫情期间，加勒比地区的社会保护系统面临着双重挑战：社会保护覆盖面窄，社会养老保障体系面临严重挑战，而快速、有效的社会保护政策有助于提升复原力。

（一）社会保护覆盖率低

近年来，加勒比地区在加强社会保障系统方面取得重大进展，大多数国家都制定了保护社会公平、提升就业机会、预防危机和灾难的各种制度。几乎所有国家都推行现金转移和学校供餐计划，社会养老金、救济补助金等也相当受欢迎。几乎所有国家都执行技能培训等积极的劳动力市场政策，有些国家还提供就业服务。几乎所有国家都实行缴费养老保险和其他社会保险制度，如工伤保险。不过，该地区几乎没有失业保险。

尽管取得了这些进展，加勒比地区的社会保护在覆盖面和充分性方面仍存在重大欠缺。作为本地区社会保障覆盖率最高的国家，牙买加仍然有近 20%的人没有机会获得任何社会保障。超过一半（53%）的圣卢西亚人被排除在社会保障系统外。该地区社会保障对象以相对富裕的人居多，这意味着贫困人口的社会保障覆盖率特别低。在牙买加，最贫穷的五分之一人口中有约 60%的人没有社会保险，这一比例在圣卢西亚超过 80%。社会援助系统主要针对贫困人口，但在惠及最贫穷的人口方面有很大的改善空间。与全球平均水平相比，加勒比国家针对贫困人口的现金支付的覆盖率普遍较低，最贫穷的五分之一人口中有近 80%的人没有从这项福利中获得任何好处。①

几乎所有加勒比国家都实行了学校供餐计划，但具体供餐方法和目标定位存在较大差异。例如，多米尼克、海地和圭亚那只在选定的公立学校供餐；特立尼达和多巴哥只为符合要求和有需要的儿童提供用餐；格林纳达只有入选学校的所有学生可以获得营养餐；而在圣卢西亚，学校供餐是社会保障系统的重要组成部分。疫情期间学校中止线下教育，使得学校营养供餐计划中断，增加了贫困家庭学生的营养安全甚至粮食安全风险。

在就业方面，加勒比地区目前的社会保护机制严重不足。该地区劳动力市场中非正规就业比例非常高，有近 60%的劳工属于非正规就业，他们缴纳社会保险的比例非常低。近 40%的工人没有任何社会保障，在疫情中面临失业和收入下降的多重冲击，其中妇女、青年、老年人、土著、非洲裔和移民受到的影响更为严重。此外，居民在获得保健机会和保健质量方面存在收入、性别和城乡差距大，医疗费用自付比例高以及相关医护资源缺乏等问题。

（二）社会养老保障体系面临严重挑战

虽然加勒比仍然是一个相对年轻的地区，但人口老龄化进程加快，到 2050 年，65 岁以上人口的比例预计将达到 18%，是目前 9%的两倍。这对社会保护和卫生保健提出了挑战，人口结构的变化可能会增加医疗保健系统的资金压力以及养老金的可持续支付风险。

在加勒比地区，65 岁以上人口中有 42%的人享有基本公共医疗保险，这部分人有机会获得高质量的医疗护理，从另一方面看，这也意味着有将近 60%的老龄人口无法从中受益，他们面临更大的生存压力。疫情期间，加勒比国家增加了对社会保障系统和医疗系统的投入，但财政压力随之增加。养老金制度是本地区若干国家社会关切和冲突的主要来源之一。2021 年，加勒比国家努力扩大养老金的覆盖范围。一些国家实施了养老金补充方案，但总体覆盖率普遍较低，国家之间也存在较大差异。安提瓜和巴布达、伯利兹、多米尼克、圣文森特和格林纳丁斯、特立尼达和多巴哥等国

① Rodolfo Beazley and Asha Williams, *Adaptive Social Protection in the Caribbean: Building Human Capital for Resilience*, Washington, D. C.: World Bank Global Facility for Disaster Reduction and Recovery, 2021, pp. 24–25.

实施了国家社会养老金计划，将其作为社会保障养老金的补充，大大提高了养老金的总体覆盖率。多米尼克44.6%的老年人领取社会保障养老金，14.5%领取社会养老金，少数人受益于商业养老金，共有61%的老年人能领取养老金，尽管如此，还有约40%的老年人没有领取任何形式的养老金。特立尼达和多巴哥政府通过给没有任何养老金或养老金领取数额低于最低标准的居民发放社会养老金，发放数额根据政府的养老金收入而定，从而实现了养老金全民覆盖。①

（三）快速、有效的社会保护政策有助于提升复原力

由于缺乏健全的社会保护机制，加勒比地区60%以上的经济弱势群体和非正规就业劳动者无法享受到以就业为基础的社会保护或援助，如大约50%的贫穷和非正式工人没有从有条件现金转移计划中受益，数百万家庭和企业未受到社会保障机制的有效保护而面临重大危机。大多数国家通过加强或改革现有的体制机制（失业保险、对工作时间和收入的协商调整、向非正式工人的收入转移）来对劳动力市场加以保护。2021年，随着疫苗接种工作的不断推进，封锁政策也在放松，经济出现复苏迹象，就业支持政策开始从确保劳工就业转变为鼓励企业重新招聘工人并给予一定补贴，其设计也发生了变化。针对特别脆弱群体的招聘补贴有所调整，受危机打击最严重的部门和群体受到重点关注，妇女、15—24岁的年轻人和55岁以上男性的福利上限有所提高。此外，一些国家还推出了劳工紧急家庭收入救助计划，直接向工人提供补贴，促使他们以正规就业方式重返劳动力市场。这些就业保护政策有效提升了工人的工作待遇，减轻他们应对危机的风险，增强他们从危机中复原的能力，加速劳动力市场复苏。

面对汹涌的疫情，拥有强大社会保障机制的政府应对紧急情况和实施紧急措施的挑战要小得多，社会复原力也更加具有弹性。从积极的方面看，加勒比国家在疫情期间付出巨大努力，加大现金转移支付力度，帮助弱势个人和家庭，进一步完善了社会保障系统，扩大了社会援助范围。未来，加勒比国家需要在提升现有社会保护系统覆盖面和支付率的基础上，制定

① Rodolfo Beazley and Asha Williams, *Adaptive Social Protection in the Caribbean: Building Human Capital for Resilience*, p. 26.

针对特定人群的灵活的社会保护政策。从长远来看，社会保护措施应有助于巩固中产阶级，减轻在经济复苏过程中的个人就业和收入压力。总之，建立一个有弹性的体系，保护经济、家庭和个人免受宏观和微观冲击，对于该地区应对未来挑战至关重要。

九、社会不满情绪上升

在疫情暴发前，大多数加勒比国家面临着潜在增长率低、易受外部影响、制度漏洞多等问题。疫情的到来加剧了加勒比地区社会发展的结构性矛盾，民众对公共服务的不满情绪上升，公共机构的信任度和合法性下降，公民运动崛起，这些都清楚地表明，公民之间以及公民与公共机构之间需要建立新的社会共识。

（一）公共服务满意度低，社会不满情绪增长

在疫情进入加勒比地区之前以及暴发的早期阶段，大多数民众对政府抗击疫情的满意度很高。其后，紧缺的医疗资源、高额的医疗保健自费支出、疫苗接种进展缓慢等使民众对卫生资源现状担忧程度上升。2021 年 5 月，加勒比地区关闭的学校比经合组织国家高出 70%以上，同时，教育系统却没有做好应对大规模远程学习的准备，难以确保学校课程的连续性。一些国家互联网普及率低、数字技能差、缺乏信息技术设备和有效的在线学习支持平台，严重妨碍了学生远程听课。对于生活在贫困家庭或农村地区的学生来说，这种负面影响尤为严重，学生教育机会不平等状况随之恶化。此外，民众对诸如疫苗和医疗设备等公共资源管理不善的不满意程度也在上升。

社会愿望的不断幻灭加剧了加勒比地区民众的不满情绪。中低收入阶层的扩大不仅使人们对再分配政策产生更高的希望，也使人们对创造高质量就业机会、普及保健和教育等高质量公共服务、高效的公共机构产生了更高的期望。这一地区年轻人和城市居民的受教育程度往往比他们的父母

更高，有更大的社会抱负，但由于社会经济发展停滞不前而在就业机会和收入晋升方面面临更多困难。互联网的普及使得城市年轻人倾向于将他们的生活方式与国际同龄人相比，而不仅仅与自己的父辈相比，他们被辜负的期待会引发不满和愤怒。

社会不平等加剧、权力日益集中是导致民众不满意度上升的另一个关键因素。近年来，加勒比地区整体经济和社会发展取得较大进步，收入不平等程度显著下降，但这里仍然是世界上最不平等的地区之一。除了收入不平等之外，民众对权力日益集中的不满也不断上升。精英们严格控制政治和经济议程，特权文化盛行。2021 年，该地区大多数民众认为自己的国家只为少数精英和特权阶层服务，大多数处境艰难却得不到改善的贫困和弱势家庭认为无力反抗精英和体制的操纵。

（二）腐败、有罪不罚和暴力行为增加，政府信任度和社会凝聚力下降

进入 21 世纪以来，加勒比地区的腐败程度有所增加，政府在解决腐败问题方面表现不佳，这直接影响民众对公共机构、政府、法院和警察的信任程度，同时侵蚀它们在民众眼中的合法性。此外，该地区在 2020 年全球有罪不罚指数中排名较高，大多数国家的有罪不罚现象发生在中、高层级。同时，这里又是世界上最暴力的地区之一。尽管各国的凶杀率存在显著差异，但犯罪和暴力在地理上还是呈现一定程度的集中态势，城市往往更容易受到暴力犯罪的影响。犯罪和暴力使包括体育和娱乐在内的社会活动难以发挥作用，引起社区分裂、人际不信任和对民主活动的参与减少等一系列不良后果。当民众认为公共机构无法保证自身安全时，就不太可能支持政治体系，并可能诉诸暴力。事实上，暴力是降低人际信任和社会凝聚力的重要因素，加勒比地区的暴力威胁和人际信任度下降密切相关，并呈现出恶性循环。与世界其他地区相比，加勒比地区的人际信任水平普遍较低，人际信任缺失和政府信任度呈相关趋势。而人际信任的下降也表明团结和社会凝聚力较弱。解决民众不安全感问题是建立新的社会共识和社会凝聚力的关键，采取办法解决腐败、有罪不罚和暴力问题，对于恢复公民之间及公民与政府之间的信任和提升社会凝聚力至关重要。

（三）数字化改变传统意见表达渠道，公民运动崛起

大流行为数字化转型带来了前所未有的动力。互联网和数字技术的应用是确保商业活动、政府服务以及封锁期间居家工作和学习的关键技术和工具。同样，社交媒体和数字平台也改变了民众表达意见的传统渠道，在公民政治化的过程中发挥了双重作用。一方面，数字空间促进了加勒比地区社会运动的崛起。社交媒体和数字平台改变了人们沟通和交流的方式，政治活动人士能够利用互联网直接分享他们的政见，与来自世界各地志同道合的人士互动，并迅速组织数百万人的示威活动，而不需要通过其他中介。如“黑人的命也是命”（Black Lives Matter）和“我也是”（Me Too）运动就吸引了媒体和民众对种族歧视和性别暴力问题的广泛关注。美国的“黑人的命也是命”抗议活动在牙买加、特立尼达和多巴哥也引发了类似的示威活动。同样，“我也是”运动在媒体上大量曝光，加勒比地区的女权运动因此赢得支持。另一方面，社交媒体和数字平台促进了同质社交网络的创建，但同时自媒体的盛行使得许多假新闻和假消息没有经过任何过滤就直接传播给大众，这加剧了社会分化。疫情期间最常见的错误信息（包括对政府为应对疫情而采取的行动或政策的虚假消息和新闻）传播会削弱民众对政府的信任，使人们不再遵守公共规范。

当前，加勒比人对传统政党的信任度较低。在最近一轮选举中，民众对政治制度、公共机构运作以及糟糕的经济表现不满，他们反对传统的政治精英。在过去数年间，大多数人虽然还认为民主是最好的政府形式，却对民主的运作越来越不满意。许多人对民主的期望和要求越来越高，他们敦促政府回应增进福祉、承认权利和平等的诉求，要求建立更有效的政府问责制，采取更强有力的人权保护措施。政治活动人士和示威者在近期社会抗议活动中主张推进民主改革，解决公民空间受侵蚀、制衡被削弱和人权遭破坏等问题。这意味着如果没有良好的意见表达渠道，就会出现更高的政治风险。

社会不满意度上升，无法达成基本社会共识，这对于遭遇新冠疫情的加勒比地区来说，是一个强有力的警钟。因此，该地区迫切需要建立一个共同的社会发展计划，使民众具有真正的归属感。尽管情况复杂，但仍充

满希望，因为动荡和冲突也是变革和社会进步的积极因素。在寻求变革的过程中，民众期待更加平等的社会，期待自身权益能得到更完全的保证，期待民主政治环境更加清朗，这些都为创建新的伙伴关系和达成新的社会共识提供了可能。

十、总结与前瞻

2021 年上半年，随着新冠疫苗接种工作的展开和疫情防控措施的放松，加勒比地区经济复苏，2021 年的经济增长率反弹至 4.1%，与 2020 年相比，经济社会发展状况有所改善，但总体仍未回到大流行前的水平。

尽管近几十年来加勒比地区的整体生活水平有了显著提高，但频繁爆发的自然灾害和持续不断的疫情引发了一系列社会问题，中低收入阶层返贫风险有所加大，减贫动力明显不足。宏观经济环境的恶化对劳动力市场造成了严重冲击，2021 年该地区主要就业指标部分恢复，但劳动力市场参与率的性别差距扩大，非正规就业者迅速增加，就业质量下降，各国政府试图实行劳工改革和就业支持政策来解决这一难题。受疫情和经济增长低迷影响，不平等现象愈加严重，社会保障覆盖范围依然较窄，复原力受限。疫情对加勒比国家本已脆弱的财政状况产生不利影响，导致财政赤字处于历史高位，使得整个地区在面对风险冲击时更加脆弱。贫困、失业、不平等、人口老龄化等社会问题增加了社会的脆弱性，对社会经济福祉产生负面影响。2021 年，加勒比地区民众对政府公共服务的不满情绪上升，公共机构的信任度和合法性下降；个人和家庭遭遇生存危机，贫富分化和对立，权力和财富日益向少数人集中，腐败、有罪不罚和暴力行为增加，这些问题的出现削弱了社会凝聚力。因此，公民之间以及公民与公共机构之间需要建立新的社会共识。

2022 年，加勒比地区的经济和社会发展指标将出现好转，但仍需要加快疫苗接种速度，公平分配疫苗，增加医疗设备，掌握相关医疗技术，采取恰当的防控措施，最大限度减少疫情对经济社会发展的负面影响。2022

年，创造体面的工作机会仍然是该地区实现可持续复苏所必须克服的最大难题之一。受全球经济大环境影响，加勒比地区失业工人和新增就业人口可能会持续增加，这将推高失业率，使平均就业质量恶化，对实际工资、非正规就业率等就业质量指标产生负面影响。加勒比国家此前为失业者引入了新的收入补贴机制，在 2022 年将积极的就业政策与其他支助方案联系起来，对那些面临从培训向就业成功过渡的群体，特别是对新加入劳动力市场的年轻人至关重要。从中期和长期来看，这一地区必须建立普遍、全面、可持续和有弹性的社会保护制度，尤其是要为所有人建立基本收入保障制度，加强和扩大失业保险，在培训、创业和劳动中介等领域推行积极的劳动力市场政策，等等，促进社会经济可持续发展。此外，疫情加剧了本地区不平等状况，贫困、失业、不平等、人口老龄化和非传染性疾病仍是长期威胁，各国能否在社会改革方面取得进展值得关注。

分报告篇

第四章　新冠疫情变局下的加勒比地区[1]

步少华[2]

摘　要：自2020年3月出现第一例确诊病例至2021年年底，加勒比地区新冠肺炎累计确诊病例逼近250万例，死亡人数近3万人。2021年，该地区疫情整体上虽然呈现震荡下行之势，但仍难言乐观。受疫情影响，这一地区的支柱产业旅游业、大宗商品出口及供应链遭重创，各国家或地区财政、债务前景堪忧。加勒比地区的经济社会脆弱性在此次危机中尽显，并表现出明显区别于拉美地区的特征。疫情暴发以来，加勒比国家和地区、域外国家和国际组织凝心聚力，通过接种疫苗、社会管控、经济干预、加强协作等多种手段阻击疫情，区域一体化治理优势凸显。在接种疫苗方面，加勒比地区成为各品牌疫苗汇聚地，但总体接种率在美洲地区仍较低。

关键词：新冠疫情　加勒比地区　区域合作　公共卫生

当前，新冠疫情仍在加勒比地区持续肆虐。尽管加勒比国家和地区、域外国家和国际组织已携手采取诸多强力举措抗击疫情，但囿于体量小且经济结构单一，加勒比地区遭受疫情的冲击较为严重，表现出明显不同于拉美地区的特点。

---

① 本章部分内容曾以《疫情变局下的中国—加勒比次区域合作：进展和前景》为题，发表于《拉丁美洲研究》2020年第3期，经修改后收入本书。

② 步少华：博士，中国国际问题研究院拉美和加勒比地区研究所副所长、副研究员。

一、加勒比地区疫情发展态势

2020年3月1日多米尼加出现第1例输入性确诊病例后，新冠疫情迅速蔓延至整个加勒比地区。3月4日，加勒比公共卫生署（CARPHA）将疫情地区输入风险等级调至"非常高"级别①并一直予以维持。据世界卫生组织公布的数据统计，截至2021年12月31日，本地区确诊病例为2451345例，病亡人数为29330人，死亡率为1.2%（见表4-1）。

表4-1　加勒比地区新冠肺炎确诊及死亡情况（截至2021年12月31日）

序号*	国家/地区	累计确诊病例	累计死亡人数	死亡率
1	古巴	965571	8322	0.86%
2	多米尼加	564467	4332	0.77%
3	波多黎各	257514	3298	1.28%
4	牙买加	93591	2470	2.64%
5	特立尼达和多巴哥	90829	2825	3.11%
6	瓜德罗普	55795	831	1.49%
7	苏里南	52031	1189	2.29%
8	马提尼克	49369	783	1.59%
9	法属圭亚那	48399	339	0.7%
10	圭亚那	39238	1051	2.68%
11	伯利兹	32067	597	1.86%
12	巴巴多斯	28360	260	0.92%
13	海地	25985	766	2.95%
14	巴哈马	24269	716	2.95%

① CARPHA, "Outbreak of Coronavirus Disease (COVID-19)", *CARPHA Situation Report*, No. 19, March 6, 2020, p. 1.

续表

序号*	国家/地区	累计确诊病例	累计死亡人数	死亡率
15	库拉索	20199	187	0.93%
16	阿鲁巴	19021	181	0.95%
17	圣卢西亚	13473	295	2.19%
18	维尔京群岛（美属）	9055	89	0.98%
19	开曼群岛	8818	11	0.12%
20	多米尼克	6559	45	0.69%
21	百慕大群岛	6331	106	1.67%
22	格林纳达	6073	200	3.29%
23	圣文森特和格林纳丁斯	5952	83	1.39%
24	圣马丁（荷属）	5054	75	1.48%
25	安提瓜和巴布达	4295	118	2.75%
26	圣马丁（法属）	4118	39	0.95%
27	博奈尔	3294	23	0.7%
28	特克斯和凯科斯群岛	3283	26	0.79%
29	维尔京群岛（英属）	3256	39	1.2%
30	圣基茨和尼维斯	2918	28	0.96%
31	安圭拉	1674	5	0.3%
32	圣巴泰勒米	379	0	0
33	蒙特塞拉特	45	1	2.22%
34	圣尤斯特歇斯	32	0	0
35	萨巴	31	0	0
36	加勒比地区	2451345	29330	1.2%

*　按累计确诊数降序排列。

数据来源：世界卫生组织网站，www.covid19.who.int。

加勒比地区的疫情发展态势呈现出较明显的阶段性特征：2020 年 3 月至 8 月中旬为扩散期，其间确诊病例及死亡病例每周增长率均维持在 10%以上的高水平，病毒迅速蔓延至域内所有国家和地区。2020 年 8 月中旬至 2021 年年底为震荡下行期，其间确诊病例及死亡病例每周增长率基本维持在 10%以下，并呈逐渐下降态势。在经历了 2021 年 7 月至 8 月的小规模反弹后，自 2021 年 10 月起，本地区确诊病例及死亡病例每周增长率已跌至 1%左右。①

二、疫情对加勒比地区的冲击及特点

疫情传导至加勒比地区时间较晚，但扩散迅速，已给旅游业、贸易投资、供应链行业等造成严重负面影响，极大削弱政府经济治理能力。与拉美地区相比，加勒比地区的经济社会脆弱性更加突出。

（一）加勒比地区政治经济受全方位冲击

由于体量小，国民经济严重依赖于服务业，加勒比国家和地区对国际经济体系的开放性和依赖性极高。正如巴巴多斯总理米娅·莫特利（Mia Mottley）所指出的，以加勒比地区为代表的小岛屿国家对国际秩序危机最具敏感性。② 当前，疫情对国际政治经济秩序形成严重冲击，并已通过以下几方面传导至加勒比地区。

一是冲击经济支柱旅游业。加勒比地区是全世界在经济上最依赖旅游业的地区之一。据统计，旅游业产值占该地区 GDP 的比例约为 15.5%，吸引 240 万人就业，约占整个地区总就业人口的 14%。③ 巴哈马、巴巴多斯、牙买加对旅游业的依赖程度最高，据美洲开发银行统计，旅游业产值平均占三国 GDP 和就业人口的 34%—48%。当前，疫情已重创全球旅游业，连锁反应正在加勒比地区慢慢凸显。世界旅游业协会表示，2021 年加勒比旅游业收入预计近 120 亿美元，远低于 2019 年 580 亿美元水平。加勒比开发银行的专家则更加悲观地指出，旅游业对其他相关服务产业的连带效应无

---

① 上述阶段性特征系笔者基于加勒比公共卫生署每周发布的“形势报告”统计得出。

② “Exploring the Unique Impact of Coronavirus on Small Island Developing States”, *Forbes*, March 31, 2020, https: //www. forbes. com/sites/daphneewingchow/2020/03/31/exploring-the-unique-impact-of-coronavirus-on-small-island-developing-states/#16a2026d2e17.

③ “Can the Caribbean Tourism Industry Withstand COVID-19?”, *The Dialogue*, March 23, 2020, https: //www. thedialogue. org/analysis/can-the-caribbean-tourism-industry-withstand-covid-19/.

法忽视，即便旅游业只下滑 10%，但如果将其对批发零售业、交通运输业等带来同等规模的消极影响考虑进来，累加计算甚至将导致整体国民经济缩水高达 50%。①

二是打击大宗商品出口。疫情对需求端的冲击导致全球大宗商品价格大幅下跌，致使诸如特立尼达和多巴哥、圭亚那、苏里南等并不显著依赖旅游业的加勒比国家也无法独善其身。正如特立尼达和多巴哥总理所指出的，作为世界第二大经济体的中国减少消费和生产，无疑将削弱全球石油和天然气价格，从而直接影响以液化天然气和甲醇出口为主要收入来源的特立尼达和多巴哥。② 对于信心满满、准备近期投产大规模近海油田的圭亚那和苏里南来说，这同样不啻当头一棒。此外，也有牙买加学者指出，牙对华出口的铝土矿、铝材等大宗商品也受到严重波及。③

三是扰乱供应链。疫情所导致的全球供应链紧张甚至断裂对加勒比地区正常工业生产的消极影响正在显现。来自中国的原材料、中间品、资本品断供，对该地区的制造、建筑、采矿等关键产业造成全方位冲击，即便其上游供货商在欧美，也难以独善其身。比如，多米尼克、牙买加、特立尼达和多巴哥等国的中资企业承建项目陷入停摆；因来自亚洲的设备及关键人员流动受阻，巴哈马的海上石油钻探计划已遭推迟。④ 生产停滞会不可避免地造成终端商品价格上涨，并最终被转移给本地区消费者。

上述对加勒比地区关键行业的冲击进一步加大政府的财政负担，令本已脆弱的经济增长形势恶化。作为本地区支柱产业的旅游业与外汇收入直接挂钩，比如牙买加外汇收入的 58%就来自旅游业。而据专家统计，在最坏的情况下，此次疫情将使本地区损失近 83%的旅游业收入。⑤ 这显然将对

---

① “COVID－19 Hits Caribbean Economies A Hard Blow”, *Newsday*, March 12, 2020, https：//newsday. co. tt/2020/03/12/covid19－hits－caribbean－economies－a－hard－blow/.

② Office of the PrimeMinister of Trinidad and Tobago, “Prime Minister Dr the Hon. Keith Rowley’s Parliament Statement on COVID－19”, March 13, 2020, https：//www. opm. gov. tt/prime－minister－dr－the－hon－keith－rowleys－parliament－statement－on－covid－19/.

③ “PIOJ Weighs Potential Impact of COVID－19 on Economy”, *The Gleaner*, February 28, 2020, http：//jamaica－gleaner. com/article/business/20200228/pioj－weighs－potential－impact－covid－19－economy.

④ “Coronavirus Covid－19：Bahamas Petroleum Delays Well Drilling”, *Offshore Technology*, March 13, 2020, https：//www. offshore－technology. com/news/bahamas－petroleum－delays－well－drilling－coronavirus/.

⑤ “Five Ways that COVID－19 Has Changed What Food Insecurity Looks Like in the Caribbean”, *Forbes*, March 31, 2020, https：//www. forbes. com/sites/daphneewingchow/2020/03/31/five－ways－that－covid－19－has－changed－what－food－insecurity－looks－like－in－the－caribbean/#3e34e044143e.

整个地区的外汇收入造成毁灭性打击。雪上加霜的是，为应对经济停滞所引发的失业潮，政府还不得不扩大公共财政开支，构筑保障失业者的“安全网”体系，纾解国民保险和社保系统所面临的巨大压力，这不可避免地加剧了各国家或地区的财赤率，进而推高本已高企的债务水平。2021 年，苏里南、伯利兹两国已出现债务违约。

疫情甚至已对加勒比国家和地区的安全及政局稳定产生溢出效应。目前，部分国家和地区尤为关注疫情对其食品安全的负面影响。一直以来，绝大多数加勒比国家和地区的食品需从国外进口，缺少“食品主权”。有统计显示，进口食品已占本地区食品消费总额的80%—90%，而其中超过90%的进口又来源于美国①。在此背景下，安提瓜和巴布达、巴哈马等国早已开始关注全球贸易链受阻对其食品进口的潜在影响。加共体也第一时间召开农业部长会议，督促各成员提高食品生产及加工能力，做好应对不利局面的准备。②

（二）加勒比地区的经济社会脆弱性显著高于拉美地区

因体量小，地理位置特殊，加勒比地区的独特异质性在此次疫情中再次凸显，表现出了显著高于拉美地区的经济社会脆弱性。

首先，面临更严重的流动性枯竭风险。除了支柱产业旅游业受重创导致财政收入锐减外，加勒比地区较高的居民收入水平及高企的公共债务又进一步堵塞了获取外来资金的渠道。安提瓜和巴布达总理加斯顿·布朗（Gaston Browne）表示，各国的高额负债率致使其无法像其他国家一样采取更宽松的货币政策，只能依赖于国际救助。对于加勒比国家来说，只有快速地无偿援助才有助于其缓解当前流动性危机，优惠贷款甚至已无济于事。③ 联合国拉美和加勒比经委会执行主任阿莉西亚·巴尔塞纳（Alicia Barcena）指出，作为中高收入水平国家，大部分加勒比国家不符合国际通

① “Five Ways that COVID-19 Has Changed What Food Insecurity Looks Like in the Caribbean”, *Forbes*, March 31, 2020, https: //www. forbes. com/sites/daphneewingchow/2020/03/31/five - ways - that - covid - 19 - has - changed-what-food-insecurity-looks-like-in-the-caribbean/#3e34e044143e.

② CARICOM, “Member States to Boost Food Production to Lessen COVID-19 Impact”, March 23, 2020, https: //caricom. org/member-states-to-boost-food-production-to-lessen-covid-19-impact/.

③ “ECLAC: Caribbean Needs Grant Funding to Face the COVID-19 Crisis”, *Loop News*, April 29, 2020, https: //www. loopnewscaribbean. com/content/eclac-caribbean-needs-grant-funding-face-covid-19-crisis.

行的优惠性贷款或无偿援助的融资标准，自然被排斥在主要以低收入国家为对象的国际主流援助体系之外。比如，在有资格参与世界银行与二十国集团于2020年发起的“暂缓债务偿还倡议”的73个国家中，加勒比地区只有海地、圭亚那、多米尼克、格林纳达、圣卢西亚、圣文森特和格林纳丁斯等六国入选。① 而且对于加勒比国家来说，国际社会在疫情期间专门发起的缓债行动无疑只是杯水车薪。它们已认识到，国际援助体系以人均收入画线的准入标准才是最需要改革的。加共体秘书长尖锐地指出，“后疫情时代国际社会必须向包括中高收入国家在内的发展中国家提供债务减免……小岛屿国家急需获得优惠性贷款，将继续推动‘多维脆弱性指数’，呼吁联合国加强与小岛屿国家各机构合作来推动这一指数。人均GDP标准不能衡量发展，遑论可持续发展”②。

其次，面临疫情与风灾叠加风险。据世界气象组织统计，2020年在大西洋上空发生的热带风暴达到了创纪录的30次，超过之前2005年28次的历史最高纪录。③ 2020—2021年，大西洋飓风的名称连续两年在飓风季来临之前用完。④ 这对当前仍在苦苦抗疫的加勒比国家和地区，尤其是尚未从先前风灾打击中完全恢复的巴哈马、多米尼克等国来说，无异于雪上加霜。

加勒比地区的独特异质性使其在应对疫情时并没有将自己与拉美国家捆绑起来，而是出人意料地选择了与太平洋岛国、非洲国家等非加太集团伙伴“同仇敌忾”。2020年5月18日，加共体与非加太集团、太平洋岛国论坛秘书处发表共同声明，向全世界展示了其共同抗击疫情的团结和意志。声明强调，除了低收入国家，小岛屿国家等最脆弱经济体亦应被国际债权人纳入抗疫债务减免序列。声明还指出，应对疫情的经济复苏举措应与实

---

① World Bank, “Debt Service Suspension Initiative”, https://www.worldbank.org/en/programs/debt-statistics/dssi.

② CARICOM, “Debt Reduction for Developing Countries Must be Part of Response to Post COVID-19 Economic Situation: CARICOM SG to UNCTAD XV”, October 6, 2021, https://caricom.org/debt-reduction-for-developing-countries-must-be-part-of-response-to-post-covid-19-economic-situation-caricom-sg-to-unctad-xv/.

③ WMO, *State of the Climate in Latin America and the Caribbean 2020*, Geneva: WMO, August 17, 2021, p. 15.

④ 《连续第二年！大西洋飓风又把名字用完了》，腾讯网，2021年11月19日，https://new.qq.com/omn/20211119/20211119A015PD00.html。

现《巴黎协定》的气候变化目标协调一致。① 可见，加勒比地区已明确将“脆弱性”视为自己在全球抗疫行动中的身份定位，明显表现出区别于拉美地区的特征。这无疑为中国和加勒比地区加强疫情应对及“后疫情”时代合作指明了方向。

三、加勒比地区的疫情应对

面对疫情输入及大规模本地传播，加勒比国家和地区与加勒比共同体、加勒比公共卫生署、泛美卫生组织等区域性国际组织以及众多域外国家和国际组织一道，展现出高度的协作精神，采取多种有力抗疫措施。尽管未能完全阻遏病毒在本地传播，但加勒比地区的努力展现出强烈的地区主义精神，给人留下了深刻印象。正如圣卢西亚总理艾伦·查斯塔内（Allen Chastanet）所强调的，在加勒比地区抗疫中，“地区主义功不可没”（Regionalism Working）。②

（一）区域性国际组织发挥主导作用

与世界其他地区相比，区域性国际组织在加勒比地区的疫情阻击战中发挥了更为重要的作用。其中，又以加勒比公共卫生署和泛美卫生组织（PAHO）的角色最为凸显。

加勒比公共卫生署（以下简称“卫生署”）是此次加勒比地区抗疫行动的领导者和重要参与者，其所发挥作用主要包括以下四方面。

一是早期病毒检测。抢在病毒输入本地区之前，卫生署位于特立尼达和多巴哥的“参考医学微生物学实验室”在 2020 年 2 月 10 日就拥有病毒检

① CARICOM, “Joint Statement by the Heads of the Organization of African, Caribbean and Pacific States, the Caribbean Community, and Pacific Islands Forum Secretariat on the COVID－19 Pandemic”, May 18, 2020, https://caricom.org/joint-statement-by-the-heads-of-the-organisation-of-african-caribbean-and-pacific-states-the-caribbean-community-and-the-pacific-islands-forum-secretariat-on-the-covid-19-pandemic/.

② CARPHA, “CARPHA Commended for Regional Response to Coronavirus COVID－19 at Heads of Government”, February 26, 2020, https://carpha.org/More/Media/Articles/ArticleID/297/CARPHA-Commended-for-Regional-Response-to-Coronavirus-COVID-19-at-Heads-of-Government.

测能力，实现了本地区零的突破。该实验室日后也成为域内部分不具备独立检测能力的国家唯一合法的检测渠道。卫生署通过协调加勒比“地区安全体系”（RSS），确保这些国家能第一时间将病例样本送至该实验室。

二是协调各方。在疫情尚未传播进本地区的2020年1月，经加勒比共同体（以下简称“加共体”）政府间协议授权，卫生署启动突发事件应对机制（IMT-ER），主持由加共体秘书处、加勒比灾害突发事件管理署、东加勒比国家组织、泛美卫生组织、加共体犯罪与安全执行署、美国疾控中心、英国公共卫生署、加拿大公共卫生署共同参加的本地区卫生安全协调机制，且每周召开三次会议①，讨论应对疫情的举措。在抗疫过程中，卫生署还受加共体指定，接收来自中国、美国、欧洲联盟等域外国家和国际组织的防疫物资捐赠。

三是专业指导。卫生署制定本地区应对疫情条例，规定各成员、邮轮行业及其他行为体的具体作用和职责，规范抗疫举措的最低标准，指导各成员有序应对疫情。② 卫生署还与专家合作，向其成员及航空、酒店行业提供技术指导，并通过视频培训、发送简报、更新数据等方式加强对各成员实验室的能力建设。③ 此外，自2020年8月起，卫生署举办多场“新冠肺炎健康圆桌”系列线上研讨会，以加强加共体各成员抗疫能力建设。④

四是舆论引导。自2020年1月21日起，卫生署开始每周定期发布三份疫情“形势报告”（Situation Report），通报全球和本地区疫情进展、本地区最新抗疫举措，普及相关疫情知识。卫生署还格外重视疫情舆论引导工作，于2020年2月中旬主持制定了预防疫情沟通战略（Communications Strategy），提升公共认知，打击媒体不实信息，降低因担心疫情暴发而引起的社交媒体恐慌。⑤

---

① CARPHA, “Coronavirus Disease (COVID-19) Pandemic”, *CARPHA Situation Report*, No. 34, April 17, 2020, p. 3.

② “CARICOM Heads, Ministers Agree on COVID-19 Protocol”, *Caricom Today*, April 8, 2020, https://today.caricom.org/2020/03/01/caricom-heads-ministers-agree-on-cov19-protocol/.

③ CARPHA, “Coronavirus Disease (COVID-19) Pandemic”, *CARPHA Situation Report*, No. 34, April 17, 2020, p. 9.

④ CARPHA, “Coronavirus Disease (COVID-19) Pandemic”, *CARPHA Situation Report*, No. 216, February 14, 2022, p. 4.

⑤ CARPHA, “CARPHA Commended for Regional Response to Coronavirus COVID-19 at Heads of Government”, February 26, 2020, https://carpha.org/More/Media/Articles/ArticleID/297/CARPHA-Commended-for-Regional-Response-to-Coronavirus-COVID-19-at-Heads-of-Government.

作为加勒比地区抗疫的另一重要支柱，泛美卫生组织亦发挥了至关重要的作用，尤其是在病毒检测能力建设上。该组织于 2020 年 2 月 12 日紧急派专家赶赴加勒比地区，为苏里南、牙买加、海地、伯利兹、多米尼克、巴巴多斯、巴哈马、圭亚那等八国实验室补充器材并进行医务人员培训，最终确保包括上述国家在内的拉美和加勒比地区 29 个实验室于 2 月 21 日之前具备完全检测能力，为日后抗疫奠定了坚实基础。① 此外，除与卫生署定期沟通、通力合作外，该组织还通过提供医疗援助、建议咨询等手段指导抗疫，比如针对圭亚那、海地等国抗疫吃紧的情况，该组织通过派遣专家组等形式送去额外援助②；2021 年 7 月，向古巴捐赠 12 吨抗疫物资；鉴于疫情加速蔓延，建议圭亚那等国采取修建专门医院等紧急措施积极应对③。该组织还建议各成员参照德国和韩国模式，采取大规模核酸筛查的方式追踪和打破病毒传播链④。“新冠疫苗实施计划”（COVAX）下的疫苗也是通过该组织向加勒比地区发放的。

其他区域性国际组织也在此次抗疫中展现了高度的合作精神。首先，地区一体化组织功不可没。加共体在其中发挥了领头羊的作用。除了组织领导人峰会外，加共体旗下的人类和社会发展理事会卫生委员会、加勒比灾害突发事件管理署更是很好地充当了不同利益攸关方的沟通协作平台，确保各方抗疫力量拧成一股绳。在疫苗接种问题上，加共体多方奔走，积极为其成员筹措疫苗。比如，加共体选择与非洲联盟合作，由后者向加勒比国家提供 150 万支疫苗⑤；加共体轮值主席亲自给世卫组织总干事写信，

---

① PAHO, “PAHO Prepares 8 Caribbean Countries for Laboratory Diagnosis of New Coronavirus”, Feburary 12, 2020, https://www.paho.org/hq/index.php?option=com_content&view=article&id=15723:paho-prepares-8-caribbean-countries-for-laboratory-diagnosis-of-new-coronavirus&Itemid=1926&lang=en.

② “PAHO to Deploy Extra COVID-19 Support to Weaker Regional Health Systems”, *Devex*, March 9, 2020, https://www.devex.com/news/paho-to-deploy-extra-covid-19-support-to-weaker-regional-health-systems-96717.

③ “‘Establish COVID-19 Hospital’ PAHO Recommends, Says It Cannot be Business As Usual”, *Guyana Chronicle*, April 4, 2020, http://guyanachronicle.com/2020/04/04/establish-covid-19-hospital-paho-recommends-says-it-cannot-be-business-as-usual.

④ “PAHO: Caribbean Countries Need to Increase Testing for COVID-19”, *Loop News*, April 21, 2020, https://www.loopslu.com/content/paho-caribbean-countries-need-increase-testing-covid-19-4.

⑤ “Government Buying COVID-19 Vaccines Under CARICOM - African Union Pact - Minister Anthony”, *DPI*, February 5, 2021, https://dpi.gov.gy/government-buying-covid-19-vaccines-under-caricom-african-union-pact-minister-anthony/.

呼吁召开全球疫苗峰会，解决疫苗公平分配问题。① 此外，加共体秘书处还出台“加共体新冠疫情食品安全行动计划”，领导协调域内各成员积极应对伴随疫情而来的粮食安全问题。②

针对东加勒比地区普遍缺乏相关医疗物资的情况，东加勒比国家组织积极作为，协助各成员采购紧缺的抗疫物资。③

其次，区域性国际金融机构雪中送炭。美洲开发银行制订120亿美元的借贷方案，帮助26个成员国应对卫生危机和经济冲击。④ 加勒比开发银行批准1.4亿美元基金支持抗疫⑤，还拿出300万美元帮助成员购买医疗物资。⑥ 东加勒比中央银行专门为其客户推出贷款推迟还款计划。⑦ 中美洲经济一体化银行也向多米尼加捐赠检测试剂盒。

（二）加勒比地区的应对举措

加勒比地区所采取的措施主要涵盖以下几个方面。

1. 推进疫苗接种

2021年1月，英属开曼群岛收到英国送来的辉瑞疫苗。⑧ 这是加勒比地区收到的第一批疫苗。此后，该地区陆续从COVAX、非洲联盟、印度、中国、美国、俄罗斯等处获得疫苗供应。值得一提的是，古巴于2021年7月和8月

① “CELAC Supports CARICOM Call for Global Vaccine Summit”, *Loop News*, March 20, 2021, https://caribbean.loopnews.com/content/celac-supports-caricom-call-global-vaccine-summit.

② “CARICOM Must Work to Strengthen Food and Nutrition Security - Laroque”, *Starbroek News*, June 5, 2020, https://www.stabroeknews.com/2020/06/05/news/regional/caricom-must-work-to-strengthen-food-and-nutrition-security-larocque/.

③ “Member Countries to Get Help from Eastern Caribbean Central Bank to Fight Coronavirus”, *BUZZ*, March 5, 2020, https://buzz-caribbean.com/news/member-countries-to-get-help-from-eastern-caribbean-central-bank-to-fight-coronavirus/.

④ “Help the Caribbean in a Pandemic”, *Caribbean Development Trends*, March 26, 2020, https://blogs.iadb.org/caribbean-dev-trends/en/helping-the-caribbean-in-a-pandemic/.

⑤ Caribank, “CDB Makes USMYM140 Million Available to Counter the COVID-19 Pandemic and Other Disasters”, April 3, 2020, https://www.caribank.org/newsroom/news-and-events/cdb-makes-us140-million-available-counter-covid-19-pandemic-and-other-disasters.

⑥ “CDB to Provide USMYM3 Million for Equipment in Response to COVID-19 Pandemic”, *BUZZ*, April 8, 2020, https://buzz-caribbean.com/news/cdb-to-provide-us3-million-for-equipment-in-response-to-the-covid-19-pandemic/.

⑦ “ECCB Focussed on Serving the Region in Light of COVID-19”, *Loop News*, April 12, 2020, https://www.loopslu.com/content/eccb-focussed-serving-region-light-covid-19-3.

⑧ CARICOM, “COVID-19 Vaccine Arrives in the Region”, January 6, 2021, https://caricom.org/covid-19-vaccine-arrives-in-the-region/.

相继批准“阿夫达拉”（Abdala）、“主权 02”（Soberana 02）和“主权 plus”（Soberana Plus）等三款自研疫苗的紧急使用授权，使其成为加勒比地区乃至拉美和加勒比地区唯一有能力自行研制和生产疫苗的国家。尽管加勒比国家获得并接种疫苗的时间并不比拉美国家晚多少①，也不乏古巴这样接种率（83%）仅次于阿联酋而排名世界第二②的“凤毛麟角”国家，但加勒比地区在疫苗接种速度及普及率上仍比中北美洲及南美洲要落后不少。据统计，截至 2021 年 11 月，加勒比地区完成完全接种的人口比例低于 30%，远低于拉美地区 43%、美国和加拿大 58%的水平。③ 拉美和加勒比地区疫苗平均接种率最低的国家均位于加勒比地区，其中海地仍不足 1%，牙买加仅 20%，圣文森特和格林纳丁斯为 24%（见表 4-2）。④

表 4-2　加勒比地区新冠疫苗接种情况（截至 2021 年最后一周）

序号*	国家/地区**	疫苗接种数量	疫苗品种
1	古巴	30493043	阿夫达拉、主权 plus、主权 02
2	多米尼加	14083303	阿斯利康、新冠盾牌、中国科兴
3	波多黎各	5915672	强生、莫德纳、辉瑞
4	特立尼达和多巴哥	1402345	阿斯利康、中国国药、强生、辉瑞、新冠盾牌
5	牙买加	1208785	阿斯利康、中国国药、强生、辉瑞、新冠盾牌
6	圭亚那	762307	阿斯利康、中国国药、莫德纳、辉瑞、卫星-5、新冠盾牌
7	苏里南	510934	阿斯利康、中国国药、莫德纳、辉瑞、新冠盾牌
8	伯利兹	426057	阿斯利康、中国国药、强生、辉瑞、新冠盾牌
9	巴哈马	300214	阿斯利康、强生、辉瑞、新冠盾牌
10	巴巴多斯	298361	阿斯利康、中国国药、强生、辉瑞、新冠盾牌

① 2020 年 12 月，墨西哥启动拉美第一个疫苗接种计划。

② “Cuba Soars to Nearly Top of COVID Vaccination Charts on Decades-old Bet”, *Reuters*, December 21, 2021, https://www.reuters.com/world/americas/cuba-soars-near-top-covid-vaccination-charts-decades-old-bet-2021-12-20/.

③ ECLAC, *Reckoning with COVID-19: Pursuing a People Centered Recovery and More Resilient Future for the Caribbean*, Santiago: ECLAC, November 5, 2021, p. 5.

④ Congressional Research Service, “Latin America and the Caribbean: Impact of COVID-19”, May 4, 2022, https://sgp.fas.org/crs/row/IF11581.pdf.

续表

序号*	国家/地区**	疫苗接种数量	疫苗品种
11	瓜德罗普	296509	阿斯利康、莫德纳、强生、辉瑞
12	马提尼克	281406	辉瑞
13	库拉索	217092	莫德纳、辉瑞
14	海地	197175	强生、莫德纳
15	法属圭亚那	171617	莫德纳、辉瑞
16	阿鲁巴	163536	强生、辉瑞
17	开曼群岛	132510	辉瑞
18	安提瓜和巴布达	121146	阿斯利康、中国国药、强生、辉瑞、卫星-5、新冠盾牌
19	百慕大群岛	112154	阿斯利康、辉瑞
20	圣卢西亚	107524	阿斯利康、辉瑞、新冠盾牌
21	格林纳达	79735	阿斯利康、强生、辉瑞、新冠盾牌
22	圣文森特和格林纳丁斯	61198	阿斯利康、辉瑞、卫星-5、卫星-Light、新冠盾牌
23	多米尼克	58975	阿斯利康、中国国药、辉瑞、新冠盾牌
24	特克斯和凯科斯群岛	56343	辉瑞
25	圣基茨和尼维斯	54868	阿斯利康、辉瑞、新冠盾牌
26	圣马丁（荷属）	52434	阿斯利康、莫德纳、辉瑞
27	英属维尔京群岛	35851	阿斯利康、强生
28	博奈尔	32581	辉瑞
29	安圭拉	20284	阿斯利康、辉瑞
30	萨巴	3142	莫德纳
31	蒙特塞拉特	3053	阿斯利康
32	圣尤斯特歇斯	3014	强生、莫德纳
	加勒比地区	57663168	

* 按接种总数降序排列。

** 缺少法属圣马丁、法属圣巴泰勒米、美属维尔京群岛的数据。

数据来源：泛美卫生组织网站，https：//ais. paho. org/imm/IM_ DosisAdmin-Vacunacion. asp。

2. 强化顶层设计，集中力量抗击疫情

一是加强顶层协调。古巴、特立尼达和多巴哥、格林纳达、巴哈马、伯利兹等国成立疫情应对部际协调机制。古巴、巴巴多斯、巴哈马等国制订了专门的疫情应对计划。

二是强化流行病学应对举措。首先是加强入境管控。各国家或地区均在入境口岸实施严格的检测、登记、监视程序。多米尼加、圣文森特和格林纳丁斯还采取指定专门入境机场、港口的方式，对旅客进行集中检测。其次是强化隔离观察及诊治措施。比如，各国家或地区参照中国经验，将部分医院及机构改造成专门收治、隔离病例的定点医院。中国企业加班加点施工，仅用 7 天时间就建起一座特立尼达和多巴哥版“火神山”医院。[①] 牙买加依法严厉处置一名逃脱隔离机构的患者。[②] 此外，鉴于部分地区出现社区传播，各国家或地区立即行动，成立专门应对小组等来开展流行病学调查。特立尼达和多巴哥还与加勒比航空公司合作，开展圭亚那病例流行病学调查。开曼群岛对公民展开大规模筛查。[③] 特立尼达和多巴哥称将为每个公民配发口罩。[④]

三是强化医疗体系能力建设。古巴加紧药物研发力度，宣称有能力生产超过 20 种治疗病毒的药物，其中一款抗病毒干扰素甚至已获得中国卫健部门认可。[⑤] 海地着手对全国私立医院医护人员进行培训，缓解公立医院压力。海地等国还专门建立疫情热线。[⑥]

3. 采取严格的社会管控措施，保证民众安全

一是实施旅行禁令或封锁边境等严厉措施，阻断病毒输入。特立尼达

① 《中国铁建国际抢建特立尼达和多巴哥“火神山医院”》，中国发展门户网，2020 年 3 月 27 日，http：//cn. chinagate. cn/news/2020-03/27/content_ 75867993. htm。

② “Jamaican Man Who Fled COVID-19 Quarantine Could Face Charges”, *Stabroek News*, March 11, 2020, https：//www. stabroeknews. com/2020/03/11/news/regional/jamaica/jamaian-man-who-fled-covid-19-quarantine-could-face-charges/.

③ “Cayman：Mass COVID-19 Testing Has Begun”, *Loop News*, April 21, 2020, https：//www. loopslu. com/content/cayman-mass-covid-19-testing-has-begun-4.

④ “T&T Gov't Extends Stay-at-home Order; to Start Distributing Masks to the Public”, *BUZZ*, April 7, 2020, https：//buzz-caribbean. com/news/tt-govt-extends-stay-at-home-order-to-start-distributing-masks-to-the-public/.

⑤ “Cuban President Highlights Combat Against COVID-19”, *Plenglish*, March 14, 2020, https：//www. plenglish. com/index. php? o=rn&id=53363&SEO=cuban-president-highlights-combat-against-covid-19.

⑥ VOA, “Haiti Intensifies Coronavirus Preparations”, March 12, 2020, https：//www. voanews. com/science-health/coronavirus-outbreak/haiti-intensifies-coronavirus-preparations.

和多巴哥、牙买加、巴哈马、圭亚那、格林纳达、安提瓜和巴布达、伯利兹、海地、圣卢西亚等国较早实行旅行禁令，初期针对中国，后又扩至意大利、韩国、新加坡、伊朗、西班牙、英国等国。苏里南、格林纳达、特立尼达和多巴哥等国采取了封国的极端措施。特立尼达和多巴哥甚至不允许滞留巴巴多斯的本国公民入境。① 特立尼达和多巴哥、牙买加、巴哈马、安提瓜和巴布达、多米尼加、海地、圣卢西亚、开曼群岛等禁止载有疑似或发热病例的邮轮及私人飞机停靠。

二是强化社会管制。根据“社交距离”（Social Distancing）要求，特立尼达和多巴哥、牙买加、格林纳达、巴哈马、安提瓜和巴布达等国采取严格宵禁措施，阻止病毒传播。特立尼达和多巴哥总理甚至将当前疫情比作战争，呼吁公民严格遵守“社交距离”要求，在战时“寻找掩护”②。特立尼达和多巴哥、牙买加、格林纳达、圭亚那等国宣布关闭学校，但通过远程教育的方式进行线上授课。牙买加、圭亚那、格林纳达、安提瓜和巴布达等国取消或推迟狂欢节、国际体育赛事等大型活动，多米尼克、巴巴多斯、圣卢西亚甚至颁布禁酒令③，力避人群聚集。格林纳达宣布禁止外人在疫情期间探监。④牙买加还将整个国家宣布为疫区，为政府采取必要抗疫行动赋权。⑤

三是加强舆论引导与控制。特立尼达和多巴哥总理不仅发表专门讲话，号召民众不要传播虚假信息，不要参与任何囤货行动，还与泛美卫生组织、中国驻该国大使馆合作，谴责报刊刊登关于质疑中国国药疫苗效力的文章。⑥ 牙买加、圭亚那、苏里南等国卫生部通过定期发布公告、召开新闻发

① “Trinidad Defends Decision Not to Reopen Borders for Citizens Stranded in Barbados”, *BUZZ*, March 25, 2020, https: //buzz-caribbean. com/news/trinidad-defends-decision-not-to-reopen-borders-for-citizens-stranded-in-barbados/.

② “PM Urges Citizens to ‘Take Cover’ as Wages War against COVID-19”, *Loop News*, March 30, 2020, https: //www. loopslu. com/content/pm-urges-citizens-take-cover-tt-wages-war-against-covid-19-4.

③ “Lifting of COVID-19 Liquor Ban in St Lucia being Considered”, *Loop News*, April 22, 2020, https: //www. loopslu. com/content/lifting-covid-19-liquor-ban-st-lucia-being-considered.

④ “No Visitors for Some Prisoners in Grenada during Coronavirus Outbreak”, *BUZZ*, March 13, 2020, https: //buzz-caribbean. com/article/no-visitors-for-some-prisoners-in-grenada-during-coronavirus-outbreak/.

⑤ “Jamaica Declared Disaster Area, Restriction Now on Travel from United Kingdom”, *The Gleaner*, March 13, 2020, http: //jamaica-gleaner. com/article/lead-stories/20200313/covid-19-jamaica-declared-disaster-area-restriction-now-travel-united.

⑥ “PM, PAHO, Chinese Embassy Condemn Trinidad News Report on Sinopharm”, *Starbroek News*, December 20, 2021, https: //www. stabroeknews. com/2021/12/20/news/regional/trinidad/pm-paho-chinese-embassy-condemn-trinidad-news-report-on-sinopharm/.

布会等手段，向民众传递正确信息。牙买加、圣卢西亚政府逮捕散布疫情不实信息者并提起公诉。

4. 实施经济干预政策

一是加强财政刺激。牙买加、巴巴多斯、格林纳达等国实施反周期财政政策，扩大财政专项投入，以应对旅游业下滑及国际供应链中断所造成的国民收入减少和就业不足等经济问题。圭亚那实行减税政策帮助企业和个人渡过难关。①

二是稳定市场秩序。安提瓜和巴布达表示要采取措施在短时间内提高食品生产和加工能力，防止国际贸易萎缩引发食品短缺。② 苏里南等国采取措施，管控哄抬物价行为。

5. 加强域内跨境协作，共同抗击疫情

由于卫生署病毒检测实验室位于特立尼达和多巴哥，该国政府发扬国际主义精神，在病例样本通关及运输方面为加勒比地区伙伴提供便利条件，得到普遍赞扬。古巴派出医护人员到牙买加、特立尼达和多巴哥、苏里南、圣基茨和尼维斯、巴巴多斯、圣卢西亚协助抗疫，并向圣文森特和格林纳丁斯提供自产“阿夫达拉”疫苗。③ 巴巴多斯成立紧急医疗队，以便在必要时帮助邻国抗疫，得到泛美卫生组织表扬。④ 圭亚那和苏里南共同宣布封锁界河渡口，最大限度减少不必要的人员往来。苏里南和法属圭亚那在界河开展联合巡逻，严厉打击非法偷渡行为。开曼群岛将其自韩国采购的 20 万份检测试剂中的 10 万份以成本价提供给急需的本地区伙伴。⑤

6. 寻求域外资金援助

安提瓜和巴布达总理加斯顿·布朗代表加勒比地区向国际货币基金组织和世界银行写信求援，请求宽限还款时间甚至减免贷款，为本地区

① “Guyana Announces Additional Tax Relief Measures”, *BUZZ*, April 8, 2020, https://buzz-caribbean.com/news/guyana-announces-additional-tax-relief-measures/.

② Antigua & Barbuda High Commission, “Update on the Government of Antigua and Barbuda's Response to COVID-19 (Coronavirus)”, March 12, 2020, https://antigua-barbuda.com/update-on-the-government-of-antigua-and-barbudas-response-to-covid-19-coronavirus.

③ “Vincentians Have Access to Cuban Abdala Vaccine”, *Loop News*, December 16, 2021, https://caribbean.loopnews.com/content/vincentians-have-access-cuban-abdala-vaccine.

④ “The Region Can Learn from the COVID-19 Response in Barbados”, *Loop News*, April 7, 2020, https://www.loopslu.com/content/paho-region-can-learn-covid-19-response-barbados-4.

⑤ “Cayman Selling 100, 000 Excess COVID-19 Testing Kits to the Region at Cost”, *Loop News*, April 11, 2020, https://www.loopslu.com/content/cayman-selling-100000-excess-covid-19-test-kits-region-cost-4.

纾困。[1] 牙买加、格林纳达等国向国际货币基金组织“快速融资工具”提出资金援助请求。[2] 巴巴多斯请求国际货币基金组织放宽对其财政约束，以便更好应对疫情。[3] 巴巴多斯、格林纳达、苏里南等国还对世界银行的疫情纾困计划表示欢迎。

（三）域外国家和国际组织大力支持

1. 中国

疫情传入加勒比地区以来，中国向该地区提供了全面且富有成效的援助及支持。在区域层面，2020 年 3 月，中国同拉美和加勒比国家举行新冠疫情专家视频交流会，加勒比国家广泛参与；2020 年 5 月和 12 月，中国两次同加勒比建交国（不含古巴、多米尼加）举行应对新冠疫情副外长级特别会议；中国还先后两次向加共体秘书处提供了合计价值 80 万元人民币的抗疫物资。[4][5] 在双边层面，中国对加勒比建交国的支持都堪称全方位，其中包括：（1）向除了古巴、格林纳达、巴哈马之外的所有地区建交国援助中国国产疫苗；（2）协助特立尼达和多巴哥等国采购中国疫苗；（3）中国中央和地方政府、中资企业、民间机构等向地区各国中央和地方、医疗机构等捐赠多批次抗疫物资；（4）在抗疫初期组织线上专家视频会，向加方分享抗疫经验。

2. 美国

在基本满足国内疫苗接种需求后，美国拜登政府直到 2021 年 6 月初才决定拿出 8000 万剂疫苗来与全球分享，其中的 2000 万剂分配给拉美和加勒比地区。其中，美国承诺向加共体捐赠 550 万剂、向多个加勒比国家捐赠

---

① CARICOM，“Caribbean Needs Financial Backing”，April 3，2020，https：//caricom. org/caribbean-needs-financial-backing/.

② “Jamaica Taps IMF for Funding to Cushion COVID－19 Fallout”，*Loop News*，April 16，2020，https：//www. loopjamaica. com/content/jamaica-taps-imf-funding-cushion-covid-19-fallout.

③ “Barbados to Seek Relief from IMF in the Wake of COVID－19”，*Jamaica Observer*，March 13，2020，http：//www. jamaicaobserver. com/business-report/barbados-to-seek-relief-from-imf-in-wake-of-covid-19_189426.

④ 《宋昱旻大使向加勒比地区公共卫生署移交中方援助加共体秘书处抗疫物资》，中国外交部网站，2020 年 7 月 16 日，https：//www. mfa. gov. cn/ce/cett/chn/sgxw/t1798056. htm。

⑤ 《方遒大使出席中国政府援助加共体秘书处抗疫物资交接仪式》，中国外交部网站，2021 年 10 月 9 日，https：//www. mfa. gov. cn/ce/cett/chn/sgxw/t1913289. htm。

100 多万剂。此外，美国还向加勒比地区捐赠资金和物资。比如，2020 年，美国通过其“加勒比韧性伙伴关系”合作机制向该地区捐助 300 万美元抗疫资金。① 2021 年 10 月，美国国际开发署宣布向巴哈马、圭亚那、苏里南、特立尼达和多巴哥等国提供 250 万美元援助，用于抗击新冠疫情。疫情发生以来，美国国际开发署已向加勒比地区提供约 6300 万美元抗疫援助。2020 年 5 月，美国向特立尼达和多巴哥捐赠两座战地医院，应对第三波疫情。

3. 欧洲联盟

2020 年 4 月，欧洲联盟向加勒比公共卫生署提供 800 万欧元赠款，用来向 COVAX 支付购买疫苗的订金。② 2021 年 7 月，欧洲投资银行和加勒比开发银行合作，向加勒比开发银行借款国提供 3000 万欧元用以购买疫苗，进行公共卫生投资。③

4. 印度

在抗疫过程中，印度是最早以及最积极援助加勒比地区的域外国家。2020 年 5 月，印度向圣卢西亚等国捐赠资金及医疗物资。印度还是最早向加勒比地区捐赠疫苗的域外国家。早在 2021 年 2 月，印度就向巴巴多斯、多米尼克捐赠十余万剂疫苗。加共体秘书处最早收到的 100 剂疫苗捐赠就是由巴巴多斯转赠的印度疫苗。④ 2021 年 4 月前，加勒比国家收到的所有疫苗都来自印度。⑤

5. 俄罗斯

在支持加勒比地区抗疫方面，俄罗斯的力度相对较弱。⑥ 截至 2021 年

① “US Gov’t Provides GMYM100M for Guyana to Combat COVID－19”, *St. Lucia News Online*, April 23, 2020, https://www.stlucianewsonline.com/us-govt-provides-g100m-for-guyana-to-combat-covid-19/.

② CARPHA, “CARPHA Partners with the EU and PAHO to Ensure Caribbean States’ Equitable Access to COVID-19 Vaccine”, October 16, 2020, https://carpha.org/More/Media/Articles/ArticleID/371/CARPHA-Partners-with-the-EU-and-PAHO-to-Ensure-Caribbean-States%E2%80%99-Equitable-Access-to-COVID-19-Vaccine.

③ Caribbean Development Bank, “Caribbean Development Bank and European Investment Bank Announce EUR 30m Agreement for Vaccines and Healthcare”, July 20, 2021, https://www.caribank.org/newsroom/news-and-events/caribbean-development-bank-and-european-investment-bank-announce-eur-30m-agreement-vaccines-and.

④ CARICOM, “Secretary-general Praises Strong CARICOM Solidarity in COVID-19 Vaccine Sharing”, February 12, 2021, https://caricom.org/secretary-general-praises-strong-caricom-solidarity-in-covid-19-vaccine-sharing/.

⑤ “Rowley: No Vaccines to Buy, or Beg”, *Starbroek News*, May 17, 2021, https://www.stabroeknews.com/2021/05/17/news/regional/trinidad/rowley-no-vaccines-to-buy-or-beg/.

⑥ Ambassador James Brewster and Wazim Mowla, *The Strategic Importance of Sending US Vaccines to the Caribbean*, Washington, DC: Atlantic Council, June 2021, p. 8.

年底，俄罗斯分别向圭亚那、安提瓜和巴布达、圣文森特和格林纳丁斯提供 30 万剂、1000 剂①和 5 万剂②自产的“卫星”系列疫苗。

6. 非洲联盟

2020 年 7 月，加共体获准进入由非洲联盟发起的“非洲医药供应平台”采购疫苗和其他抗疫物资。非洲联盟承诺向加共体成员提供 150 万剂强生疫苗③，第一批疫苗于 2021 年 8 月启运。在 2021 年 9 月 7 日召开的第一届“非洲联盟—加勒比峰会”上，双方领导人强调，应充分利用世界贸易组织提出的新冠疫苗知识产权豁免机会，推动在非洲和加勒比地区建立疫苗生产基地。④

7. 加拿大

2020 年 12 月，加拿大通过泛美卫生组织向加勒比地区捐赠 600 万加拿大元，帮助该地区加强抗疫能力建设。⑤ 在疫苗方面，截至 2021 年年底，加拿大分别通过 COVAX 和双边渠道向牙买加捐赠 670400 剂疫苗，巴巴多斯 30000 剂，圣文森特和格林纳丁斯 20000 剂，特立尼达和多巴哥 82030 剂。⑥

8. 日本

疫情发生以来，日本在加勒比地区大力开展抗疫外交，通过双、多边渠道向加勒比国家和区域性国际组织捐赠了大批资金与物资。比如，日本

① “Antigua & Barbuda Begins Roll-out of Sputnik & Pfizer COVID-19 Vaccine”, *Loop News*, August 16, 2021, https://caribbean.loopnews.com/content/antigua-barbuda-begins-roll-out-sputnik-pfizer-covid-19-vaccine.

② “SVG: 50, 000 Russian Sputnik V. Vaccine Dose Arrive”, *Loop News*, July 15, 2021, https://caribbean.loopnews.com/content/svg-50000-russian-sputnik-v-vaccine-doses-arrive.

③ “African Union Making Johnson & Johnson Vaccines Available to CARICOM”, *The Gleaner*, May 31, 2021, https://jamaica-gleaner.com/article/caribbean/20210531/african-union-making-johnson-johnson-vaccines-available-caricom.

④ CARICOM, “CARICOM African Leaders Identify Areas of Cooperation at Historic First Summit”, September 9, 2021, https://caricom.org/caricom-african-leaders-identify-areas-of-co-operation-at-historic-first-summit/.

⑤ High Commission of Canada in Trinidad and Tobago, “Canada Will Contribute MYM6M CAD to the Caribbean Region as Part of MYM50M CAD Contribution to Support Regional Governments in Their Efforts to Manage the COVID-19 Pandemic via PAHO”, June 11, 2021, https://www.canadainternational.gc.ca/trinidad_and_tobago-trinite_et_tobago/offices-bureaux/Can_COVID19_PAHO-Can_COVID19_OPS.aspx?lang=eng.

⑥ Government of Canada, “Canada's International Vaccine Donation”, https://www.international.gc.ca/world-monde/issues_development-enjeux_developpement/global_health-sante_mondiale/vaccine_donations-dons_vaccins.aspx?lang=eng.

向加勒比公共卫生署捐赠检测工具，向圭亚那、牙买加、苏里南提供资金，用于购买检测试剂①；与卫生署签署协议，助其加强应对本地区公共卫生事件的能力②；通过向联合国儿童基金会、联合国项目事务署等多边机构捐资，向牙买加、海地、伯利兹、苏里南、特立尼达和多巴哥等国提供冷链等抗疫必需医疗设备。③ 截至 2021 年年底，日本尚未向加勒比地区捐赠任何疫苗。

四、结语

尽管脆弱性有所提升且仍存在不确定性、不稳定性，但总体来看，加勒比地区基本经受住了这场新冠疫情的初步考验。一方面，多边主义与国际合作构成了它们抗疫的“法宝”，在很大程度上弥补了其体量小的先天劣势；另一方面，古巴自研疫苗成功并对外输出，甚至在全球抗疫行动中留下了浓墨重彩的一笔，深刻彰显出加勒比地区英勇顽强的斗争精神。不仅如此，在聚焦后疫情时代、如何实现绿色复苏的问题上，加勒比国家还率先提出了改革国际发展援助体系的诉求，获得大多数国家的支持。尽管加勒比地区和拉美地区通常被当作一个整体看待，但加勒比地区在遭受疫情冲击以及抗疫方面表现出了与拉美地区颇为不同的特征。

① CARICOM, “CARPHA Strengthens its COVID-19 Testing Capacity with Japan Donation”, October 7, 2021, https: //caricom. org/carpha-strengthens-its-covid-19-testing-capacity-with-japan-donation/.

② CARPHA, “JICA and CARPHA Signed Agreement for New Cooperation Against COVID-19”, November 12, 2021, https: //carpha. org/More/Media/Articles/ArticleID/537/JICA-and-CARPHA-Signed-Agreement-for-New-Cooperation-Against-COVID-19.

③ UNICEF, “Japan Contributes USMYM1. 22 Million to Enhance Cold Chain Capacity for COVID-19 Vaccination in Jamaica”, April 28, 2021, https: //www. unicef. org/jamaica/press-releases/japan-contributes-us122-million-enhance-cold-chain-capacity-covid-19-vaccination. “Japan and UNOPS Support Strengthening of Health Systems to Treat COVID-19 in the Caribbean”, United Nations, March 9, 2021, https: //belize. un. org/index. php/en/115650-japan-and-unops-support-strengthening-health-systems-treat-covid-19-caribbean.

第五章　2021年加勒比地区旅游业发展形势

肖岚①

摘　要： 旅游业是加勒比地区经济发展的重要引擎。遭受新冠疫情的严重冲击后，2021年加勒比地区旅游业有所回暖，入境人数明显回升，游客数量同比增加60%—70%，邮轮业、酒店业和航空业均呈现可观发展势头，一些国家和地区旅游业发展甚至逼近疫情前水平。然而，全球疫情不断升级，加之社会问题突出、自然灾害频发，旅游业整体复苏步伐放缓。加勒比地区积极应对，针对入境防疫、疫苗接种以及疫情引发的失业、企业生存问题推出组合拳，并通过积极开展旅游营销和旅游数字化建设来拓展旅游市场。展望未来，在国际旅游市场逐渐开放的形势下，2022年该地区旅游业有望继续增长，但由于疫情带来的不确定性，短期内难以实现强势反弹，要完全恢复仍前路漫漫。

关键词： 加勒比地区　旅游业　缓慢复苏　新冠疫情

一、加勒比地区旅游业概况

（一）加勒比地区旅游资源概况

加勒比地区的气候属于典型的热带气候，地质变化和海陆变迁造就了

① 肖岚：博士，天津外国语大学国际商学院副教授。

加勒比丰富多样的旅游景观，明媚的阳光、清澈的海水和风姿迥异的大海成为这里的旅游名片。加勒比地区由火山、丘陵、沼泽等特殊地质形成的国家公园为数众多，热带植物和珍禽异兽独具特色。除丰富的自然资源外，古城、港口和种植园等各类人文景观见证了各地的殖民历史和发展历程。世界遗产代表着人类文明最卓越成果和自然至美，也是加勒比旅游资源的重要构成。联合国教科文组织（UNESCO）世界遗产统计数据显示，截至 2021 年 7 月第 44 届世界遗产大会，加勒比地区共拥有 22 项世界遗产（见表 5-1），其中世界文化遗产 15 项、自然遗产 6 项、文化和自然双重遗产 1 项，分布在 13 个国家和地区。

表 5-1　加勒比地区世界遗产名录

遗产名称	遗产类别	所属国家或地区
国家历史公园：城堡、圣苏西宫、拉米尔斯堡垒（1982 年）	文化遗产	海地
哈瓦那古城及其防御工事（1982 年）	文化遗产	古巴
波多黎各的古堡与圣胡安历史遗址（1983 年）	文化遗产	波多黎各
特立尼达和因赫尼奥斯山谷（1988 年）	文化遗产	古巴
圣多明各殖民城市（1990 年）	文化遗产	多米尼加
伯利兹大堡礁保护区系统（1996 年）	自然遗产	伯利兹
安的列斯群岛的威廉斯塔德、内城及港口古迹区（1997 年）	文化遗产	库拉索
古巴圣地亚哥的圣佩德罗德拉罗卡城堡（1997 年）	文化遗产	古巴
莫尔纳特鲁瓦皮斯通斯国家公园（1997 年）	自然遗产	多米尼克
布里姆斯通山城堡国家公园（1999 年）	文化遗产	圣基茨和尼维斯
比尼亚莱斯山谷（1999 年）	文化遗产	古巴
德桑巴尔科国家公园（1999 年）	自然遗产	古巴
苏里南中部自然保护（2000 年）	自然遗产	苏里南
古巴东南第一座咖啡种植园考古风景区（2000 年）	文化遗产	古巴
亚历山大·洪堡国家公园（2001 年）	自然遗产	古巴
帕拉马里博内城（2002 年）	文化遗产	苏里南
皮通山保护区（2004 年）	自然遗产	圣卢西亚

续表

遗产名称	遗产类别	所属国家或地区
西恩富戈斯历史城区（2005 年）	文化遗产	古巴
卡马圭历史中心（2008 年）	文化遗产	古巴
布里奇敦及其驻军（2011 年）	文化遗产	巴巴多斯
蓝山和约翰克洛山（2015 年）	双重遗产	牙买加
安提瓜海军造船厂及相关考古遗址（2016 年）	文化遗产	安提瓜和巴布达

注：表中的时间为申遗成功的年份。

资料来源：World Heritage List，http：//www.whc.unesco.org/en/list/，访问时间：2021 年 11 月 22 日。

（二）加勒比地区旅游业发展沿革

旅游业作为加勒比地区的重要产业，对其经济的影响超过世界上任何其他地区。20 世纪 60 年代以来，加勒比地区在经历了独立和后农业时代后，逐渐转型发展旅游业。1970 年，加勒比地区接待游客数量达到 400 万人次。过去的半个世纪里，加勒比旅游业虽不断受到全球经济危机、石油危机和国际战争等因素的影响，但仍呈现持续增长趋势。2000 年，加勒比地区游客数量猛增至 1710 多万人次，年均增长率约为 5%，很好地实现了增加外汇、提高收入和创造就业的目的。近 20 年来，加勒比旅游业呈现强劲发展势头。旅游业产值约占加勒比地区 GDP 的 15%，游客数量每年约有 3000 万人次。作为高度劳动密集型产业，旅游业为加勒比地区提供了 240 万个就业岗位，占社会总就业人数的 15.5%，如果考虑间接就业和诱导就业，这一数字可能会上升到 43.1%，安提瓜和巴布达旅游业对社会总就业的贡献高达 90%。①

加勒比是全球旅游业最密集的地区，大部分国家和地区将旅游业作为支柱产业和中长期发展战略的重要内容。世界上对旅游业依存度最高的 10 个经济体中，有 7 个在加勒比地区，其中英属维尔京群岛、安提瓜和巴布达的旅游业占比 75%，有 4 个占比在 50%—75%之间，有 10 个经济体占比在

① ILO，*Tourism Sector in the English- and Dutch- Speaking Caribbean：An Overview and the Impact of COVID-19 on Growth and Employment*，July2020，p. 9.

25%—50%之间，还有4个经济体占比低于10%。①

2020年加勒比旅游业虽遭受重创，但仍对加勒比许多国家和地区经济发展起到重要推动作用。如图5-1所示，2020年阿鲁巴旅游收入对GDP的贡献高达44%，圣卢西亚、美属维尔京群岛、安提瓜和巴布达、圣基茨和尼维斯以及巴哈马旅游收入占GDP的比重均达到20%以上。

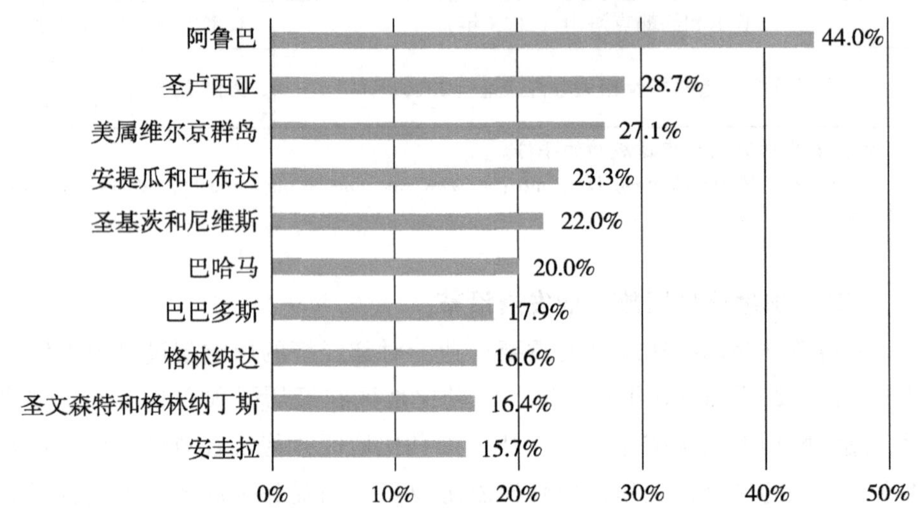

图5-1　2020年旅游收入占GDP比重最高的加勒比国家和地区

资料来源：Statista，https：//www.statista.com/statistics/789517/caribbean-direct-contribution-travel-tourism-gdp-country/，检索时间：2022年1月5日。

21世纪初，加勒比旅游业进入繁荣期，加勒比旅游组织（CTO）统计数据显示，2019年赴加勒比地区的过夜游客和邮轮游客人数均创历史新高，过夜游客人数增长4.4%，达到3150万人次，超过世界旅游组织报告的3.8%的国际增长率和美洲最高的增长率。其中，邮轮游客数量达到3020万人次，增加了3.4%，连续7年保持增长势头。②

然而，随着2020年新冠疫情在全球蔓延，加勒比旅游业遭受了前所未有的冲击。出于疫情防控需要，2020年3月加勒比各地相继关闭边境后，

① http：//www.scio.gov.cn/37259/Document/1596195/1596195.htm，检索时间：2022年1月12日。

② https：//www.onecaribbean.org/statistics/annual-reviews-prospects/，检索时间：2022年2月6日。

旅游业一度停滞，对经济发展和社会就业造成严重影响。加勒比旅游组织统计数据显示，2020 年加勒比地区接待游客数量仅 1100 万人次，与 2019 年相比下降了 65.5%。①

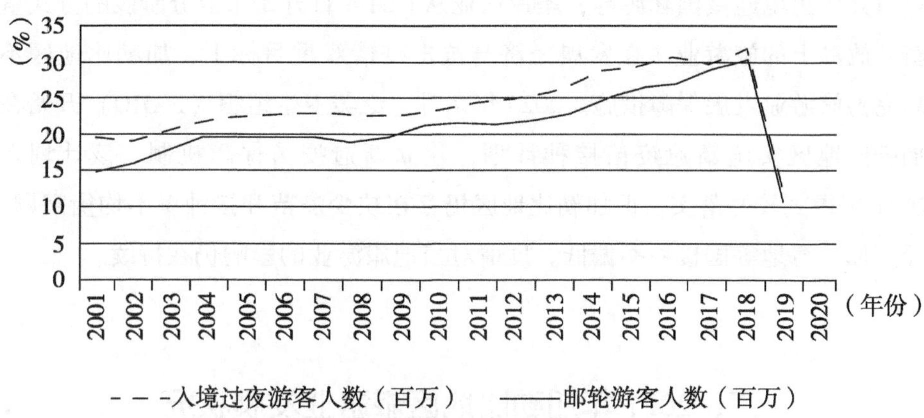

图 5-2　2001—2020 年加勒比地区游客人数

资料来源：根据 ECLAC 数据整理，https：//statistics. cepal. org/portal/cepalstat/dashboard. html？theme=2&lang=en，检索时间：2022 年 1 月 18 日。

在各旅游部门中，邮轮业受到的冲击尤其严重。从 2010 年到 2018 年，加勒比邮轮业平均每年增长 8%。2019 年，该地区接待了 38%的全球邮轮乘客和 34%的邮轮停靠。受新冠疫情的冲击，加勒比地区 2020 年 3 月中旬的邮轮旅游人数几乎降至零。邮轮旅游是加勒比旅游业的重要组成部分，加勒比海作为世界上最大的内海，也是沿岸国最多的海洋。源于得天独厚的地理条件和丰富的人文体验，加勒比海区域始终是全球邮轮航线最多的区域，邮轮游客数量居全球首位，占全球邮轮市场 40%以上。这里有东加勒比海航线、西加勒比海航线、南加勒比海航线和巴哈马航线等四条主要邮轮航线，往返于加勒比海区域的大多数邮轮都从美国港口出发，停靠至少一个加勒比地区港口，2020 年美国疾病控制和预防中心（CDC）的一纸“禁航令”使加勒比邮轮业陷入长达八个月的沉寂，邮轮游客数量降至 1100 万人次，仅为上年度的 1/3 左右。2021 年，加勒比邮轮业依然在重重困境

① https：//www. onecaribbean. org/caribbean-tourism-performance-report-2020/，检索时间：2022 年 2 月 6 日。

中不断尝试，努力寻求复苏机会。

为了恢复经济，一些加勒比国家和地区从 2020 年 6 月陆续开放边境并恢复国际航班，如安提瓜和巴布达于 6 月 1 日开放边境，牙买加 6 月 15 日重新开放边境迎接国际游客，圣卢西亚从 6 月 4 日开始采取分阶段的方式重新开放岛上的旅游业。在发展经济与抗击疫情双重目标下，加勒比地区不断完善旅游业发展保障措施。2020 年 7 月，泛美卫生组织（PAHO）开始在加勒比地区实施新冠疫苗接种计划，建立新冠疫苗保障机制。该计划在 2021 年得到较好落实，但加勒比地区仍存在缺少疫苗和接种率不均衡问题，牙买加、海地等国接种率偏低。疫情对当地旅游业的影响仍在持续。

二、2021 年加勒比地区旅游业发展状况

面对国际环境的不确定性，加勒比地区旅游业 2021 年在重创后缓慢复苏，总体表现优于世界其他地区。联合国世界旅游组织（UNWTO）发布的数据表明，2021 年全球旅游业较 2020 年增长了 4%，但初步估计国际游客人数仍比 2019 年大流行前一年低 72%。而在全球各地区中，加勒比地区的表现最好，虽相较 2019 年同期发展水平低 37%，但比 2020 年同期增长了 63%，一些旅游目的地接近或超过大流行前的水平。① 据加勒比旅游组织统计，2021 年 1 月至 6 月加勒比地区接待国际游客数量为 660 万人次，同比下降 12%；1 月至 5 月国际游客数量为 520 万人次，同比下降 30. 8%，好于全球 65. 1%的平均降幅。该地区旅游业第二季度表现尤为强劲，主要得益于国际旅行限制放宽和美国赴加游客数量激增。2021 年第三季度，加勒比地区接待游客数量达到 540 万人次，虽较 2019 年有所下降，但游客数量几乎是 2020 年同期的 3 倍。由此，预计全年游客人数将比 2020 年的水平高出 60%—70%。②

① https：//www. onecaribbean. org/category/blog/2021-news/page/9/，检索时间：2022 年 2 月 15 日。

② https：//www. onecaribbean. org/caribbean-tourism-industry-remains-hopeful-of-gradual-rebound-despite-onset-of-omicron-variant/，检索时间：2022 年 2 月 15 日。

（一）旅游客源市场

加勒比地区旅游客源市场由美国、欧洲、加拿大、加勒比地区以及世界其他国家和地区构成。2021 年，美国仍然是加勒比地区的主要客源市场，美国游客占加勒比地区客源市场的 50%以上，巴哈马、牙买加、多米尼加和波多黎各接待的美国游客最多。欧洲是第二大客源市场，由于欧洲多国放宽防疫限制以及赴加勒比航空业务的恢复，2021 年游客数量较上一年明显增加。加拿大是第三大客源市场，加拿大游客赴加勒比地区旅游选择较多的国家包括古巴、多米尼加和牙买加等。除此之外，加勒比国家和地区在周边国家旅游或区域内旅游的人数也呈现增长趋势，为提振旅游市场释放出良好信号。

（二）旅游目的地

2021 年，加勒比国家和地区积极发展旅游业。圣卢西亚、安提瓜和巴布达、库拉索等目的地的旅游业发展势头良好，旅游业为当地创造可观的收益，对当地企业和旅游业利益相关者产生了积极影响。其中，圣卢西亚成为加勒比地区旅游业发展的标杆，全年接待游客人数较 2020 年增加了 52%，旅游业强劲恢复。过夜游客数量达到 199347 人次，其中美国游客占 76.4%，英国游客占 16.4%，加勒比地区游客占 2.8%，加拿大贡献了 2.5% 的游客人数，其余 2% 来自新兴市场和其他市场。在航空旅游方面，圣卢西亚与美国、加拿大、英国等国的航线逐渐恢复，美国各航空公司提供从美国主要城市到圣卢西亚的直飞航班，且航班次数有所增加，全年共增加 20000 多个航空座位。加拿大所有航空公司都已在 2021 年春季和冬季恢复往返圣卢西亚和加拿大的直飞服务。2021 年 6 月，圣卢西亚邮轮旅游也重新开启，表现出强劲的发展势头，邮轮游客人数逐月增加，全年接待入境游客人数达 93610 人次。旅游业作为圣卢西亚国民经济的支柱产业，对该国 GDP 的贡献率高达 22%以上。在旅游业的推动下，圣卢西亚 2021 年的经济复苏力度领跑加勒比地区。①

① https：//www. onecaribbean. org/category/blog/2022-news/，检索时间：2022 年 2 月 18 日。

（三）酒店业

加勒比地区酒店业发达，配套产品多样，包括全包式度假村、住宿+早餐旅馆、酒店、分时度假和别墅等住宿类型。2021年，加勒比酒店业发展总体向好。随着总体利润的提升，诸多酒店开工建设或改造升级。如本年年底荷属库拉索酒店业强势扩张，在该岛的万豪、温德姆和希尔顿等品牌酒店均进行升级改造；巴巴多斯海洋酒店集团宣布于10月1日在南海岸开设一家全新的五星级全包式豪华精品酒店，以迎接更多游客，这一战略推动了当地酒店业蓬勃发展。除此之外，多地酒店业通过营销策略激发市场需求。以亚特兰蒂斯天堂岛为例，仅在12月便举行灯光秀、圣诞派对、乐队巡演和烟火会演、音乐节等四场庆祝活动。

尽管如此，加勒比地区2021年的酒店业绩与疫情前相比仍有较大差距。面临空运受限、成本上涨和竞争力加大的挑战，加勒比酒店业应在危机中积极迭代，通过升级和创新寻求自救，提高行业的抗风险能力。

（四）邮轮业

根据国际邮轮协会（CLIA）的报告，加勒比地区是世界上最受欢迎的邮轮目的地，占全球邮轮市场的44%左右。[①] 经历了充满挑战的一年后，2021年加勒比邮轮业复苏趋势良好，恢复加勒比海航线的邮轮增多。同时，相关国家和地区不断调整防疫措施，保障邮轮旅游公共卫生安全。5月5日，伯利兹旅游局发布新的健康和安全协议，指导伯利兹邮轮业重新运营。7月下旬，海洋奥德赛号超豪华邮轮恢复加勒比航行，其7天的航行途经安提瓜和巴布达、巴巴多斯、英属维尔京群岛、多米尼加、格林纳达、圣卢西亚和圣马丁等地。8月，从牙买加蒙特哥母港出发的挪威邮轮公司的邮轮将伯利兹作为其为期一周的西加勒比海行程的一部分，这是2021年挪威邮轮公司恢复伯利兹港口运营的首次停靠。进入秋季，更多的邮轮蓄势待发，如巴哈马邮轮增加新的水晶邮轮航次，牙买加开始恢复皇家加勒比游轮公司的邮轮停靠，圣基茨和尼维斯10月25日庆祝超豪华邮轮维京邮轮猎户座首航。

---

① CLIA, *State of the Cruise Industry Outlook 2022*, May 2022, p. 23.

（五）航空业

经历了一年多的艰难求生后，加勒比航空业在 2021 年迎来发展新契机，主要客源市场从 7 月开始相继恢复与加勒比地区的航空业务。在美国客源市场方面，美国航空公司和美国捷蓝航空公司从美国主要城市到圣卢西亚赫瓦诺拉机场的直飞航班于 2021 年夏天开通；边疆航空公司往返迈阿密和巴哈马拿骚的航班也于 7 月恢复；美国航空公司于 2021 年 12 月恢复往返迈阿密和安圭拉每周两班的航空服务，预计 2022 年开始增至每周三班。在加拿大客源市场方面，2021 年 1 月第三波新冠疫情期间，加拿大航空公司停飞了赴多个加勒比国家的航班。时隔数月后，加拿大旅游市场重新开放，牙买加、安提瓜和巴布达、圣卢西亚和马提尼克岛迎来加拿大航空公司重新回归。在欧洲客源市场方面，英国航空公司与安提瓜和巴布达的圣卢西亚航班、英国维珍航空公司连接苏格兰和巴巴多斯的新航班、荷兰皇家航空公司往返阿姆斯特丹和巴巴多斯的航班均在本年度开通，为加勒比地区多地带来可观的旅游客流。

目前，加勒比地区航空业仍面临高油价、相对较弱的经济增长、旅游业的不确定性、低成本航空公司与传统航空公司之间的价格战等重重考验。

三、加勒比地区旅游发展的影响因素

（一）新冠疫情持续蔓延

2021 年，在世界旅游市场仍然疲软的情况下，加勒比地区成为全球表现最好的地区，这主要得益于部分旅游目的地放宽出境旅行限制。新冠疫苗在全世界范围内广泛接种，有助于提升旅游消费者信心，为各国逐步放宽旅行限制创造了良好的条件。

然而，由于新冠病毒的不断变异，全球确诊病例持续增加，加勒比国家和地区被迫不断调整政策，重新实行更加严格的旅行限制措施，如强制检测、隔离以及在某些情况下完全关闭边境等，给当地旅游业发展带来极大的不确定性。同时，鉴于世界各国疫情防控政策不一致和疫苗接种率不均衡，全球免疫屏障尚未建立。泛美卫生组织的数据显示，2021 年 10 月，拉美和加勒比地区只有 37%的人口完成疫苗接种计划，其中 7 个国家和地区已完成 70%以上人口的疫苗接种；多个国家和地区仅有不到 20%的人口完成疫苗接种，其中牙买加、尼加拉瓜和海地的接种率不足 10%。① 截至 2021 年 11 月，加勒比公共卫生署（CARPHA）报告的加勒比地区疫苗接种率也只高于 50%，新冠肺炎确诊病例累计超过 200 万例。② 新冠病毒在加勒比地区的传染率有所下降，但多个国家的疫情防控形势仍令人担忧。总体上看，疫情将持续影响加勒比旅游业的发展，该地区旅游业的全面复苏尚待时日。

（二）社会问题突出

长期以来，加勒比地区面临较严峻的社会问题，暴力、失业、贫困和不平等等一直妨碍经济社会发展，还影响游客赴加勒比地区旅游的意愿和旅游过程中的满意度。近两年来，新冠疫情重挫该地区经济社会发展，使得社会矛盾更加激烈，失业、贫困和暴力犯罪等社会问题更趋严重。

联合国拉美和加勒比经济委员会（ECLAC）发布的《2021 年拉美社会全景》报告显示，新冠疫情加剧了拉美和加勒比地区经济低增长、贫困增长和社会紧张局势。③ 失业依旧是部分加勒比国家面临的重大问题，在这里，15—34 岁年轻人的失业率高居世界之首。疫情期间，隔离政策和就业机会的减少使本地区劳动力参与度下降，失业率居高不下。如图 5-3 所示，圣卢西亚、巴巴多斯等国失业率长期高于拉美和加勒比地区平均水平，在新冠疫情暴发后更是持续飙高。旅游业萎缩引发的失业问题尤为突出，该行业劳动力收入减少，一些家庭甚至因失业出现收入危机或影响到生计问题。旅游业的女性从业者本就多于男性，失业潮导致女性退出劳动力队伍的情况比男性更为严重，失业女性转而成为社会弱势群体。

---

① https：//ais. paho. org/imm/IM_ DosisAdmin-Vacunacion. asp，检索时间：2022 年 2 月 22 日。

② https：//carpha. org/What-We-Do/Public-Health/Novel-Coronavirus/COVID-19-Vaccine-Information，检索时间：2022 年 2 月 23 日。

③ ECLAC，*Social Panorama of Latin America* 2021，p. 71.

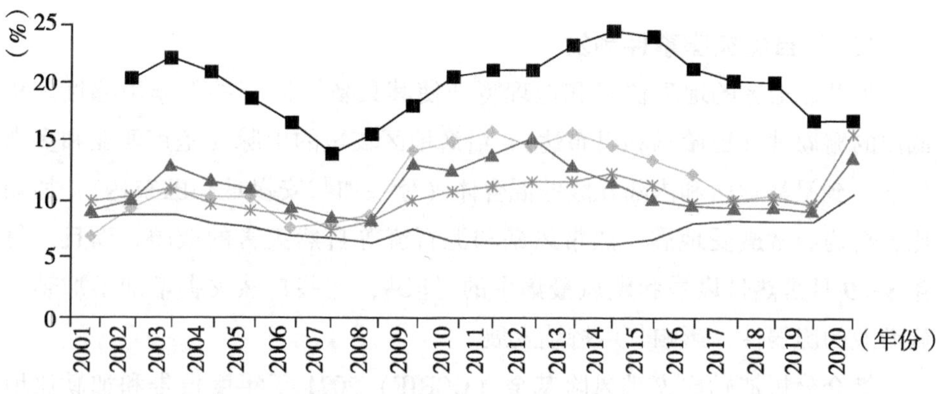

图 5-3　加勒比部分国家失业率

资料来源：根据 ECLAC 数据整理，https：//statistics. cepal. org/portal/cepalstat/dashboard. html? lang = en&indicator_ id = 127&area_ id = 634，检索时间：2022 年 2 月 25 日。

与此同时，加勒比地区脆弱的社会结构继续遭受冲击，社会贫困和不平等现象显著增加，社会治安状况恶化，使游客出现恐慌心理，成为加勒比旅游业发展的绊脚石。

海地的社会问题尤为突出。2021 年 2 月 25 日，海地首都太子港一座监狱发生暴乱，造成包括监狱长在内的 8 人被枪杀，部分犯人伺机逃跑。7 月 7 日，海地总统乔维内尔·莫伊斯（Jovenel Moïse）在住所遇刺身亡。这些事件震惊全球。近年来，海地党派争斗不断，暴力犯罪层出不穷，社会动荡不安，让许多旅游者望而却步。

2021 年，古巴陷入 30 多年来最严重的经济危机。7 月 11 日，古巴首都哈瓦那、西部城镇圣安东尼奥-德洛斯巴尼奥等地爆发数十年来罕见的民众游行示威，导火索是生活物资和药品严重短缺。

旅游业属于敏感型产业，易受经济、政治和社会变化的影响，2021 年加勒比地区频繁发生的公共安全事件使旅游业直接或间接地受到不同程度的影响，如何优化社会环境是当地面临的紧迫问题。

（三）自然灾害事件频发

加勒比地区的地理位置和地理特征使其具备了固有的气候敏感性。从低洼的珊瑚礁（巴哈马和巴布达）、沿海地区较短的山脉（圣卢西亚和多米尼加）到沿海地区和内陆丘陵的混合体（牙买加与安提瓜和巴布达），加勒比各岛屿经常遭受地震、热带风暴和泥石流等自然灾害的威胁，而且，每年 8—9 月是热带风暴和飓风最集中的时段①，这些自然灾害增加了加勒比旅游业的脆弱性，影响其可持续发展。

综合分析加勒比灾难风险基金（CCRIF）2021 年年度报告和加勒比地区灾害紧急管理机构（CDEMA）2021 年年度报告可知，2021 年加勒比地区地震和热带风暴等自然灾害频繁发生（见表 5-2），其中产生严重影响的地震有 8 次，英属维尔京群岛、海地、安提瓜和巴布达、开曼群岛、特立尼达和多巴哥受影响；热带风暴弗雷德和格雷斯横扫海地、多米尼加等多个国家和地区；热带风暴艾尔莎更是升级为飓风，对巴巴多斯、圣文森特和格林纳丁斯的生产生活造成严重影响。

在游客选择度假目的地时，温度、日照、辐射、降水等环境因素始终是关键因素，而目的地的天气条件对旅游总体满意度也有重要影响。加勒比沿海和岛屿目的地，如圣卢西亚、巴哈马、牙买加和巴巴多斯，极易受到气候变化的直接和间接影响，风暴和极端气候事件、海岸侵蚀、基础设施物理破坏、海平面上升、洪水、水短缺和水污染等会引起加勒比地区旅游活动的季节性变化，增加旅游业发展的不确定性。

表 5-2　2021 年加勒比地区自然灾害及受影响国家/地区

自然灾害事件	受影响国家/地区
地震，2021 年 1 月 24 日	英属维尔京群岛
地震，2021 年 2 月 6 日	英属维尔京群岛
飓风艾尔莎，2021 年 7 月 2 日	巴巴多斯、圣文森特和格林纳丁斯、圣卢西亚、牙买加

① Johanna Forster, et al.,“The Influence of Hurricane Risk on Tourist Destination Choice in the Caribbean”, *Climatic Change*, Vol. 114, No. 3-4 (October2012), p. 746.

续表

自然灾害事件	受影响国家/地区
热带风暴弗雷德，2021 年 8 月 11 日	海地、多米尼加
热带风暴格雷斯，2021 年 8 月 14 日	圣基茨和尼维斯、蒙特塞拉特、安的列斯群岛、海地、牙买加、开曼群岛
地震，2021 年 8 月 14 日	海地
强降雨，2021 年 8 月 17 日	特立尼达和多巴哥
热带气旋艾达，2021 年 8 月 26 日	牙买加、开曼群岛
地震，2021 年 9 月 10 日	安提瓜和巴布达
地震，2021 年 9 月 25 日	安提瓜和巴布达
地震，2021 年 10 月 16 日	开曼群岛
地震，2021 年 11 月 1 日	安圭拉、安提瓜和巴布达
地震，2021 年 12 月 7 日	特立尼达和多巴哥

资料来源：根据 CCRIF 年度报告和 CDEMA 年度报告整理，https：//www. ccrif. org/publications/hazardeventreports，https：//www. cdema. org/news－centre/situation－reports，检索时间：2022 年 2 月 26 日。

四、加勒比地区旅游发展的对策

（一）完善新冠疫情的系统性应对机制

2021 年，加勒比旅游业承担着产业发展和疫情防控统筹推进的双重任务。旅游目的地制定产业复苏战略，更新入境旅游协议，加强区域合作和国际合作。根据疫情防控需要，加勒比国家和地区制定了入境旅游的相关规定，具体包括购买健康保险、接种新冠疫苗、出示新冠病毒阴性检测结果以及就地隔离等（见表 5-3）。

表 5-3　加勒比部分旅游目的地游客入境要求

国家/地区	佩戴口罩	接种疫苗	核酸检测或证明	就地隔离	更新时间
格林纳达	√	√	√	×	11 月 23 日
英属维尔京群岛	√	√	×	×	11 月 26 日

续表

国家/地区	佩戴口罩	接种疫苗	核酸检测或证明	就地隔离	更新时间
荷属圣马丁	√	√	×	×	11 月 1 日
圣基茨和尼维斯	√	√	√	隔离 24 小时	10 月 7 日
安圭拉	√	√	√	×	11 月 1 日
巴哈马	√	—	√	×	8 月 6 日
圣卢西亚	√	√	×	×	5 月 31 日
伯利兹	√	√	×	×	2 月底

资料来源：根据加勒比旅游组织（CTO）网站信息整理，https：//www.onecaribbean.org/category/blog/2021-news/，检索时间：2022 年 2 月 24 日。

针对疫情引起的旅游业从业者失业问题，加勒比国家和地区采取措施，保障他们的工作和收入，如巴哈马、伯利兹和牙买加政府为所有部门的经营者提供临时失业救济金，并给予旅游业从业者（主要是妇女）资金支持。

针对疫情给旅游企业带来的困境，加勒比国家和地区出台政策，支持企业生存下去，如圣基茨和尼维斯暂时免除企业所得税或延长企业所得税缴纳时限，巴哈马为企业提供营运资金补贴或支付部分工资。除了即时支持外，它们还注重旅游数字化建设，将预定平台、社交媒体、大数据和人工智能等数字技术纳入旅游业发展计划，降低疫情对游客体验的负面影响。

针对疫苗接种率低和不均衡问题，加勒比国家和地区的政府在邻国、域外国家和国际组织的帮助下，着力推动医疗卫生系统改革，加大公共投资，改革社会福利制度，加快新冠疫苗接种进程。2021 年 9 月，泛美卫生组织向牙买加捐赠 30000 个抗原检测试剂盒，以加强该国公共卫生实验室的新冠病毒检测能力。泛美卫生组织办事处在各个层面支持加勒比地区新冠疫情应对工作，注重监测、实验室诊断，不断完善牙买加、开曼群岛等地的系统应急框架。① 2021 年 10 月 15 日，泛美卫生组织与联合国拉美和加勒比经委会指出，提高疫苗接种率是短期内应对新冠疫情的有效方法，且可以为各国经济复苏创造良好环境，符合可持续发展战略目标。

2021 年 3 月，联合国减少灾害风险办公室（UNDRR）、拉美和加勒比

① https：//www.paho.org/en/news/14-9-2021-paho-bolsters-jamaicas-covid-19-testing-capacity，检索时间：2022 年 2 月 27 日。

经济委员会发布题目为《新冠疫情为加勒比地区采取系统性方法应对灾害风险带来机会》的报告，强调加强区域一体化和国际合作在疫情防控中的重要性，并提出具体的应对措施：通过联合国世界旅游组织和世界旅游中心（WTTC）等机构制定恢复旅游业的联合指南和协议，包括物理距离和卫生限制、穿戴防护设备、港口和机场的消毒标准等；加强双边或区域合作，保证跨境旅游通道的开放，方便运输运营商（邮轮、航空公司和物流运营商）机组人员和国际游客的过境和换乘；促进南南合作，探索利用数字技术刺激旅游业的创新解决方案，开发旅游卫星账户，实现旅游数据标准化等。①

（二）积极开展旅游营销

2021 年，加勒比地区通过节事活动、广告宣传、旅游主题创新等形式积极开展旅游推广，提振旅游者的出游信心，逐渐恢复深受疫情困扰的旅游业。

在节事活动方面，马提尼克于 5 月 18 日至 20 日首次举办虚拟旅游展，设置朗姆酒世界、Yole 帆船世界、美食世界和前首府圣皮埃尔市四个虚拟场景，使旅游体验者充分了解目的地最新的产品和发展；11 月 26 日至 28 日，英属维尔京群岛最受欢迎的年度美食盛会龙虾节在阿内加达岛强势回归，活动集品尝美食、娱乐表演、现场抽奖和短途旅行等多种方式于一体，让游客全面深入探索阿内加达岛的旅游资源。

在广告宣传方面，圣基茨和尼维斯旅游局在 3 月通过官网发起摄影比赛，邀请参赛者提交自己最喜欢的婚纱照，讲述照片背后的故事，赢取赴圣基茨和尼维斯旅游的机会。通过本次比赛，游客对圣基茨和尼维斯的关注度显著提高。4 月，牙买加旅游局在美国纽约、达拉斯、休斯顿和巴尔的摩等多个客源市场推出新的广告项目，接续 2020 年年初推出却因疫情中断的“世界的牙买加心跳”品牌推广活动。7 月，安提瓜和巴布达旅游局加大营销力度，推出题为“阳光下的空间”的广告宣传，通过在线媒体和传统

① CEPLA-UNDRR, “La Pandemia de Enfermedad por Coronavirus (COVID-19): Una Oportunidad de Aplicar un Enfoque Sistémico al Riesgo de Desastres en el Caribe”, *Informe COVID-19 CEPAL-UNDRR*, Marzo de 2021, pp. 30-36.

媒介大量投放广告，吸引更多旅游者前去旅游。

在旅游主题创新方面，圭亚那创造性地推出首个仅限女性游客的旅游方案，巧妙地将美食之旅、珠宝之旅、探索圭亚那神话以及欣赏风景和野生动物串联起来，游客可以在城市国家公园喂养海牛、与当地女性交流分享，还可以通过朗姆酒洞察圭亚那的现代生活。该项目独特的设计受到女性旅游者的青睐，预计于 2022 年 3 月 4 日至 14 日举行。

格林纳达举办丰富多彩的旅游营销活动，成为加勒比地区旅游营销的成功典范。2 月，来自世界各地的水手参加第 4 届维京探险者跨大西洋拉力赛，从非洲加那利群岛穿越大西洋，齐聚格林纳达享受当地的美景和美食。3 月，当地举办“格林纳达岩石”活动，由时装设计师、艺术家、导游和当地人讲述三岛目的地的故事和奇观；与世界级帆船赛事 ARC+拉力赛合作，格林纳达成为 2021 年赛事的加勒比目的地，迎接来自世界各地的选手。进入秋冬季节，格林纳达推出一系列假日度假套餐，吸引旅游者前往旅游。

（三）数字化赋能旅游业转型升级

疫情期间，加勒比地区的旅游数字化建设步伐加快，更多国家和地区将数字技术应用到旅游系统开发、旅游景区建设和旅游推广等方面，有效推动旅游产业模式创新，一定程度上缓解了疫情对旅游业的制约。

2021 年 7 月，圣尤斯特歇斯向入境游客推出电子健康授权系统。与传统的邮件形式相比，该系统为游客提供更加简单便捷的入境审批流程，极大减少了申请人的工作量。牙买加在国家旅游局网站上推出婚礼和浪漫专题，为目标人群提供牙买加浪漫旅游定制体验，广泛激发游客寻求独特体验的兴趣。

2 月，巴哈马以婚礼和蜜月为主题举办“来自巴哈马的爱”虚拟浪漫博览会，召集多个专业服务机构为旅游者更好地规划巴哈马的浪漫之旅。4 月，巴哈马旅游和航空部通过在线方式将深受游客喜爱的人文交流项目带到虚拟舞台，旅游者可以通过不同的虚拟会话主题体验巴哈马烹饪、美酒、舞蹈，与大使聊天，感受巴哈马丰富的文化和人民的热情好客。4 月，安提瓜和巴布达举办虚拟帆船周活动，与线上观众实时互动，分享帆船周的精彩赛事。11 月 17 日至 18 日，伯利兹旅游局举办以“冒险+可持续发展”为主题的首届虚拟旅游博览会，以视频和现场演示虚拟体验方式让游客远程沉浸式体验伯利兹的美景，共同探讨伯利兹旅游业的可持续发展之路。

五、2022 年加勒比地区旅游业发展前瞻

加勒比地区将 2022 年定义为健康年，旅游业聚焦于赋新。未来一段时间内，加勒比旅游业发展仍将受制于诸多不利因素：疫情持续发酵、经济增长缓慢甚至可能出现负增长、投资和生产持续低迷、就业复苏缓慢等。然而，借助多姿多彩的旅游资源和日益提升的旅游服务体系，不断创新旅游发展模式，丰富旅游业态，加勒比地区必将迎来旅游业发展的新曙光。

在制定短期复苏战略的同时，加勒比地区着手规划长期发展战略，促进旅游业可持续发展。以旅游业促进包容性增长为基础，推动社会包容发展，鼓励加勒比民众探索旅游多样性；以人力资源为核心，提升旅游业发展效率，保持旅游服务的卓越品质；以数字科技为驱动，助力旅游可持续发展，打造智能旅游目的地，开创加勒比旅游业发展的新阶段。加勒比旅游业发展前景值得期待！

第六章　加勒比地区粮食安全存在的挑战及其对策建议①

宋海英　马欣怡②

摘　要：自2020年新冠疫情大暴发以来，全球农业食物系统和供应链受到重创，加勒比地区的粮食安全问题尤为突出。大多数加勒比国家为粮食净进口国，作为当地重要支柱产业的旅游业在疫情期间遭受冲击，导致加勒比地区陷入"缺钱少粮"的尴尬境地。对此，笔者从粮食供给、获取、稳定性三个维度评估加勒比地区粮食安全面临的挑战，并从外部和内部两方面考察制约加勒比地区粮食安全的因素，进而提出了完善粮食安全保障政策、提高农业现代化水平、加强国际农业合作的建议，保障加勒比地区的粮食安全。

关键词：粮食安全　加勒比地区　新冠疫情

本书研究的加勒比地区涵盖16个国家和16个地区③，考虑到数据的可获得性，笔者主要考察其中的17个：安提瓜和巴布达、巴哈马、巴巴多斯、伯利兹、古巴、多米尼克、多米尼加、格林纳达、圭亚那、海地、牙买加、波多黎各、圣基茨和尼维斯、圣卢西亚、圣文森特和格林纳丁斯、苏里南、特立尼达和多巴哥。2020年以来，新冠疫情对加勒比地区经济造成沉重打

①　本章系浙江省哲学社会科学领军人才培育课题"大变局下基于供应链协同治理的粮食贸易安全研究"(编号：23QNYC17ZD）的阶段性成果。

②　宋海英：博士，浙江外国语学院国际商学院教授。马欣怡：浙江外国语学院国际商学院2018级本科生。

③　见本书《前言》。

击，其支柱产业旅游业遭受重创。在粮食安全方面，联合国粮食及农业组织（FAO）、世界粮食计划署和欧盟共同在线发布的《2021年全球粮食危机报告》① 指出，在拉丁美洲和加勒比地区，重度饥饿人数激增，粮食危机严重程度上升的速度是近年来全球最快的。2020年，该地区至少有1180万人面临粮食危机；预计到2030年，该地区将有6700万人面临严重饥饿。

同时，疫情导致全球供应链持续中断，加上不断推高的国际贸易运输成本和物价上涨等方面的原因，致使加勒比地区的粮食安全进一步受到威胁。加勒比地区已成为地球上粮食不安全程度最严重的区域之一。FAO的数据②显示，加勒比共同体（以下简称“加共体”）成员食物消费中的60%源自进口，安提瓜和巴布达、巴巴多斯、多米尼克、圣文森特和格林纳丁斯、特立尼达和多巴哥等加勒比国家的谷物类粮食进口依赖率甚至达到100%。鉴于加勒比地区整体债务水平较高，失业率不断上升，加上新冠疫情全球流行，贫困人口增多，对进口食品的严重依赖，整体面临较为突出的粮食安全问题。那么，在新冠疫情或将持续蔓延的当下，受粮食价格波动、消费模式和社会经济环境变化、外部冲击、农业生产力挑战以及气候变化破坏等因素影响，加勒比地区的粮食安全问题已成为亟待解决的重要课题。

一、加勒比地区粮食安全的历史回顾

（一）殖民统治时期（17世纪中叶到20世纪初）

加勒比地区长期以来主要种植甘蔗、可可、咖啡、香蕉和烟草等经济作物。在长达数百年的殖民统治阶段，该地区是欧洲殖民国家的“种植园”“大农场”。欧洲殖民者到达这里后，依托当地独特的自然条件，“进口”廉价的非洲黑人劳动力，开办了诸多经济作物种植园。加勒比地区以经济作物换取殖民者的工业品和粮食，因而对域外粮食的依赖根深蒂固。这种以

① FAO，*Global Report on Food Crises 2021*，https：//www.fao.org/resilience/resources/recursos-detalle/es/c/1398545/.

② FAO，Food Balances，https：//www.fao.org/faostat/en/#data/FBS.

农业为主的单一经济结构导致整个地区长期处于贫困和落后的状态。当时，加勒比地区的劳动者大多从事农业生产，农业收成的高低与经济的兴衰直接相关，也与粮食安全程度密切相关。例如，1847年10月，多巴哥岛被飓风袭击，所有甘蔗种植园和榨糖厂被毁，经济濒临崩溃，粮食安全受到威胁。相反，19世纪70年代，特立尼达岛由于甘蔗产量大幅增长而一度成为加勒比地区最富庶的岛屿。以种植经济作物为主的单一经济结构和传统的种植园模式使得这一时期的加勒比地区处于粮食不安全的状态。

（二）民族独立时期（20世纪50年代到20世纪末）

在加勒比国家先后取得民族独立后，各国政府为发展多样化的经济，制定了以"进口替代"和"民族工业化"为主要内容的工业化战略，希望借此摆脱贫困和落后。在外国资本的推动下，加勒比地区的工业获得了长足发展。如巴哈马、特立尼达和多巴哥、圭亚那等国在发展制造业的同时，还对本国的旅游资源、石油和铝土矿产加以开发。当然，一些国家在制定经济发展战略时并未全盘否定粮食等农业生产的重要性。例如，特立尼达和多巴哥政府曾将发展农业的目标确定为：实现农业现代化和多样化，减少对传统出口作物的依赖，满足国内粮食供应。但是，在经济发展战略的实施过程中，许多国家和地区的农业部门并未受到应有的重视。相反，在重工轻农思想的指导下，大部分资源、财力和技术投入工业部门，农业部门得到的支持极为有限。受其影响，这一时期加勒比地区的食物供应严重依赖进口，一些国家的食物自给率只有50%，特立尼达和多巴哥、巴巴多斯、安提瓜和巴布达等国的自给率仅有20%左右。①

（三）全球化和粮食体系转型时期（21世纪以来）

2000年以来，全球粮食体系经历了重大转型，一场以城市化、收入增加、市场自由化和外国直接投资为标志的食品业全球化浪潮席卷了发展中世界。这种全球化伴随着跨国食品公司投资的大规模增长和超市食品销量的迅速增加，推动了粮食体系的转型，并影响食物成本和经济可负担性。例如，经济权力日益集中到少数跨国食品企业手中，它们不仅参与政策制

① 学时：《关于加勒比地区的农业发展》，《拉丁美洲研究》1987年第5期。

定，还游说政策制定者出台对其经营有益的补贴，使得高脂肪、高糖、高盐的深加工食品的价格大幅降低，进而改变人们的膳食消费方式和营养状况。这提高了全球资源配置的效率，从而降低食品的购买成本，对加勒比地区的粮食安全状况有所改善。但在粮食安全状况向好的背后，也潜藏着问题。在享受到全球食品供应链不断完善的好处时，加勒比地区也在不知不觉间加深了对国际贸易的依赖，再加上多数加勒比国家和地区更注重旅游业和工业发展而不自觉地忽视农业发展，这就使得在面临波及全球的新冠疫情时，加勒比地区的经济岌岌可危，粮食安全危机又一次加深。

二、加勒比地区粮食安全的现状分析

联合国的可持续发展目标将“零饥饿”作为一项重要内容，强调“到2030年，确保所有人（特别是穷人和弱势群体，包括婴儿）全年都能获得安全、营养和充足的食物”。因此，笔者将借助与饥饿密切相关的营养不良情况来反映加勒比地区的粮食安全状况。营养不良意味着一个人无法获得足够的食物来满足每日最低膳食能量需求。联合国粮农组织数据库中有营养不良发生率（The Prevalence of Undernourishment，PoU）和营养不良人数（The Number of Undernourished People）两个指标体现粮食安全状况，我们将加勒比地区的相关指标与世界、拉美和加勒比地区的平均水平进行对比。

在营养不良发生率（PoU）方面，从图6-1、图6-2可见，加勒比地区的PoU明显高于世界平均水平，也高于拉美和加勒比地区的平均水平，这就意味着加勒比国家和地区民众的饥饿程度高于世界、拉美和加勒比地区的平均水平。此外，从发展趋势上看，2015年以来，加勒比地区的饥饿程度呈现不断恶化的局面，PoU从2015年的15.2%提高至2020年的16.1%，也就是说，最近几年加勒比国家和地区的经济发展并没有改善民众的粮食安全状况。

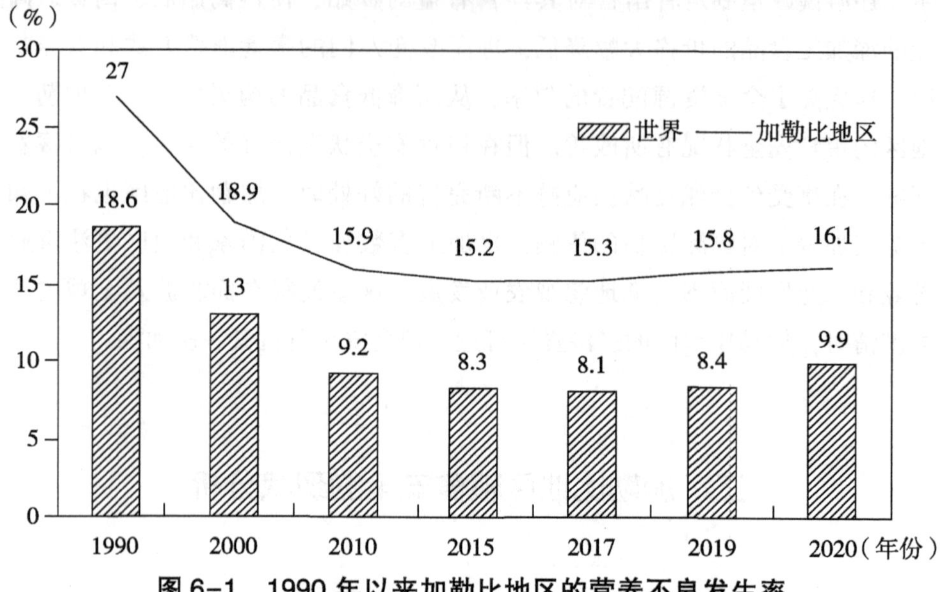

图 6-1　1990 年以来加勒比地区的营养不良发生率

资料来源：FAO，Food Balances，https：//www. fao. org/faostat/en/#data/FBS.

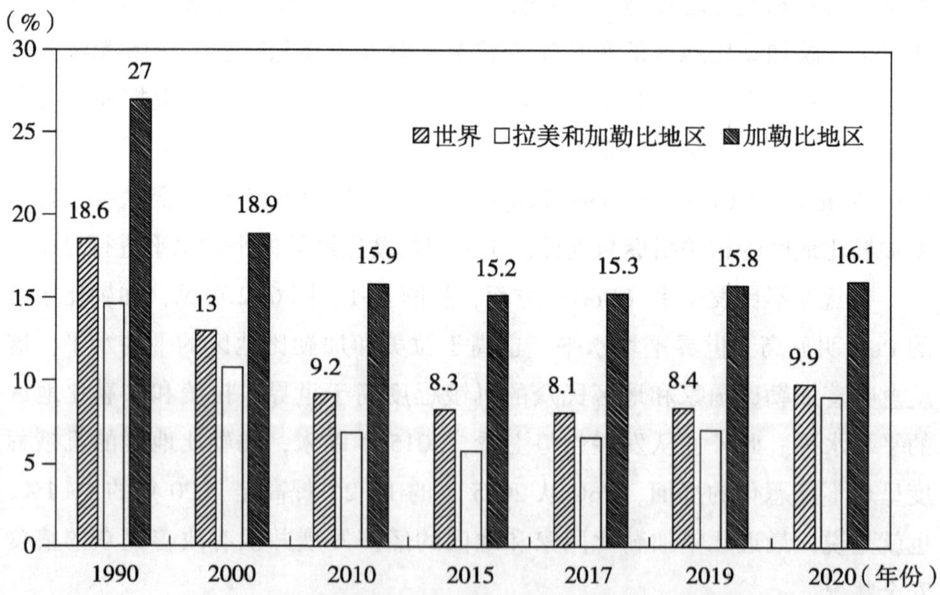

图 6-2　1990 年以来加勒比地区与世界、拉美和加勒比地区的 PoU 对比

资料来源：FAO，Food Balances，https：//www. fao. org/faostat/en/#data/FBS.

在营养不良人数方面，2020 年加勒比地区约有 700 万人面临因食物不足而产生的营养不良（见表 6-1），310.35 万人面临中度以上的粮食不安全，170.46 万人面临严重的粮食不安全。考虑到该地区的人口基数较小，其粮食不安全的人数占比大大高于世界平均水平。如 2020 年，世界平均的重度粮食不安全发生率为 11.90%，加勒比地区却高达 39.16%。值得注意的是，加勒比地区的饥饿人数比过去几年有所增加，2015 年至 2020 年间增加了 50 万。可见，加勒比地区的粮食安全形势不容乐观，今后几年如果继续按照当前的趋势发展，2030 年将无法实现联合国的“零饥饿”目标。

表 6-1　2005 年以来加勒比地区的营养不良人数（百万）

地域	2005 年	2010 年	2015 年	2019 年	2020 年
世界	810.7	636.8	615.1	650.3	768.0
拉美和加勒比地区	51.9	40.7	36.4	45.9	59.7
加勒比地区	7.6	6.5	6.5	6.8	7.0

资料来源：FAO，Food Balances，https：//www.fao.org/faostat/en/#data/FBS.

从具体的国家来看，在加勒比地区内部的不同国家之间，民众粮食安全水平的差异较大。当前，营养不良发生率最高的是海地、苏里南、多米尼加等国；营养不良程度较低的国家有古巴、巴巴多斯等国（见表 6-2）。需要指出的是，2019 年，苏里南、多米尼加、多米尼克等国的营养不良发生率较上年有所提高，表明其粮食安全状况在恶化，考虑到当前新冠疫情的冲击，这些国家的粮食安全状况堪忧。

表 6-2　2001 年以来加勒比国家的营养不良发生率（%）

国家	2001 年	2005 年	2010 年	2011 年	2015 年	2016 年	2017 年	2018 年	2019 年
海地	53.2	55	47.5	46.8	46.1	46.7	48	47.9	46.8
苏里南	11.8	9.7	7.3	7.6	7.7	8.2	8.4	8.5	8.7
多米尼加	20.4	19.2	12.3	10.3	7.4	6.8	6.4	6.7	8.3
牙买加	7.4	7.4	9.6	9.8	9.6	9.3	8.8	7.7	7.7
特立尼达和多巴哥	10	11.1	9.2	8.3	6.8	6.8	6.8	6.7	6.7

续表

国家	2001 年	2005 年	2010 年	2011 年	2015 年	2016 年	2017 年	2018 年	2019 年
伯利兹	5.8	5.7	6.8	7.1	7.7	7.2	6.7	6.2	5.9
圣文森特和格林纳丁斯	13.4	7.9	5.7	5.5	5.7	5.6	5.5	5.5	5.6
多米尼克	3.7	5.4	4.7	4.9	5.1	5	5.3	5.5	5.6
圭亚那	6.5	7.1	7.3	6.6	6.7	6.3	6	5.5	5.2
巴巴多斯	6.4	6.1	4.8	4.7	4.3	4.3	4.3	4.2	4.1
古巴	<2.5	<2.5	<2.5	<2.5	<2.5	<2.5	<2.5	<2.5	<2.5

注：缺乏安提瓜和巴布达、巴哈马、格林纳达、波多黎各、圣基茨和尼维斯、圣卢西亚的数据，下同。

资料来源：FAO，Food Balances，https：//www.fao.org/faostat/en/#data/FBS.

三、加勒比地区粮食安全面临的挑战

粮食安全是一个复杂现象，受多种因素的影响，也存在各类表现形式。1996 年召开的世界粮食首脑会议为粮食安全确立了四大维度：可供量、获取、稳定性和利用。《2013 年世界粮食不安全状况》曾围绕这些维度提出一整套指标，意在克服单纯依赖营养不良发生率来衡量粮食安全导致的片面理解。结合加勒比地区粮食安全存在的问题及数据的可得性，笔者主要从粮食供给、粮食获取和粮食供应稳定性三个方面考察加勒比地区粮食安全面临的挑战。

（一）粮食供给

粮食可供量是评估粮食安全的关键指标之一，因为向人们提供充足的食物是确保粮食安全的必要条件，而非充分条件。笔者选用膳食能量供给充足度、来自谷物和块根作物的卡路里占比、平均蛋白质供给量等指标评估加勒比地区的粮食供给程度。

膳食能量供给充足度的计算公式为：

膳食能量供给充足度 =（膳食能量供给量/膳食能量需求量）×100%。

在过去的 20 年中，加勒比地区膳食能量供给量的增速超过了需求量的增速，使得平均膳食能量供给充足度提高了 10%，这与世界的涨幅相近（见表 6-3）。但从绝对值来看，2018—2020 年加勒比地区平均膳食能量供给充足度比全球平均水平低约 19 个百分点，更低于拉美和加勒比地区的平均水平，膳食能量供给情况并不容乐观，需要采取措施来提高人口的膳食能量供给充足度。

表 6-3　2000 年以来加勒比国家的膳食能量供给充足度（%）

地域	2000—2002 年	2006—2008 年	2012—2014 年	2018—2020 年
世界	115	117	121	124
拉美和加勒比地区	121	123	126	126
加勒比地区	94	96	102	104
安提瓜和巴布达	90	98	96	100
巴哈马	115	110	111	107
巴巴多斯	113	116	118	119
伯利兹	122	120	117	121
古巴	128	132	138	137
多米尼加	125	123	121	120
格林纳达	95	98	97	98
圭亚那	122	119	123	125
海地	87	87	92	91
牙买加	115	113	110	114
圣基茨和尼维斯	110	107	107	105
圣卢西亚	113	108	106	104
圣文森特和格林纳丁斯	107	117	121	120
苏里南	109	113	115	113
特立尼达和多巴哥	116	116	123	123

资料来源：FAO，Food Balances，https：//www. fao. org/faostat/en/#data/FBS.

从具体国家来看，尽管大多数加勒比国家的膳食能量供给充足度超过了 100%，但仍然有海地、格林纳达、安提瓜和巴布达（部分年份）等国的膳食能量供给不够充足（见表 6-3），其粮食安全状况值得关注。

在膳食质量方面，加勒比地区整体状况良好。大多数加勒比国家从谷物和块根作物中获取的膳食能量比例都低于世界整体水平（见表 6-4），这从侧面说明果蔬、畜产品和植物油的人均可供量占比较高，也就是膳食质量较好。但从发展趋势上看，情况却并不理想。加勒比地区的多数国家从谷物和块根作物中获取的膳食能量的比例自 2000 年以来都没有变化，安提瓜和巴布达、巴哈马、古巴、多米尼加、圣卢西亚、特立尼达和多巴哥略有提高，说明这一地区的膳食质量未能呈现出好转的迹象。对比全球膳食质量不断改善的整体格局，加勒比地区的膳食质量处于退步之中。

表 6-4　2000 年以来加勒比国家来自谷物、块根的膳食能量供应份额（%）

地域	2000—2002 年	2004—2006 年	2008—2010 年	2012—2014 年	2016—2018 年
世界	53	52	50	49	49
拉美和加勒比地区	40	40	39	39	39
加勒比地区	37	37	37	38	37
安提瓜和巴布达	27	28	29	29	31
巴哈马	28	26	24	25	29
巴巴多斯	33	32	31	32	32
伯利兹	39	39	40	39	39
古巴	45	47	44	47	46
多米尼加	32	33	35	36	33
格林纳达	26	23	26	28	26
圭亚那	49	50	49	48	45
海地	53	54	53	52	53
牙买加	37	37	39	39	37
圣基茨和尼维斯	27	27	29	29	28
圣卢西亚	32	33	33	34	34
圣文森特和格林纳丁斯	40	36	34	38	36
苏里南	44	43	43	41	44
特立尼达和多巴哥	36	34	36	37	38

资料来源：FAO，Food Balances，https：//www. fao. org/faostat/en/#data/FBS.

平均蛋白质供应量提供了一个国家或地区蛋白质可用性的估计，亦可衡量食物的营养质量。在营养不良盛行的国家和地区，平均蛋白质供应量的增加是饮食质量改善的重要标志。2000 年以来，加勒比地区的蛋白质供应量总体呈现缓慢上升的趋势。但该地区总体的蛋白质供应量较低，2016—2018 年平均蛋白质供应量仅为 61.1 克/人/天，远低于世界 80.1 克/人/天的平均水平，更低于拉美和加勒比地区的平均水平。同时，从表 6-5 可以看出，加勒比地区内部各地的蛋白质供应量存在明显的不均衡状态。海地、苏里南等国的蛋白质供应量不仅低于加勒比地区的平均水平，更远低于世界平均水平，意味着这些国家的蛋白质供应量无法确保营养脆弱群体获得充足的蛋白质，这类群体的营养状况欠佳。

表 6-5 2000 年以来加勒比国家的平均蛋白质供应量（克/人/天）

地域	2000—2002 年	2004—2006 年	2008—2010 年	2012—2014 年	2016—2018 年
世界	72.6	73.6	76.5	78.8	80.1
拉美和加勒比地区	75	76.6	80.3	82.7	84
加勒比地区	50.6	53.9	58.4	58.8	61.1
安提瓜和巴布达	69.3	77.7	83	80.3	78.7
巴哈马	92	82	84.7	86.6	81.3
巴巴多斯	83.3	86.3	86	87	87.3
伯利兹	74.1	75.3	70	70.6	68.7
古巴	70.3	77.3	84.7	86.3	86
多米尼加	90	86	88.3	78.7	81.3
格林纳达	64.3	75.7	72.3	67.7	71.3
圭亚那	76.7	75	74	80.3	84.7
海地	41.3	42.7	47.4	47.3	49.3
牙买加	72	76.3	76.3	74.7	73
圣基茨和尼维斯	76.3	74.7	74.7	73.3	81
圣卢西亚	86.7	87.7	84	84.3	85.7
圣文森特和格林纳丁斯	69.3	80	86.3	85	89.3
苏里南	56.3	57	61	62	60.7

续表

地域	2000—2002 年	2004—2006 年	2008—2010 年	2012—2014 年	2016—2018 年
特立尼达和多巴哥	68	71.3	74.3	83	85

资料来源：FAO，Food Balances，https：//www.fao.org/faostat/en/#data/FBS.

（二）粮食获取

是否能够获取食物涵盖两个条件：经济手段和物质手段。经济手段取决于可支配收入、食品价格和社会支持措施的提供和获取；物质手段取决于是否具备基础设施及其质量，其中包括港口、道路、铁路、通信和粮食储存设施以及能促进市场运作的其他设施。笔者选用人均国内生产总值（GDP）、谷物进口依赖率、货柜码头吞吐量等指标来评估加勒比地区的粮食可获取性。

在人均 GDP 上，近 10 年来，加勒比地区的人均收入水平呈现明显的上升特征（见表 6-6）。人均 GDP 从 2010 年的 12700.0 美元提升到 2019 年的 14156.1 美元。但 2020 年受到波及全球的新冠疫情影响，加勒比地区几乎所有国家和地区的经济都受到重创。

表 6-6　2010 年以来加勒比地区的人均 GDP（2011 年不变国际美元）

地域	2010 年	2015 年	2018 年	2019 年	2020 年
世界	13890.5	15510.0	16636.8	16915.3	16194.0
拉美和加勒比地区	14906.6	15967.5	16033.3	15999.8	14768.3
加勒比地区	12700.0	13674.1	14032.8	14156.1	12862.7
安提瓜和巴布达	18205.7	18594.3	21030.4	21548.7	17956.3
巴哈马	36504.4	35400.6	37020.0	37100.4	30764.1
巴巴多斯	15596.6	15382.8	15674.9	15639.0	12870.0
伯利兹	7294.7	7358.6	7261.9	7251.9	6119.9
多米尼加	12003.8	11873.7	11537.0	11905.9	9891.3
格林纳达	13412.8	15142.1	16802.0	17050.3	15065.9
圭亚那*	9789.0	11261.8	12477.6	13082.2	18680.0
海地	2735.3	2941.8	2992.3	2905.4	2773.1

续表

地域	2010 年	2015 年	2018 年	2019 年	2020 年
牙买加	9435.8	9473.1	9734.9	9777.0	8741.6
波多黎各	32960.7	34311.0	34299.4	34804.9	33442.8
圣基茨和尼维斯	23710.3	25569.5	25901.6	26235.6	23259.4
圣卢西亚	14109.4	14029.6	15261.4	15448.3	12270.0
圣文森特和格林纳丁斯	11447.5	11973.4	12466.4	12484.7	12105.4
苏里南	18840.4	19317.1	19005.7	19036.7	16130.2
特立尼达和多巴哥	28879.3	29053.3	26250.4	25827.9	23728.2

注：2020 年，圭亚那因石油产量增加而实现经济快速增长，人均 GDP 大幅提高。

资料来源：IMF，World Economic Outlook，https：//www.imf.org/en/Data#data.

有必要指出的是，加勒比地区内部的人均 GDP 水平存在巨大差异，既有收入水平大大超过世界平均水平的国家和地区，如巴哈马、波多黎各、特立尼达和多巴哥；也有收入水平大幅低于世界平均水平的国家和地区，如海地、伯利兹、牙买加等。较低的人均收入表明人们购买粮食的能力有限，其粮食安全状况不容乐观。

在谷物进口依赖率①上，加勒比地区的粮食消费严重依靠国际市场。在全球谷物生产充足，谷物进口依赖率为负值的背景下，加勒比地区总体的谷物进口依赖率却高于 70%（见表 6-7）。谷物需求几乎全部依靠进口的国家有：安提瓜和巴布达、巴哈马、巴巴多斯、多米尼克、格林纳达、牙买加、圣卢西亚、圣文森特和格林纳丁斯、特立尼达和多巴哥，苏里南、伯利兹的谷物进口依赖率较低，只有圭亚那的谷物需求不依赖进口。在国际贸易成为全球粮食安全核心要素的当下，很大一部分的粮食出口由少数净出口新兴经济体提供。七个国家（阿根廷、澳大利亚、巴西、加拿大、新西兰、泰国和美国）约占全球食物出口总量的 55%。② 那么，一旦这些出口

① 联合国粮农组织的粮食概念就是谷物，包括麦类、谷类、粗粮类和稻谷类等。当前许多国内学者提出的“大食物观”将粮食的范畴扩大，涵盖所有食物。因此，本部分的谷物进口依赖率可理解为粮食进口依赖程度。

② FAO，IFAD，UNICEF，WFP and WHO，*The State of Food Security and Nutrition in the World* 2020：*Transforming Food Systems for Affordable Healthy Diets*，Rome：FAO，2020，p. 132.

大国出现动荡影响到国际粮食价格，或是出现波及全球的经济危机或疫情破坏了国际粮食市场的稳定性，加勒比地区的粮食安全状况必然受到冲击。

表 6-7　2000 年以来加勒比国家的谷物进口依赖率（3 年平均值）（%）

地域	2000—2002 年	2008—2010 年	2016—2018 年
世界	-0.5	-0.8	-2
拉美和加勒比地区	12.1	5.7	-6.1
加勒比地区	75.8	77.1	70.3
安提瓜和巴布达	94.5	96.2	98.8
巴哈马	100	93.4	98.3
巴巴多斯	100	100	100
伯利兹	34.6	25.5	16.6
古巴	71.9	76.8	n. a.
多米尼克	100	100	100
格林纳达	88.2	100	100
圭亚那	-59.4	-35.2	-56.5
海地	58	65.2	60.2
牙买加	100	97.1	99.3
圣卢西亚	100	87	100
圣文森特和格林纳丁斯	100	100	100
苏里南	8.1	7	-17.3
特立尼达和多巴哥	94.6	100	100

注：n. a. 表示无法获得数据。

资料来源：FAO，Food Balances，https：//www. fao. org/faostat/en/#data/FBS.

在货柜码头吞吐量上，作为加勒比地区确保粮食进口的重要基础设施指标之一，近年来这里的货柜码头吞吐量呈现逐渐增大的趋势，这与全球的总体态势类似（见表 6-8）。在加勒比地区内部，不同国家的货柜码头吞吐量呈现出较大差异，有诸如安提瓜和巴布达这样货柜码头吞吐量保持不变抑或波动平衡的国家，也有像格林纳达这样吞吐量持续提高的国家，更有如圣卢西亚这样吞吐量持续降低的国家，这种不平衡的态势对于保障加勒比地区的粮食安全是不利的。此外，世界各国在大流行中普遍采取了严格的疫情防控措施和边境管控措施，致使港口运输受阻，加勒比地区粮食不安全状况势必加重。

表 6-8　近年来加勒比国家的货柜码头吞吐量（20 英尺当量单位）

地域	2010 年	2014 年	2018 年	2019 年
世界	543973310.6	680948827.6	795385716.4	795947290.3
拉美和加勒比地区	37332602.5	45963705.4	52028065.6	52447288.3
加勒比地区	3952318.0	4029434.0	3810981.6	4130460.4
安提瓜和巴布达	26366.0	26475.0	28826.3	27656.9
巴哈马	1125000.0	1400000.0	1182800.0	1473460.0
巴巴多斯	80430.0	78432.0	96799.0	82204.0
圣基茨和尼维斯	7100.0	9000.0	14402.3	14258.0
特立尼达和多巴哥	577883.0	594363.0	358500.0	368054.7
古巴	228000.0	230000.0	349700.0	340950.0
多米尼克	7974.0	7744.0	8160.0	8083.0
多米尼加	1636869.0	1265132.0	1331742.0	1338403.0
格林纳达	15000.0	16100.0	23900.0	26290.0
牙买加	1891770.0	1638100.0	1833100.0	1873399.0
圣卢西亚	52478.0	41452.0	34044.5	31875.3
海地	163456.0	175307.0	177455.8	169967.2

资料来源：IMF，World Economic Outlook，https：//www. imf. org/en/Data#data.

（三）粮食稳定性

笔者选取有灌溉设施的耕地百分比、政治稳定与没有暴力/恐怖主义两个指标来评估加勒比地区粮食安全的稳定性。

有灌溉设施的耕地百分比的计算公式为

有灌溉设施的耕地百分比＝（有灌溉设施的耕地面积/总耕地面积）×100%

这一指标可衡量农业对灌溉的依赖程度，与粮食安全直接相关。

2000 年以来，加勒比地区总体的有灌溉设施的耕地占比相对稳定，但不同国家之间差别较大（见表 6-9）。从 2016—2018 年的平均值来看，既有像苏里南这样有灌溉设施的耕地占比高达100%的国家，也有像圣基茨和尼维斯这样占比低至0.6%的国家。显然，这种极不平衡的状态不利于维护加勒比地区的粮食安全稳定性。

表6-9　2000年以来加勒比地区有灌溉设施的耕地百分比（3年平均值）（%）

地域	2000—2002年	2004—2006年	2008—2010年	2012—2014年	2016—2018年
世界	21.6	22.7	23.4	23.9	24.1
拉美和加勒比地区	15.3	15.7	16.5	17.2	16.9
加勒比地区	21.6	20.8	18.9	20	20.4
安提瓜和巴布达	4.7	6.2	7.7	9.2	9.5
巴哈马	14.3	14.3	12	12.5	12.5
巴巴多斯	34.1	40.5	42.6	56.8	77.1
伯利兹	4.5	4.8	4.8	4.5	3.9
古巴	21.8	19.3	16.3	17.9	19.1
格林纳达	24	33.3	68.8	66.7	66.7
圭亚那	33	34.1	34.4	34	34
海地	10.6	10.7	9.3	9.3	9.1
牙买加	19	21.6	24.6	25.6	25.6
波多黎各	34.3	44.1	48.8	40.6	43.3
圣基茨和尼维斯	0.3	0.4	0.5	0.6	0.6
苏里南	93.1	99	97.3	100	100
特立尼达和多巴哥	16.8	27.6	28	28	28

资料来源：FAO，Food Balances，https：//www.fao.org/faostat/en/#data/FBS.

政治稳定与无暴力/恐怖主义衡量的是人们对政治不稳定和/或出于政治动机的暴力（包括恐怖主义的可能性）的看法。冲突和暴力已导致千百万人流离失所，给处于动荡地区的人民带来长期的粮食不安全。当国家、社会经济体系和当地社区无力预防、应对或管理冲突时，受影响最严重的往往就是社会中最贫困、最弱势的阶层，而这类阶层往往又是粮食不安全最严重的阶层。在加勒比地区的各国家或地区中，政治稳定程度也出现了两极分化状态（见表6-10）。在安提瓜和巴布达、巴哈马、巴巴多斯等国，政治稳定与没有暴力/恐怖主义指数在近二十年内都在 1 上下波动，表明政治稳定程度较高；但在海地、圭亚那、特立尼达和多巴哥等国，该指数长期处于低位甚至持续保持在负数水平，这显然不利于保障民众的生命财产安全，也不利于粮食安全。

表 6-10　2000 年以来加勒比地区的政治稳定与没有暴力/恐怖主义指数

国家或地区	2000 年	2005 年	2010 年	2015 年	2020 年
安提瓜和巴布达	0.71	0.83	0.9	1	0.96
巴哈马	1.28	0.94	0.99	0.91	0.83
巴巴多斯	1.15	1.12	1.06	1.14	0.94
伯利兹	0.18	0.1	0.07	0.04	0.07
古巴	0.25	0.42	0.35	0.64	0.61
多米尼加	0.49	0.83	0.9	1.08	1.07
格林纳达	1.02	0.41	0.52	0.79	0.96
圭亚那	−0.49	−0.46	−0.46	−0.14	−0.24
海地	−0.63	−1.81	−0.94	−0.67	−0.78
牙买加	0.19	−0.3	−0.43	0.1	0.41
波多黎各	0.26	0.45	0.36	0.86	0.12
圣基茨和尼维斯	n. a.	1.29	1.04	0.58	0.73
圣卢西亚	1.22	1	0.79	0.85	0.93
圣文森特和格林纳丁斯	1.22	1.15	0.79	1	0.96
苏里南	0.21	0.23	0.08	0.26	0.11
特立尼达和多巴哥	0.15	−0.12	−0.05	0.29	0.06

资料来源：IMF，World Economic Outlook，https：//www.imf.org/en/Data#data.

四、制约加勒比地区粮食安全的因素

（一）加勒比地区粮食安全的外部影响因素

1. 新冠疫情冲击粮食安全

在新冠疫情暴发之前，世界已经偏离了“到 2030 年结束各种形式的饥饿和营养不良”的轨道。当前，新冠大流行以及与此相关的管制措施使目标的实现变得更具挑战性。根据世界卫生组织的数据，截至2021年12月31日，全球已有2.89亿人感染了新冠病毒，近200个国家超过540万人死亡，且每天仍有数十万新增病例。① 尽管全球都面临这一危机，但经济门类齐全、实力强劲的大国能更好地应对疫情带来的各种冲击（包括粮食安全问题），也比其他国家和地区能更快地恢复。不幸的是，加勒比国家都没有强大的综合国力。自疫情暴发以来，加勒比国家无不遭受重创。这场百年未遇之大疫情对加勒比地区人民的生活和生计造成持续的困难，同样加重了其粮食不安全的状态。

在新冠疫情的冲击下，加勒比地区的经济发展举步维艰，粮食不安全状态恶化。旅游业是加勒比地区的支柱产业。世界旅游组织的数据②显示，该地区2019年的游客人数创下了3150万的纪录，但2020年的国际游客数量比上年减少了67%。旅游业占巴哈马、巴巴多斯和牙买加等国经济总量的34%—48%，国际旅游收入占格林纳达、圣卢西亚、安提瓜和巴布达、巴哈马、多米尼克、圣文森特和格林纳丁斯、牙买加等国总出口收入的一半以上。③ 新冠疫情导致游客数量骤减带来的冲击是巨大的，这让大多数以旅游业为生的加勒比人的贫困程度加重。由于加勒比地区的每日膳食成本较高④，疫情导致相当一部分竭力负担膳食成本的人无法承担膳食成本，也使一些人降低自己的膳食质量，转而选择一些成本低廉且营养成分较低的食物，最终引起营养不良。糖尿病、高血压、肥胖、癌症和哮喘等疾病通常与营养不良有关，患有这些疾病的人因感染新冠肺炎，死亡的风险更高。因此，疫情直接和间接地影响了加勒比地区的粮食安全，甚至危及加勒比人民的生命。

2. 逆全球化趋势阻碍粮食安全

自2016年英国脱欧以来，曾经的“地球村”观念在一些国家正在被贸

---

① https：//www.who.int/publications/m/item/weekly-epidemiological-update-on-covid-19---6-january-2022.

② https：//www.unwto.org/tourism-data/international-tourism-and-covid-19.

③ https：//databank.worldbank.org/databases/.

④ 2017年加勒比地区人均每日的能量充足型膳食、营养充足型膳食、健康膳食的成本分别为1.12美元、2.89美元、4.21美元，这不仅高于高收入国家的水平（三类膳食的人均每日成本分别为：0.71美元、2.31美元、3.43美元），更大大高于中低收入国家的水平。参见FAO，IFAD，UNICEF，WFP and WHO，*The State of Food Security and Nutrition in the World* 2020，p.132。

易保护、边境修墙、控制移民等逆全球化思潮所掩盖。而对加勒比地区粮食安全影响最大的就是贸易保护主义，尤其是对食物出口的限制措施，因为大部分加勒比国家和地区都是粮食净进口者，粮食自给能力弱。

贸易保护主义在经济不景气或地区冲突爆发的情况下更加猖獗。国际食物政策研究所（International Food Policy Research Institute）的资料①显示，新冠疫情期间，全球有26个国家先后发起了42次限制食物出口的措施（见图6-3），其中包括加勒比地区食物进口的多个重要来源国，如阿根廷、土耳其、越南等，涉及的粮食产品包括大米、小麦、玉米、大麦等所有谷物。这些贸易保护主义政策给本就受新冠疫情影响严重的加勒比地区的粮食安全再蒙上阴影。

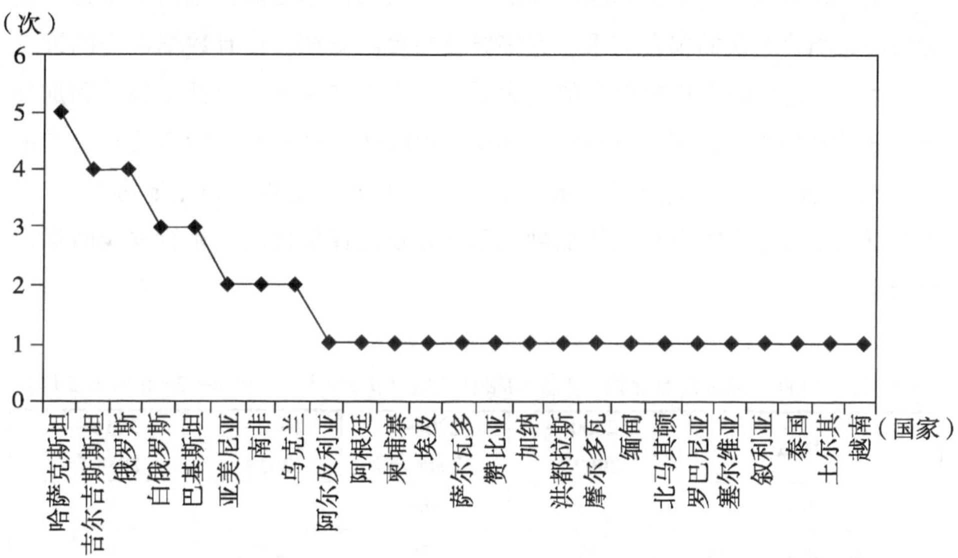

图6-3　新冠疫情爆发以来世界各国发起的食物出口限制措施

资料来源：IFPRI，COVID-19 Food Trade Policy Tracker，www.ifpri.org/project/covid-19-food-trade-policy-tracker.

查找国际食物政策研究所的食物贸易政策监测数据②可以发现，除了2项已经失效的措施外，全球有19个国家的29项食物禁运措施、9个国家的

① IFPRI，*COVID-19 Food Trade Policy Tracker*，www.ifpri.org/project/covid-19-food-trade-policy-tracker.

② IFPRI，*COVID-19 Food Trade Policy Tracker*，www.ifpri.org/project/covid-19-food-trade-policy-tracker.

11 项出口许可证措施、3 个国家的 3 项出口征税政策仍在生效；产品范围涵盖各类粮食品种；政策的发起国包括加勒比地区的重点粮食进口来源国，如阿根廷、土耳其等。值得指出的是，部分国家的食物出口限制政策影响的贸易量占该国同类产品出口总量的比重高达 70%，有的甚至超过 90%。面对这些不可控的国际食物贸易政策，尤其是因公共安全事件、地缘政治冲突等引发的限制粮食贸易的政策，高度依赖从域外进口粮食的加勒比地区的粮食安全风险就更大了。

（二）加勒比地区粮食安全的内部影响因素

1. 生产不足直接导致粮食不安全

加勒比地区粮食安全问题的根源在于自身的产不足需，域内的粮食产量无法满足当地民众的粮食需求，直接导致粮食不安全。在有数据可查的近二十年里，该地区的人均粮食产值大大低于世界平均水平，更低于拉美和加勒比地区的平均水平（见表 6-11）。2016—2018 年，这一地区的人均粮食产值仅有 69 美元/人，比世界平均水平低 33%，不足拉美和加勒比地区的一半。如此低的粮食生产能力必然使加勒比国家在试图保障民众的粮食安全时举步维艰。

表 6-11　2000 年以来加勒比地区的人均粮食产值（美元/人）（2004—2006 年不变价）

地域	2000—2002 年	2006—2008 年	2012—2014	2016—2018 年
世界	259	286	309	103
拉美和加勒比地区	372	438	473	159
加勒比地区	193	178	200	69
安提瓜和巴布达	119	108	80	22
巴哈马	76	83	94	31
巴巴多斯	170	168	153	48
伯利兹	572	536	485	138
古巴	292	230	251	88
多米尼克	397	362	375	128
多米尼加	220	247	284	99

续表

地域	2000—2002年	2006—2008年	2012—2014年	2016—2018年
格林纳达	176	121	142	53
圭亚那	421	411	510	175
海地	99	102	132	43
牙买加	199	191	193	64
波多黎各	90	86	95	34
圣基茨和尼维斯	194	43	48	15
圣卢西亚	175	137	85	26
圣文森特和格林纳丁斯	207	203	209	68
苏里南	174	187	246	80
特立尼达和多巴哥	120	108	104	34

资料来源：FAO，Food Security，https：//www. fao. org/faostat/en/#data/FS.

诚然，在加勒比地区内部，不同国家或地区的粮食生产能力是有差异的。有的国家或地区人均粮食产值略高于世界平均水平，如圭亚那、伯利兹和多米尼克；但大多数加勒比国家和地区的粮食生产能力低下，部分国家和地区的人均粮食产值不足世界平均水平的三分之一，如圣基茨和尼维斯、安提瓜和巴布达、圣卢西亚、巴哈马、波多黎各、特立尼达和多巴哥等（见表6-11）。所谓"巧妇难为无米之炊"，在自身生产不足的情况下，保障粮食安全唯一的机会是寄托于从国外进口粮食，这就取决于是否具备购买能力（收入水平），国际运输能力，以及与粮食出口国之间的国际关系等。

2. 经济不景气助推粮食不安全

因新冠疫情导致的经济不景气，尤其是旅游业凋敝，给加勒比地区的粮食安全带来沉重打击。多数加勒比国家和地区的支柱产业为旅游业，产业门类单一，经济基础脆弱。而新冠疫情及逆全球化思潮引起外部环境动荡，导致加勒比地区的经济增长严重迟缓。2020年，除了圭亚那因石油开采带动出现经济正向增长外，其他加勒比国家和地区均呈现GDP负向增长的态势，如圣卢西亚、巴巴多斯、多米尼克、巴哈马、安提瓜和巴布达等国的经济增长率甚至低于-15%（见表6-12）。

表 6-12　2020 年加勒比国家和地区的 GDP 增长率 I（%）

	I<-20	-20<I≤-15	-15<I≤-10	-10<I≤0	0<I
国家和地区数	1	4	5	5	1
国家或地区	圣卢西亚	巴巴多斯、多米尼克、巴哈马、安提瓜和巴布达	苏里南、伯利兹、格林纳达、圣基茨和尼维斯、牙买加	特立尼达和多巴哥、多米尼加、波多黎各、海地、圣文森特和格林纳丁斯	圭亚那

注：缺乏古巴的数据。

资料来源：世界银行，由 EPS DATA 整理，http：//olap. epsnet. com. cn/。

经济不景气带来的直接后果表现在消费上，就是买不起基本的食物。由于大多数加勒比国家和地区的粮食生产能力低下，无法满足自身的粮食需求，加上公共卫生安全事件导致的经济低迷又降低了进口粮食的购买能力，保障粮食安全谈何容易！据世界银行统计，2018 年，全世界居住在贫民窟中的人口占比为 29. 24%，而加勒比地区的这一比例达到 33. 48%，海地、牙买加等国更是在 50%以上。① 这间接反映了加勒比地区粮食安全面临着严峻挑战。

3. 科教基础薄弱推高粮食不安全

良好的教育、充分的连通性以及有能力密集和智能地利用新技术的人口，是将农村地区转变为机会区和经济发展引擎的关键，也是保证加勒比地区粮食安全的关键之一。普及优质的科学教育让人们不仅能够意识到粮食自给自足的重要性，了解到更科学、更有效率的粮食生产方式，获取食品安全知识，从而提高膳食健康水平，还能够提高创新意识和创新能力。但是在加勒比地区，大批年轻人辍学、不接受教育，也不参与培训或不从事任何工作。例如，在疫情暴发之前的 2019 年，圣卢西亚和多米尼加不接受教育、工作或培训的年轻人的比重分别达人口总数的 30%和 25%，特立尼达和多巴哥的情况可能更加糟糕。② 而且，受到管控新冠疫情的影响，学

① http：//olap. epsnet. com. cn/.

② http：//olap. epsnet. com. cn/.

校被迫关闭，学校教育被迫中止。据联合国教科文组织统计，该地区在疫情期间有310万青年和儿童脱离了教育体系，基础教育面临严峻挑战。可没有良好的科教基础，加勒比地区的农业生产技术就难以推行和创新，从而影响粮食生产效率，进一步威胁民众的粮食安全。

五、加勒比地区应对粮食安全挑战的建议

（一）完善粮食安全保障政策

完善的粮食安全保障政策涉及粮食供应链的方方面面，笔者主要从粮食生产和市场两个角度为保障加勒比地区的粮食安全提出建议。

粮食生产主要涉及为获得粮食产品在生产过程中必须投入的劳动、土地、水资源、资本等要素。为保障粮食生产的可持续发展，加勒比地区需注意以下几点。

其一，保护和调动粮食生产积极性。小农户是加勒比地区粮食生产的主力军，加大对小农户和农业企业的多方位支持力度就能调动粮食生产的积极性。首先，加强农业社区的互联网连接。在伯利兹、圭亚那和牙买加，约有71%—89%的农村人口没有足够质量的连接服务。因此，可以利用数字化将专业知识、融资渠道和创新相结合，在加强互联网建设的基础上建设一个粮食生产及流通信息平台。其次，强化农业补贴。例如，对购置农具，尤其是能够极大提高粮食生产效率的大型机械农具，进行补贴；对优质良种购买予以补贴。适当的农业补贴既能减轻农户的负担，又能促进粮食高效率、高质量地生产。再次，扩大粮食生产者的融资渠道。例如，通过建立担保交易框架进行抵押品改革，促进非传统类型抵押品（农场动物，农作物等）的使用，优化资源配置。最后，健全农业保险机制。例如，针对加勒比地区每年夏季多发的飓风灾害制定农业保险，解决粮食生产者的后顾之忧。

其二，加强土壤和水资源管理。除圭亚那、伯利兹和苏里南外，大多数加勒比国家的土地和水资源管理问题非常相似：由于耕作方法不当，土壤受到严重侵蚀；缺乏土地分区政策导致优质农业用地被住房和其他开发

所取代；农民们只能在脆弱的陡峭土地上种植集约化短期作物；农用化学品和城市垃圾造成的河流污染正在使环境恶化；河流中的沉积物和化学物质正在威胁珊瑚礁和红树林等沿海生态系统。所有这些都影响到加勒比地区的环境及粮食安全。对水资源管理来说，流域综合管理是关键的步骤，即整合所有水文功能的单一单元，确保对土地和水资源的健全管理。

粮食市场主要涉及粮食生产商、农产品加工商、销售者、消费者以及市场监管和政府引导。笔者主要对粮食销售以及市场监管和政府引导提出建议。

首先，营造安全健康的粮食销售市场。一个健康安全的粮食市场能够维护粮食价格稳定，提高民众的膳食质量。为此，当地政府应建立评选监督机制和食品安全责任制，奖励售卖价格公正、产品安全的诚信商家，问责食品安全问题的商家并进行溯源；对农业健康和食品安全区域准则进行审计，推广低成本、健康、本地、营养丰富的食物。

其次，优化运输基础设施。大部分加勒比国家高度依赖粮食进口，因此，运输的重心应放在港口码头的建设上。当地政府应该完善岛内道路建设，尤其要贯通农村与城市即粮食产地与销售地之间的道路；注重冷链运输的发展，加强食物保鲜管理，保证食品安全。

（二）提高农业现代化水平

由于长期受殖民历史的影响和近年来发展重心转移，加勒比地区的农业现代化水平较低，在病虫害防治、数字化农业、专业化种植技术等方面都存在薄弱环节。当下新冠疫情的全球流行使人们急需采取切实可行的、以技术为导向的办法来解决粮食安全问题。只有粮食生产技术进步才能突破自然资源和环境的约束。对此，加勒比地区可采取以下措施。

第一，加强农业技术教育。要提高加勒比地区粮食安全稳定性的能力，就要做到“授人以渔”。教育是发展的根本，有专业化的优质教育才能培养出一批又一批的农业技术人才，有针对性、有启迪性的教育才能激发当地民众的创新积极性，为农业发展提供源源不断的动力。因此，当务之急是加强国际农业技术人才交流，学习国际上先进的农业技术，逐步完善基层农业技术推广和服务体系，让农业科技进村入户，推动农业技术教育的发展。同时，加大农村教育机构的现代化投入，如建立一个附属于高等教育机构的区域虚拟推广平台，以确保与农业社区分享的知识是最新且可行的，因为提高技能和再培训都是农业发展的重要支撑。

第二，鼓励技术创新。要在有限的土地资源上创造最大的粮食产量，必须在科技创新上多下功夫。从国内外的发展经验来看，大数据正在驱动农业发展路径发生变化，以达到提高农业效率、保障食品安全、提供优质农产品的目标。精准农业就是其中的典范。精准农业可以使农民通过利用高科技传感器和分析工具，实施有针对性的关键干预措施，优化和提高土壤质量和生产力，创造更多的生产整合机会。就加勒比地区而言，可以着重发展适合较小规模区域农场的机械化技术。

第三，规避市场和体制的僵化。加勒比地区每年生产的粮食中有约30%的损失①，这是由物理损坏、劣化、高温和其他问题引起的。为此，加勒比国家可以采用土地利用制度（包括对土壤湿度和土壤养分的分析）来促进作物产量的优化；发展作物保险和制定创造性的融资机制；将优势旅游业与传统农业结合成农业旅游；加强推广服务，向食品供应链上游移动，以更多样化的作物结构来应对粮食安全危机。

（三）加强国际农业合作

虽然加勒比地区有一个粮食和营养安全政策框架，支持区域贸易中心的增长，但在有限的资源内既要扩展产业门类，增加经济的多样性，又要兼顾粮食生产的独立性与稳定性，保障粮食安全，就需要“开源节流”，加强国际农业合作，创造良好的农业投资环境。为此，加勒比地区应当注重以下几个方面。

第一，推动粮食流通。加勒比地区出口公司进行的调查显示，48%的中小型企业认为获得信贷是它们面临的主要挑战。世界银行的《2020年营商便利度报告》指出，大多数加勒比国家位列全球的下游水平，只有牙买加和圣卢西亚例外，分别排第71位和第93位。因此，要获取更多的国际融资就要提高加勒比地区的营商便利性，包括设立专门负责打破经商障碍的机构，加快落实优先政策。例如，可以有选择性调整税收，提高食品的营养

① FAO，Food Balances，https：//www.fao.org/faostat/en/#data/FBS.

价值。可在加勒比地区提倡对非必要的和高含糖、盐或饱和脂肪酸的食品征税，或对使用基于营养的或基于食物分类的特定类型的食品征税，同时向消费者提供有关这些税收的用途及其原因的信息、教育和沟通并对税收实施情况进行监测和评估，以此来保护粮食主权，营造健康的家庭粮食环境；在进出口贸易上，根据包括糖、脂肪和盐在内的目标营养素的含量，调整特定产品的进口关税，以确保健康食品的可获得性和可负担性。

第二，吸引域外投资。与流通便利性密切相关的是吸引外国直接投资，创造就业机会，加速经济复苏，提高粮食购买力。虽然加勒比国家一直在努力吸引外国直接投资，但结果并不理想。尽管有个别成功的案例，如特立尼达和多巴哥、圭亚那等自然资源丰富国家的旅游业，但加勒比地区吸引的外资并没有达到创造急需就业机会和实现包容性增长所需的规模，更不用说进入经济价值相对较低的农业部门。新冠疫情加剧了吸引外资的难度，因此，加勒比地区需要创造新的方法来吸引投资，如提出区域性的项目，对多个国家进行捆绑合作，共同吸引投资者。

第三，寻求国际支援。由于疫情导致加勒比地区的粮食购买能力有限，当地可以多渠道寻求国际社会的资助，例如加勒比出口发展局通过直接资助赠款计划获得欧盟发展基金 415 万美元的赠款，主要用于加勒比地区的食品安全认证、设备现代化、产品营销、品牌建设和产品开发等领域，帮助加勒比地区的中小微企业应对新冠疫情带来的挑战，提升企业的竞争力。①同时，加勒比国家应主动寻求国际合作，激发粮食生产活力和创造活力。例如，以本地优势作物（甘蔗、咖啡等热带经济作物）资源为基础，谋求为粮食安全兜底的谷物等粮食作物的相关产业合作和先进技术交流，保障加勒比地区的粮食安全。

① http：//www. mofcom. gov. cn/article/i/jyjl/l/201912/20191202919355. shtml.

第七章　加勒比地区一体化背景下的种族融合和种族赔偿

宋庆宝[①]

摘　要：本章首先对加勒比地区的种族进行概述，分析其种族构成及历史原因；然后总结加勒比地区在一体化背景下种族融合的加强，指出其原因在于种族特色依旧鲜明和种族对立持续存在。在此基础上，本章重点剖析加勒比地区对前宗主国的种族赔偿运动，梳理种族赔偿的历史原因、重大事件和当前发展动态。最后是作者对加勒比地区种族融合和种族赔偿问题的一点思索。

关键词：加勒比地区　一体化　种族融合　种族赔偿

一、加勒比地区种族概述

（一）加勒比地区的种族构成

加勒比地区从哥伦布发现新大陆后逐渐沦为西班牙、英国、法国、荷兰、美国的殖民地，后来或走向独立，或仍然隶属于各宗主国。所以，从宗主国的角度看，加勒比未独立地区有英属、法属、美属、荷兰属和西班牙属之分。而从种族的角度看，加勒比国家和地区大体可以分为三类：一

① 宋庆宝：博士，中国政法大学人文学院副教授。

是以黑人为主体；二是白人和混血种人数量众多；三是多种族混合。

以黑人为主体的国家和地区，种族构成相对简单，如巴巴多斯、巴哈马、格林纳达等以黑人为主，另有少数白人。在巴巴多斯，非洲裔黑人占90%以上，其他的欧裔、亚裔等不到 10%。不过，即使在黑人占绝大多数的国家和地区，其比例也不尽相同，如海地 95%、安提瓜和巴布达 91%、牙买加 90%、巴哈马 85%、格林纳达 74%。①

白人和混血人种数量众多的国家和地区在整个加勒比地区所占比例较小，仅有波多黎各、古巴和多米尼加。混血人种在这三个国家和地区人口中所占的比例分别为 73%、37%和 16%。由于古巴和多米尼加的人口都在 1000 万人以上，作为美国属地的波多黎各也有 350 万人，它们的人口占加勒比地区总人口 4400 万人的一半以上，所以白人和混血人种数量众多。

相比前两类，多种族混合的国家和地区情况较为复杂。有些国家的种族多达十几个，如苏里南、圭亚那、牙买加、特立尼达和多巴哥等。在苏里南，印度裔占 33%，混血的克里奥尔人占 31%，印尼裔占 15%，丛林黑人占 10%，印第安人占 4%，华人占 3%，白人 1%，其他人种占 3%，这里不仅有加勒比地区最大的穆斯林群体，而且印度裔和非洲裔人口比例相差无几。在非洲裔总体上占多数的加勒比地区，印度人在有些国家占的比例不低，如圭亚那 51%，特立尼达和多巴哥 40%。华人在加勒比地区的比例相对不高，其中古巴大约有 11 万人，牙买加 7.5 万人，苏里南 6.5 万人，多米尼加 6 万人。华人在古巴是最多的，今天还可以从华人街窥见昔日的繁荣，而在巴巴多斯，却只有 100 人左右。

由于历史和现实原因，加勒比地区的种族构成极为复杂，被称为“种族大熔炉”。该地区除了黑人、白人、黄人、棕色人等传统种族外，在历史的长河中涌现的更多是混血人种。因为既有土著美洲印第安人、前宗主国白种人，也有后来的印度、中国、黎巴嫩、叙利亚、爪哇等地的劳工移民，还有美国、加拿大、英国、荷兰、法国、西班牙等国投资者或养老者，可谓世界人种之大全。在 500 多年的曲折发展过程中，加勒比地区出现了丰富

① 吴德明：《加勒比地区的民族问题》，《拉丁美洲研究》1991 年第 3 期。需要附加说明的是，因为加勒比地区出于促进种族融合的考虑，不再从种族角度进行人口统计，所以本章的人口数据，除了参考以上文章外，也从网络综合搜集而来。

多彩的混血人种，现在总体上以黑人和混血人种为主，其他人种次之。

（二）加勒比地区种族构成的历史原因

加勒比地区种族构成的形成有着一条相对清晰的历史脉络。大体上以1492年哥伦布发现新大陆为分界点。此前在加勒比地区生活着大约100万土著人，被称为“印第安人”（Indians）、“加勒比人”（Caribs），有时也被称为“阿拉瓦克人”（Arawaks），在小安的列斯群岛，他们也自称为“卡利纳格人”（Kalinagos）。

哥伦布发现新大陆之后，根据英国历史学家迈克尔·科拉顿（Michael Craton）的研究，1492年至1730年间小安的列斯群岛（Lesser Antilles）的土著居民减少了90%。[①]如今，土著人几乎消失殆尽，只在苏里南、圭亚那有16000人，在多米尼加有1000多人。这一方面是由于种族屠杀；另一方面是因为殖民者带来了土著人尚未免疫的疾病，如天花、麻疹、水痘等。

因为土著的桀骜不驯和种族灭绝，所以后来的殖民者（主要是西班牙人、英国人、法国人、荷兰人等）就从非洲贩卖黑奴，输送劳动力到加勒比种植园或者矿山，形成了历史上著名的欧洲、非洲、美洲的三角贸易。跨大西洋奴隶贸易跨度300年，贸易数量高达约1500万人。由于条件恶劣，中途死亡人数就达到了150万人左右，成为历史上最黑暗的一页。当然，除了黑奴，奴隶也有来自英格兰、爱尔兰、苏格兰等地的政治犯或者罪犯。例如，今天巴巴多斯大约有400个爱尔兰白人，被称为红腿子（Red Legs），但比例相对很小，著名歌星罗宾·蕾哈娜·芬迪（Robyn Rihanna Fenty）的祖先就属于这个种族。随着黑人奴隶的增加，加勒比地区的种族构成就转变成以黑人为主了。

由于黑奴贸易的非人道和非法性质，1807年，美国总统托马斯·杰斐逊（Thomas Jefferson）签署法令，废除了奴隶贩卖，英、法等国家也相继宣布废除黑奴贸易。为了解决劳动力短缺的问题，契约劳工开始走上历史舞台。殖民者从亚洲、非洲、欧洲、北美洲招募契约劳工，其中，亚洲劳工来自印度、中国、爪哇、黎巴嫩、叙利亚等地。合同期满后，有些契约劳

① Michael Craton, *Testing the Chains: Resistance to Slavery in the British West Indies*, Ithaca and London: Cornell University Press, 1982, p. 23.

工回国，但绝大多数留在当地繁衍生息，由于不同种族通婚和性侵等原因，黑、白、黄、棕等的混血人种随处可见，如黑人和白人的混血儿被称为穆拉托人（Mulatto），拉丁裔和土著印第安人的混血儿被称为梅斯蒂索人（Mestizo）。这个时期还见证了巴拿马运河的开凿，很多加勒比人成为建筑劳工，为这项世界闻名的工程做出巨大的贡献。可见，以移民为主体的各种劳工，也是加勒比种族构成多样性的一个历史原因。

两次世界大战以后，殖民主义慢慢落下了帷幕，很多殖民地取得了独立，黑人开始走上政治舞台。如巴巴多斯就是在 1966 年脱离英国取得独立，从此形成黑人掌握政治、白人掌控经济的两驾马车模式。黑人掌握国家机器后，开始大力发展教育，黑人的素质也有了极大提高。同时也由于战后的英国和其他欧洲国家需要大量劳动力，很多人就到英国谋求发展。当前英国热门的种族事件——“温德拉什一代”就直指这段历史。“温德拉什一代”指的是英国在 1948—1971 年期间招募大约 50 万加勒比人到英国参与战后重建，因为第一艘船在 1948 年 6 月 22 日到达温德拉什，故得此名。当时英国政府没有记录，所以当最近英国政府要求“温德拉什一代”提供合法证据，否则就被认为是非法移民而遭驱逐，这极大伤害了他们的情感，最终首相特丽萨 · 梅（Theresa May）道歉并提出赔偿计划。

随着美国和加拿大的发展，很多加勒比人也到美国和加拿大谋生，所以今天在英、美、加等国，有着数量可观的有双重国籍的加勒比人。现在，由于拥有地理优势和热带气候，加勒比地区也成为欧美富有阶层的旅游和养老胜地，旅游业获得了长足发展，成为很多国家和地区的经济支柱。如库拉索就有很多退休的荷兰人在此颐养天年，这也是当今加勒比地区人种多样性的一个重要原因。

总之，从土著印第安人到哥伦布发现新大陆，从跨大西洋的黑奴贸易到跨太平洋的契约劳工，从第二次世界大战后的民族独立到 21 世纪的旅游业大发展，种族在这一历史长河中的影子清晰可见，它见证了加勒比地区的曲折历史，也造就了加勒比地区的复杂现实。

二、加勒比地区一体化背景下的种族融合

加勒比地区一体化既是历史的存在，也是现实的趋势。在加勒比地区各个国家独立之前，为了对内加强合作和对外增加话语权，它们就意识到了联合起来的重要性，这在英语加勒比地区尤其明显。1958—1962 年，英语加勒比地区成立西印度联邦（West Indian Federation），其成员除了特立尼达和多巴哥、牙买加和巴巴多斯外，还包括安提瓜和巴布达、开曼群岛、多米尼克、格林纳达、蒙特塞拉特、圣卢西亚、圣文森特和格林纳丁斯、特克斯和凯科斯群岛等，总人口有 300 万人左右。

西印度联邦后来由于各种矛盾解体了，东加勒比地区的 7 个国家和地区在 1981 年成立了东加勒比国家组织（Organization of Eastern Caribbean States），秘书处设在圣卢西亚。目前，加勒比地区最大的区域性国际组织是成立于 1973 年的加勒比共同体（Caribbean Community），这是根据特立尼达和多巴哥、巴巴多斯、牙买加和圭亚那四国总理于 1973 年 7 月签署的《查瓜拉马斯条约》发起创建的，宗旨是推动经济一体化，加强外交政策协调，促进人文社会发展和深化安全合作，促进区域一体化和成员间合作。其成员有 15 个，准成员 5 个，观察员 8 个。加勒比共同体下设政府首脑会议、部长理事会、专业部长理事会、专门委员会、秘书处等机构。该组织采取了诸多措施来加强种族融合，主要有以下两个原因：一是种族特色依旧鲜明；二是种族对立持续存在。

（一）种族特色依旧鲜明

种族特色依旧鲜明体现在政治和社会的方方面面。由于具有共同的语言、文化和风俗等，各种族极容易形成一定的政治组织或者群众团体。例如，在加勒比地区的印度人至今还保留着灯节的习俗，而黑人舞蹈和音乐带有明显的非洲节拍，华人也有着过春节的习惯。这样，各种族之间就有着鲜明的差别，也容易形成不同的政治或者社会组织。圭亚那的人民全国

大会党、苏里南的民族党、特立尼达和多巴哥的人民民族运动党党员都是以黑人为主体的，而圭亚那的人民进步党、苏里南的进步改革党、特立尼达和多巴哥的民主工党党员主要是印度裔。圭亚那还有爪哇人的印度尼西亚农民党，黑人的进步丛林黑人党等。在社会组织方面，圭亚那印度人就成立了印度人农业工人工会，黑人成立了劳工工会。所以，各种族之间差异非常明显，也有着一定的界限。例如，在巴巴多斯的华人就很少和当地人交往，也很少参加当地的政治活动。

种族的鲜明特色也体现在相同的信仰之中。例如，特立尼达和多巴哥的穆斯林有来自印度次大陆的，也有来自非洲的，他们就有着不同的主张和团体，非洲穆斯林更追求政治公平，而印度裔穆斯林更主张文化改革，所以，来自不同地区的不同种族，即使有着相同的信仰，也会形成不同的观点和文化。

种族的鲜明特色还体现在相同的宗主国之内。如在荷属ABC群岛，阿鲁巴人（Aruba）多是欧洲裔和印第安裔，而博奈尔人（Bonaire）和库拉索人（Curaao）多是非洲裔，可见，同是荷兰属地也有不同的种族文化。

（二）种族冲突依旧存在

由于历史和现实的原因，种族对立在加勒比地区依旧存在着。虽然表面上加勒比地区的种族冲突没有大规模爆发，但是种族之间的紧张关系在一定程度上存在着，尤其是种族歧视，这在白人和黑人之间尤为明显。如在牙买加，非洲裔就很难获得和白人同样的工作机会，而作为人口少数的白人，即使受教育水平一般，也能相对容易地获得工作，所以在牙买加流传着这样的顺口溜："如果你是黑人，靠边去站；如果你是白人，永远正确。如果你是棕色人，且行且看。"（If you are black，stay back；If you are white，you are right；If you are brown，stick around.）可见，种族歧视和不平等的观念还是深深地流淌在了他们的文化血液之中。

在美国发生弗洛伊德事件后，加勒比地区对此进行了反思和抗议，所以种族之间，尤其是白人和黑人之间的冲突与奴隶主和奴隶的冲突有着深厚的历史渊源，在今天依旧静水流深。为了消除种族歧视，加勒比国家和地区禁止统计种族方面的数据，而且通过不同种族之间通婚来模糊各种族的界限。例如在古巴，由于种族和种族之间的通婚者较多，所以种族具体数字不清，只能根据 2014 年正染色体的研究，认定其来源 72%是欧洲，20%是非洲，8%是土著，而这个结论是相对模糊的。

鉴于加勒比地区鲜明的种族特色和持续的种族对立，为了推进加勒比地区一体化，种族融合必须加强。在历史和现实中，各个种族之间有着诸多融合与合作。

首先是由于共同的历史背景和社会经历。除了现有极为少数的土著，不管是非洲裔黑人，还是亚洲裔契约工人，或者欧美白人，都算是外来移民，他们共同生活在加勒比地区的同一片天空之下，而且占人口大多数的非洲裔和亚洲裔都有着反对白人种族主义、反对殖民主义的共同奋斗目标，所以在取得了国家独立后，各个国家都重视种族的团结和融合。如巴巴多斯固定举办诸如全球文化展览这样的活动，促进各个种族之间的相互了解和宽容。在展览上，非洲土著、基督教、天主教、伊斯兰教、印度教等都和平而友好地展示自己的种族和文化特点。牙买加甚至将“多种来源、一个民族”写在了国徽上。1980 年的圭亚那宪法也强调，无论什么种族，祖籍何方，不管政治观点、肤色、信仰和性别有什么不同，所有人都享受相同的基本权利和自由。很多带有鲜明种族特色的政党也开始打破种族的界限，吸收其他种族成员入党，以便具有更广泛的代表性。如圭亚那人民全国大会党本来是以黑人为主体的政党，后大量吸收印度人加入。苏里南在 1980 年发生了以黑人和混血种人为主体的军事政变，选出的文人政府的总理是华裔陈玉先，陈玉先后来还成了总统。其后的继承人是印度人弗雷德·拉姆达特·米西尔（Frederick Ramdat Misier），其后又是拉姆塞瓦克·尚卡尔（Ramsewak Shankar），而各个部长也由各个种族人担任。由于注重种族融合，加勒比地区在一定程度上有效避免了大规模的种族冲突和暴乱。

圭亚那总统默罕默德·阿里（Mohamed Ali）是圭亚那第一个穆斯林总统，他来自人民进步党（People' s Progressive Party），支持者多是印度裔，而印度裔大多信奉印度教，这样一种结合体现了圭亚那的种族融合。2021 年 9 月 23 日，阿里在联合国第 76 场一般性辩论上强调了和而不同的重要性，指出圭亚那拥有美洲印第安人、非洲、欧洲、印度、中国的不同文化和宗教，就是世界的一个缩影；政府相信不同的文化是国家的财富，每个民族在各个方面都是平等的，圭亚那将成为世界多民族融合的典范，为解决以色列和巴勒斯坦、印度和巴基斯坦等问题提供一个范例。由此可见，加勒比地区对种族融合的重视和自信。

三、加勒比地区的种族赔偿

虽然加勒比国家和地区都在消除种族歧视，在争取种族团结方面采取很多措施，也取得了很大成效，但是由于历史原因，种族歧视和不平等仍然是一个较为严重的社会问题。

种族赔偿就是对这一历史问题的当代回应。

（一）种族赔偿的历史原因

西印度大学校长希拉里·贝克尔斯教授（Hilary Beckles）在《英国黑债》中曾写道："英国人利用各种手段抓获黑人并进行跨大西洋的奴隶贸易，其中绑架、摧毁反对奴隶贸易的州、暗杀其政治领袖等都很常见。"①16世纪中叶，在正式将套着锁链的非洲人贩卖到大西洋彼岸之初，英国的商人们就对这一商业贸易的罪恶心知肚明。被贩卖到加勒比地区的奴隶不是人力，而是财产，就如同牛马一样，其地位可以从下面的表7-1中看出。

表7-1　劳瑟种植园的出生与死亡统计（1825—1832年）②

1825年的增加和减少 生下9个奴隶 生下10只小牛	死掉9个奴隶 死掉2匹马，3头牛	
1829年牲畜价值增加 生下9个奴隶，死掉8个 生下10头牛，死掉5只 金额：		余额：75英镑 余额：50英镑 增加总额：125英镑

① Hilary Beckles, *Britain's Black Debt*, Mona: University of the West Indies Press, 2013, p. 37.

② "Lowther Plantation Paper", Add. MS 43507, British Library.

续表

1832 年牲畜自然增加值 6 个奴隶，50 英镑/个 金额：	生下 10 个 死掉 4 个	 300 英镑
减掉 3 只牛，10 英镑/头 死掉 5 头牛，生下 2 头 死掉 2 匹马，30 英镑/匹 总额：	减 30 英镑 减 60 英镑	 90 英镑 210 英镑*

* 在 2010 年的总价值约合 151000 英镑。

许多女性更是沦为妓女。奴隶主可以不受限制地与作为商品的女性奴隶发生性关系，这是加勒比地区的奴隶制在法律和风俗上赋予英国奴隶主的权利。作为奴隶制度下财富积累的迂回途径，提供性服务与生产物质产品没有明显区别，生产、性快感和再生产在奴隶市场经济中很难区分。就被奴役的女性而言，她们的家务工作不仅包括体力劳动，也包括提供性服务以及（多次）生育，这些孩子将被视为财产进而加快财富资本化的进程。不仅是英国的政客，而且很多人由此走上了权力巅峰。

解放黑奴后，得到赔偿的不是作为受害者的奴隶，而是利益获得者的奴隶主。1838 年，英国人结束奴役黑人长达 250 年的"国家罪行"，对最后一批奴隶主给予了 2000 万英镑的赔偿。从国家的角度讲，这是对公民放弃财产的行为用金钱进行的合法赔偿。"19 世纪 30 年代的英国要比今天小得多，2000 万英镑占政府收支的 40%，这是一个巨大的数字，或许相当于今天的两千亿英镑。……最终根据经济规模，2000 万英镑约合今天的 760 亿英镑。（表 7-2）"①

① Nicholas Draper, *The Price of Emancipation: Slave-Ownership, Compensation and British Society at the End of Slavery*, Cambridge: Cambridge University Press, 2010, pp. 106-107.

表 7–2　西印度群岛奴隶的估价①

殖民地	加勒比地区的价格（英镑）	英国赔偿（英镑）
牙买加	13951139	6161927
英属圭亚那	9729047	4330665
巴巴多斯	3897276	1721345
特立尼达	2352655	1117950
格林纳达	1395684	611936
圣文森特	1341491	576446
圣卢西亚	759890	333700
多巴哥	529941	232400

1834 年，在西印度群岛的英国殖民地有 664970 个被奴役者，他们在殖民地的分布，见表 7–3。

表 7–3　西印度群岛的奴隶人口②

殖民地	被奴役的人口
巴巴多斯	83150
圣基茨	17525
尼维斯	8840
安提瓜	28130
蒙塞拉特	6400
维京群岛	5135
牙买加	311070
多米尼克	14165
圣卢西亚	13275

① Kathleen Mary Butler, *The Economics of Emancipation: Jamaica and Barbados*, Chapel Hill: University of North Carolina Press, 1995, p. 28.

② B. W. Higman, *Slave Population of the British Caribbean*, 1807–1834, Baltimore: Johns Hopkins University Press, 1984, p. 418.

续表

殖民地	被奴役的人口
圣文森特	22250
格林纳达	23645
多巴哥	11545
特立尼达	20655
德梅拉拉-埃塞奎博	64185
伯比斯	19360
开曼群岛	985
巴哈马群岛	9995
安圭拉	2260
巴布达	505
总数	664970

（二）种族赔偿的重大事件

奴隶赔偿的一个重大事件是2001年的德班会议。自1948年通过《世界人权宣言》以来，国际社会在反对种族主义、种族歧视等方面取得了重大进展，但是在消除种族隔离和种族偏见方面取得的成果有限。2001年，为了应对新千年的挑战，处理欧洲殖民者所犯下的历史罪行，联合国召开德班会议，其目的是反对种族主义、种族歧视、仇外心理和相关的不容忍现象，建立一个能够充分实现普遍人权，人人不受歧视的社会和国际秩序。

1993年4月27日至29日，第一次泛非洲赔偿大会（First Pan-African Congress on Reparations）在尼日利亚的阿布贾举行，这次会议为后来召开德班会议奠定了坚实的基础。2001年，一些非洲学者、公民社会组织、妇女和年轻人组织，为准备德班联合国会议而在塞内加尔的格雷岛开会，“非洲人权联盟”（Inter-African Union for Human Rights）从中协调。会后的《格雷倡议》号召为奴隶贸易的受害者制订国际赔偿计划（International Compensation Scheme），设立发展赔偿基金（Development Reparation Fund），提供资源，帮助受殖民主义影响的国家消除贫穷。倡议进一步提到，这样的赔偿和补偿形式应当以一种实际而且有导向性的方式在会议上确定下来。同样，赔偿应当由在犯罪中受益的国家和私人企业来具体执行，通过实际行动切实提高非洲人及其流散者的经济、文化和政治生活水平。

在德班会议上，加勒比地区发挥了积极作用。参加会议的加勒比国家和地区包括牙买加、巴巴多斯、圣文森特和格林纳丁斯、伯利兹、古巴、特立尼达和多巴哥、海地、多米尼加、波多黎各、圭亚那和苏里南。应巴巴多斯文化部部长米娅·莫特利（Mia Mottley）的要求，西印度大学校长雷克斯·内特尔福德（Rex Nettleford）在本校组建专家组，就种族和种族主义问题撰写报告并向莫特利提交，给巴巴多斯代表团提供建议。以下是巴巴多斯的立场。

- 后殖民时代的加勒比地区在种族管理上是全球领导者，在多种族文明中是相对的成功者。
- 针对奴隶制度的赔偿应当在国家和国际层面上同时支付和实行。
- 殖民地的奴隶制度和欧洲的跨大西洋奴隶贸易已构成反人类罪。
- 赔偿应当从建立教育基金开始。

这一立场成为加勒比地区其他代表的立场，广受赞誉。不过，与会各方立场差别甚大，没有就赔偿问题达成一致意见，对于非洲—欧盟—西方联盟所达成的以援助形式代替赔偿的协议，加勒比地区的代表团表达了官方保留意见。

在联合国 2009 年德班审议大会（Durban Review Conference）和 2021 年纪念《德班宣言和行动纲领》20 周年相关会议上，西方国家缺席或抵制会议，使得赔偿运动举步维艰。

然而，加勒比国家并没有止步不前。2003 年，时任海地总统让-贝特朗·阿里斯蒂德（Jean-Bertrand Aristide）要求法国向海地赔偿 210 亿美元。海地的种族主要是西非的约鲁巴人（Yoruba），他们被贩卖到海地后保留了伏都教（Voodoo）信仰，在 1804 年独立后掀起了驱逐白人的运动，也受到了法国军队的打击，被迫赔偿法国 9000 万金法郎才获得真正的独立。海地要求法国赔偿的 210 亿美元，就是对当年海地被迫向法国支付的巨额赔偿，但是这个赔偿要求至今难以得到满意回应。此后，2007 年的圭亚那总统巴拉特·贾格迪奥（Bharrat Jagdeo）和 2011 年的安提瓜和巴布达驻美国大使罗纳德·桑德斯（Ronald Sanders）等人都强烈要求种族赔偿，使种族赔偿运动如涓涓细流，连绵不绝。

（三）当前种族赔偿的发展动态

2021 年 7 月 23 日，加勒比赔偿委员会（Caricom Reparation Commission）发表正式声明，指出赔偿运动是 21 世纪最大的政治思潮和人权运动，在美国和加勒比地区的发展尤为引人注目，对于反对殖民主义，实现社会正义都起着重大推动作用。

自新冠疫情全球暴发以来，非洲裔受害颇为严重，加勒比地区的种族赔偿也取得了进展。2021 年 8 月 25 日，西印度大学校长、加勒比共同体赔偿委员会主席希拉里・贝克尔斯爵士宣称收到一笔来自英国音乐家布丽姬・弗里曼（Bridget Freeman）的 50 万美元赔偿金，将用于大学的教育事业。这是“2021 年全球赠与运动”（Global Giving Campaign）的一部分，也是格拉斯哥大学 2000 万英镑赔偿项目之后的第一次个人赔偿活动，对于唤起全球的赔偿运动，消除白人优越感，促进民族融合具有重要意义。

2021 年 11 月 30 日，巴巴多斯成了最年轻的共和国，桑德拉・梅森爵士（Dame Sandra Mason）取代伊丽莎白女王成为巴巴多斯的国家元首，和殖民主义彻底告别。与此同时，向英国要求种族赔偿的呼声也随之高涨。17 世纪 30 年代，德拉克斯（Drax）家族建立了巴巴多斯第一个奴隶主种植园，是加勒比奴隶制度的开创者、维护者和受益者，希拉里爵士等人要求将其在巴巴多斯的 621 英亩的甘蔗种植园归还给国家，作为奴隶制度的赔偿。7 月 18 日，巴巴多斯数百人举行游行示威，要求英国多赛特南部的国会议员理查德・德拉克斯（Richard Drax）进行赔偿。

为了促进种族融合，加勒比地区兴起文化寻根运动，举办非洲黑人月活动，加强和非洲的联系。受疫情影响，很多活动推迟了，但是巴巴多斯在疫情严重时得到加纳医疗队的支援。2021 年 3 月 13 日，巴巴多斯外交和外贸部部长杰罗姆・沃尔科特（Jerome Walcott）宣布，将在肯尼亚、加纳和阿拉伯联合酋长国设立外交代表处。5 月 31 日，圭亚那卫生部部长弗兰克・安东尼（Frank Anthony）宣布，非洲联盟已向加勒比共同体分派 150 万剂美国生产的强生疫苗。9 月 7 日，首届加勒比共同体—非洲峰会线上举行，会议主题是“跨越大陆和大洋的团结：深化一体化的机遇”。与会的各国国家元首和政府首脑承诺加强合作和团结，促进两个地区之间的贸易、投资和民间交往。在种族融合思潮的影响下，加勒比地区和非洲的联系大大增强了。

随着种族寻根的兴起，泛非洲主义也有了很大的发展，促进了整个非洲大陆及其流散群体，包括加勒比地区黑人之间的合作。作为文化的继承者和传承者，大学在这方面发挥了重要的作用。例如，西印度大学与非洲的大学加强合作，促进国家间的友好关系，创建了共同的文化和殖民地纽带。加纳艺术家马克·布图（Mark Buku）和帕提恩斯·布图（Patience Buku）在巴巴多斯举办为期三个月的培训，向巴巴多斯工匠介绍加纳传统和当代的纺织品和设计技术，这既促进就业，也传承文化，加强合作，同时增强了加勒比地区的文化自信。

在种族寻根和种族赔偿的背景下，2013 年 9 月成立的加勒比赔偿委员会提出了十点赔偿计划，包括正式道歉、赔偿、原住民发展项目、文化机构、公共卫生危机、文盲扫除、非洲知识项目、心理康健、技术转让、债务取消，这些全面而清晰的赔偿计划有力地促进了加勒比地区甚至全球的种族赔偿运动。

四、一点思索

种族赔偿在加勒比地区，甚至在非洲、美国和欧洲都方兴未艾，成为 21 世纪的一个热点问题。在区域一体化和种族寻根的背景下，加勒比地区内部应该采取有差异的平等政策，而相关殖民国家也应该直面历史，及时回应、妥善处理种族赔偿的诉求。

为了缓解种族冲突，弥平加勒比地区土著、非洲裔和其他人在经济、社会上存在的显著差距，制定公平政策具有重要意义。但是不应该采取一刀切的方法追求绝对公平，而要纳入纵向公平的概念，即要有区别地对待不同的群体，在奴隶制度中获益的强势群体现在应该多付出，而受损的弱势群体可以相对少付出。例如，美国针对不同群体的政策应该有所差别，就如同对待土著印第安人，对非洲裔也应该制定更多的补助、倾斜和优惠政策，以帮助其应对新冠疫情中相比白人群体更加艰难的处境。加勒比地区也应该在生育、教育、就业、医疗等方面为土著和非洲裔提供更多的资源和机会，从而促进种族平等和融合。

种族寻根的热潮，特别是种族赔偿的提出，有着历史和现实的原因，也有着当今鲜活的赔偿案例和广大非洲裔的实在需求，对于消除种族隔阂，促进种族团结都有着重大的意义。前宗主国的个人、团体和国家，甚至是区域性国际组织和联合国，都应该认真思索和严肃对待，通过对话和协商，提出切实可行的方案。例如，英国的德拉克斯家族就应该正面历史，回应加勒比地区广大人民的关切。英国、法国、西班牙、葡萄牙、荷兰等国的政府都应该和被殖民国家展开真诚而严肃的对话，这不仅影响着它们自身的国际形象，而且影响着国际关系与全球和平。致力于促进全球和平与发展的联合国也应该将此列入会议议程，一起向历史，一起向未来！

第八章　加勒比地区气候变化问题及治理现状

巩潇泫①

摘　要：受制于地理位置、发展状况、技术水平等问题，加勒比地区是全球气候变化影响最为严重的地区之一，极端天气及其引发的社会经济问题给加勒比国家的生存与发展带来诸多挑战。面对这一情况，加勒比国家在加强自身适应和减缓气候变化行动的同时，依靠加勒比共同体机制提升地区气候治理能力，积极与欧盟等外部行为体进行合作，推动全球气候治理朝着更高标准发展。但在实践过程中，加勒比国家也不得不面对内部治理条件匮乏、外部话语权缺失的双重困境。

关键词：加勒比国家　气候治理　国家自主贡献　小岛屿国家联盟

加勒比地区因其地理条件和发展情况制约，长期以来都遭受着气候变化问题带来的诸多挑战，干旱、飓风等极端天气频发，给该地区的经济、社会发展造成严峻威胁。有6个加勒比国家位列“世界上最容易发生灾害国家”的前10名，且所有加勒比国家都位列这个排行前50名。② 同时，作为小岛屿发展中国家（Small Island Developing States，SIDS），加勒比国家还面临着资金短缺的难题，技术落后且气候援助基金不到位，这加剧了该地

① 巩潇泫：博士，天津外国语大学国际关系学院讲师。

② CARICOM，“Region Needs to Strengthen Its Resolve to Advance a Green Resilient Recovery Post-COVID-19: CARICOM SG to USAID Climate Change Symposium”，June 16，2021，https：//caricom.org/region-needs-to-strengthen-its-resolve-to-advance-a-green-resilient-recovery-post-covid-19-caricom-sg-to-usaid-climate-change-symposium/，访问时间：2022年1月5日。

区气候治理的困境。因此，长期以来加勒比国家都将气候变化视为影响其生存、制约其发展的主要问题，并积极参与全球气候治理，在认真履行气候承诺的同时，推动更富雄心的全球气候目标的通过及实现。加勒比地区内所有国家都批准《京都议定书》并签署了《巴黎协定》，在国家自主贡献（Nationally Determined Contributions，NDC）更新方案提交过程中也表现积极。另外，加勒比国家在全球气候治理中积极寻求国际支持，最大限度争取主动权，要求建立独立的气候变化赔偿机制以及优先获得气候资金的援助。在 2021 年 COP26 召开之前，加勒比国家以地区内气候合作为基础，充分利用小岛屿国家联盟（the Alliance of Small Island States，AOSIS）这一平台，巩固和强化与欧盟、美国等的伙伴关系，在国际气候谈判中努力提升话语权，争取国际社会的政策倾斜。中国与加勒比国家同为发展中国家，在气候变化问题中也存在广泛共识和合作潜力。

一、加勒比地区气候变化问题及其社会、经济影响

（一）极端天气频发

气候变化最直接的表现就是极端天气频发，在加勒比地区主要的极端天气表现包括极端高温、极端干旱和极端降水等。世界气象组织（World Meteorological Organization，WMO）发布的拉美和加勒比地区气候状况报告显示，2020 年是加勒比地区有史以来最炎热的年份之一，几乎所有加勒比国家和地区的温度都高于历史平均水平。其中，格林纳达、圣基茨和尼维斯、圭亚那、牙买加、马提尼克、波多黎各和圣卢西亚等地的平均气温创下历史最高纪录。①

对大部分加勒比国家来说，与极端高温天气相应的还有干旱问题。低于正常水平的降雨量导致了大面积干旱，一般于 6 月开始的雨季也因极端干旱的异常天气而延迟。根据综合干旱指数（IDI）分析，多米尼加和海地都出现了极端的干旱天气。由于干旱天气增加，部分加勒比国家还面临淡水

---

① WMO，“State of the Climate in Latin America and the Caribbean”，https：//public. wmo. int/en/our-mandate/climate/wmo-statement-state-of-global-climate/LAC，访问时间：2022 年 1 月 5 日。

资源紧缺的压力。

在大量热带海浪的作用下，地区内的干旱情况才得到缓解，但随之而来的飓风又导致了强降雨频发。两场四级飓风“埃塔”（Eta）和“伊奥塔”（Iota）给加勒比地区带来了巨大的破坏。自2000年以来，加勒比地区的飓风强度和海平面年际变化都有明显增加。随着温室气体浓度上升，海水变暖，海平面上升。同时，由于不均匀的海洋热膨胀和区域盐度变化，海平面上升的速度在地理上的表现也是不均匀的，加勒比海海平面的上升速度略高于全球平均水平，预计为3.56±0.1毫米/年。而且，加勒比海海平面的上升速度与厄尔尼诺现象高度相关，厄尔尼诺现象越强，海平面上升越剧烈。

（二）气候变化引发社会经济问题

气候变化带来的极端天气危害和新冠疫情叠加，正在对加勒比国家造成重大的环境、经济和社会影响。极端天气频发及海平面上升对加勒比地区的房屋、医疗设施和其他基本服务造成了严重损害。对加勒比地区来说，这种影响是普遍性的，但对于加勒比国家内部而言，这种影响又存在一定的差异性。在加勒比国家内部卫生基础设施建设薄弱的地区，脆弱性更加明显；而生活在贫穷国家的妇女和儿童等弱势群体最容易受到由此产生的健康威胁。如果无法获得有针对性的国际援助，加勒比国家将无力应对大流行病和气候变化的双重冲击。

在农业生产方面，极端天气加剧了本已受到经济冲击、新冠疫情影响的加勒比国家粮食安全问题。根据《全球粮食危机报告》，2020年中美洲和海地的严重粮食不安全状况显著增加，约1180万人遭受“危机”或面临更严重情况。[①]《2021年世界粮食安全和营养状况》的数据显示，2020年拉美和加勒比地区的饥饿人数相较于2019年增加了约1400万；2020年加勒比地区中度或重度粮食不安全的发生率高达71.3%，且其中半数以上面临重

① Global Network Against Food Crises and Food Security Information Network, *Global Report on Food Crises 2021: Joint Analysis for Better Decisions*, May 2021, p. 16. https://www.fsinplatform.org/sites/default/files/resources/files/GRFC%202021%20050521%20med.pdf，访问时间：2022年1月8日。

度粮食不安全。① 气候变化被认为是加勒比地区农业和粮食系统的主要干扰因素之一，影响了该地区粮食储备的稳定性、可获得性、可负担性和使用性。气候变化可以直接影响生产过程，可能会减少可获得食物的数量和种类，还会由于温度和湿度不合适而影响储存收获的环境条件，从而造成损失。比如，干旱严重影响了加勒比地区的农作物产量，2020 年大豆产量降至 20 年来的最低水平。联合国政府间气候变化专门委员会（Intergovernmental Panel on Climate Change，IPCC）关于气候变化和土地的特别报告也提到了这一影响，预计到 2046—2055 年，拉丁美洲和加勒比地区 11 种主要作物的产量将减少 6%。② 而对那些收入全部或部分依赖农业部门的家庭而言，家庭收入也会因此受到明显影响，进而还可能影响农业领域的市场劳动力需求，影响粮食购买力。同样，家庭购买能力也会因粮食价格上涨而下降，而粮食价格上涨是大多数脆弱的农村家庭无法负担的。干旱除了对人们的生活质量造成影响，也对牲畜造成影响，从而使人们的日常粮食消费大幅减少。

气候危机和新冠疫情放大了该地区及国家内部的不平等，并对收入分配、贫困和国家收入产生负面影响。不断增加的债务水平是阻碍加勒比地区发展和造成持续贫困的原因之一。对加勒比地区的小岛屿发展中国家来说，在新冠疫情影响下，国家债务明显恶化。加勒比国家一直在通过多边途径为政府、气候融资专家、民间社会、私营部门以及联合国系统和机构提供空间，讨论关于如何推进小岛屿发展中国家债务换气候的实施方案。作为对小岛屿发展中国家经济救援计划的一部分，国际社会有机会在推进气候保护行动的同时，帮助各国解决债务危机，帮助小岛屿发展中国家实现可持续发展目标、《小岛屿发展中国家快速行动方式》（SAMOA Pathway）和《巴黎协定》的相关承诺。

---

① 联合国粮食及农业组织等：《2021 年世界粮食安全和营养状况》（第 2 章），https：//www.fao.org/3/cb4474zh/online/cb4474zh.html#chapter-2_ 1，访问时间：2022 年 3 月 27 日。

② IPCC，*Special Report Climate Change and Land*，chap.5，https：//www.ipcc.ch/site/assets/uploads/sites/4/2021/02/08_ Chapter-5_ 3.pdf，访问时间：2022 年 1 月 8 日。

二、加勒比地区的气候治理现状

加勒比国家参与国际气候治理主要有三类诉求：一是谋求生存权，二是谋求发展权，三是谋求话语权和影响力。[①] 小岛屿国家的地理条件决定了加勒比各国在气候变化威胁下面临极大的生存压力。发展中国家的身份及相应的经济社会发展水平限制了加勒比国家应对气候变化问题时的行动能力，脆弱性凸显。二者叠加迫使加勒比国家在全球气候治理尤其是国际气候谈判中不断发声，寻求国际社会的关注，期待依靠外部援助解决内部问题。目前，加勒比国家已经在国内层面及地区层面采取了一系列措施，试图通过优秀国家的示范作用、地区合作等方式，提升气候行动的有效性。

（一）地区内主要国家发挥引领表率作用

目前，在国家层面上，加勒比地区的小岛屿发展中国家已开展诸多适应气候变化的行动，主要用于适应飓风、降雨和干旱问题，其中大多数适应措施选择在沿海地区及水利和农业部门进行。[②] 后巴黎时代的全球气候治理体系对国家的主观能动性提出了更高的要求，京都时代自上而下的治理方式已转向强调国家通过提交国家自主贡献（NDC）的方式，自下而上参与气候治理，确定各自目标，从而推动国际控温目标的实现。

加勒比国家在《巴黎协定》准备期间，以NDC的形式提交了气候行动承诺，现在各国正在进一步提高它们的气候雄心。第一版NDC方案更多地展示出加勒比国家在应对气候变化问题上的主动性和积极性，并希望以国家高标准促进国际气候行动整体高标准目标达成，而在第二版或更新版的NDC方案中，加勒比国家则展现出了更加务实的问题解决方式，方案安排在保证甚至是提升目标标准的基础上，凸显了方案设计的科学性和实践的

---

① 王飞：《发展中国家气候融资的困境与突破——以拉丁美洲和加勒比地区为例》，《城市与环境研究》2017年第2期。

② Stacy-ann Robinson, "Adapting to Climate Change at the National Level in Caribbean Small Island Developing States", *Island Studies Journal*, Vol. 13, No. 1, 2018, p. 86.

可操作性。

目前，加勒比国家在提交更新版 NDC 方面整体表现积极，如表 8-1 所示，截至 2021 年 10 月 25 日，已经有 8 个加勒比国家提交了二次方案或更新了 NDC 方案。其中，苏里南和格林纳达已经提交了第二版 NDC 方案，而截至 2021 年 11 月月底，全球仅 13 个缔约方完成了该项工作；苏里南和牙买加提交时间均位列全球前 20 名，不仅为区域内其他国家也为国际社会做出了表率。① 下文将选取苏里南、牙买加、格林纳达和伯利兹作为代表，结合各自的 NDC 方案对其气候行动及发展规划进行介绍。

表 8-1　已提交二次或更新版本 NDC 方案的加勒比国家情况

国家	首次提交时间	更新或二次提交时间
苏里南	20190213	20191209
牙买加	20170410	20200630
格林纳达	20160422	20201130
圣卢西亚	20160422	20210127
巴巴多斯	20160422	20210730
伯利兹	20160420	20210901
安提瓜和巴布达	20160921	20210902
圣基茨和尼维斯	20160422	20211025

资料来源：https：//unfccc. int/process-and-meetings/the-paris-agreement/the-paris-agreement/nationally-determined-contrinutions-ndcs/NDC-submissions，访问时间：2021 年 12 月 15 日。

1. 苏里南

苏里南于 2019 年 12 月提交了最新版 NDC 方案。相较于第一版方案，该方案在减缓目标的类型和范围方面进行了拓展，增加农业和基础设施方面的措施。第二版 NDC 方案对苏里南面对气候变化的高度脆弱性进行了说明：苏里南极易受到气候变化的影响，人口少，主要经济活动和基础设施都集中在低洼的沿海地区，经常受到暴雨、洪水、旱季高温和大风影响，

① UNFCCC，“NDC Interim Registry”，https：//unfccc. int/process-and-meetings/the-paris-agreement/the-paris-agreement/nationally-determined-contrinutions-ndcs/NDC-submissions，访问时间：2021 年 12 月 15 日。

海岸被广泛侵蚀。第二版 NDC 方案概述了苏里南尝试以计算成本效益的方式实现经济发展脱碳目标，同时强调保护国家自然森林完整性，加强环境复原力建设，采取适应和缓解行动。新版方案还对实践过程中的亮点项目进行了介绍，比如苏里南在建立框架以减少排放、制定战略以提高森林部门的碳储量、参与 REDD+进程方面所做的努力。在 2017—2021 年的国家政策发展计划中，苏里南明确将“发展多样化经济基础，利用大自然提供的多种可能性，保护环境”作为优先事项，以应对人口少和经济开放两大基本发展挑战，该计划为实现新版 NDC 目标提供了坚实的基础。目前，苏里南正在制订一项总价值约为 6.96 亿美元的投资计划，涉及能源、交通、农业、林业等多个领域，以确保第二个 NDC 目标实现。

2. 牙买加

牙买加于 2020 年 6 月 30 日提交了修订版的 NDC 方案，成为第 18 个提交的缔约方。修订后的 NDC 比第一版展示出更多的气候雄心，扩大了减排部门的范围，提升了减排目标。具体表现在三个方面：一是该方案将其适用性扩展到土地使用变化议题和能源部门，并逐步向更广泛的目标迈进。二是该国明确了深化在能源部门实现减排的机会，并涵盖发电和能源使用等子部门。上述措施将有助于牙买加 NDC 目标的提升，到 2030 年，相对于一切照旧的情况（考虑到截至 2005 年的政策），预计这两个部门的减排量将达到 25.4%—28.5%，该数据将比其他部门低 1.8—2.0MtCO_2e，这一标准远高于前版 NDC 设定的 1.1—1.5MtCO_2e 目标。三是该国将气候变化的适应行动作为贯穿各部门的一个重要因素。例如，向清洁能源的转变将减少当地的空气污染，提升公众生活质量；保护森林覆盖率将改善水、土壤和空气质量，并减少土壤侵蚀。

3. 格林纳达

格林纳达于 2020 年 11 月 30 日向《联合国气候变化框架公约》提交了第二次国家自主贡献方案。在此份 NDC 承诺中，格林纳达将通过在能源、国内运输、林业、废物和冷却部门采取优先行动，在 2030 年前将其温室气体排放量从 2010 年的水平减少 40%。相较于第一版 NDC，第二版更具包容性，充分考虑到了青年、儿童、妇女和其他弱势群体受到的损失和损害。格林纳达表示，新冠大流行为该地区和整个国际社会提供了一个黄金机会，可以重新制订和调整发展计划，并将新冠疫情恢复计划和基于生态系统的方法与实施新的 NDC 相结合。

4. 伯利兹

伯利兹是 2019—2020 年小岛屿发展中国家联盟的主席国，承担了过去两年里推动小岛屿国家弱势群体事业发展的责任，倡导对气候挑战做出强有力的全球反应和系统性的变革。前一版 NDC 主要建立在笼统假设基础之上，数据也较为匮乏，而新版 NDC 承诺提供了伯利兹在过去几年内关于土地利用趋势和排放因素的更为丰富的数据，展现出伯利兹国内长期排放和减排趋势。同时，新版承诺更为审慎地考虑了国家能力和具体情况，以及技术进步的可用性。因此，与以前的 NDC 相比，它在国家承诺的规划和预测方面有了雄心勃勃的改进，减排承诺增加了 5%，其中与农业、林业和其他土地利用部门有关的减排量增加 63%，还增加了可再生能源的利用项目，以建立复原力和发展能力来有效适应关键经济部门和支持系统的气候变化影响。具体来说，就是要改进数据可用性和预测分析以支持承诺；明确现实和可实现的承诺；通过扩大部门目标提高雄心；扩大目标所涵盖的气体范围；进一步明确目标，包括增加时间框架、量化的减排目标和其他成果；提高制定目标的透明度；详细说明 NDC 涉及行动的融资、监测和实施情况。伯利兹的国家发展计划与增长和可持续发展战略的总体目标是一致的，其中包括中期经济发展、减少贫困和实现长期的可持续发展。更新的国家发展计划的制订过程建立在广泛的利益相关者参与的基础之上，尤其考虑到弱势群体的参与。

（二）地区机构提供合作平台及专业支持

加勒比共同体政府首脑会议是共同体的最高权力机构，由成员的政府领导人组成，承担着制定共同体方针政策，负责共同体财务安排，对外代表共同体参与国际事务等工作。气候变化及其相关的能源转型议题一直是加共体政府首脑会议的核心关注。在 2021 年 10 月的加共体会议上，成员的领导人讨论了设立气候变化委员会的相关事宜，该委员会可以为本地区和其他国家（包括小岛屿发展中国家）提供机制保障，协助相关国家对发达国家和污染严重的大公司进行诉讼，要求后者为其对圭亚那、苏里南和伯利兹等小岛屿和低地国家造成的损害付出代价。① 在 2022 年 3 月初召开的加共体政府首脑会议上，各成员的领导人还就 COP26 之后加勒比国家的气候行动及气候合作问题进行了探讨，凸显了地区合作的重要性。

在气候治理中，专门性机构在提供技术方案及政策建议方面扮演了重要的咨询建议角色。在应对气候变化的行动中，加勒比国家普遍认识到，缺乏对本地区气候问题充分的科学认知是限制其行动有效性的关键因素。为了解决这一问题，加勒比地区已经建立了一系列专业性机构，以便搜集整理和调查研究本地区及具体国家的气候变化信息和相关数据，增强加勒比共同体采取气候行动的能力。比如，加勒比共同体气候变化中心（Caribbean Community Climate Change Centre，CCCCC）、加勒比可再生能源与能源效率中心（Caribbean Centre for Renewable Energy and Energy Efficiency，CCREEE）、加勒比公共卫生署（Caribbean Public Health Agency，CARPHA）、加勒比气象和水文研究所（Caribbean Institute for Meteorology and Hydrology，CIMH）等，为加共体及其成员进行气候政策决策提供了丰富的专业信息。

三、加勒比地区参与国际气候合作

（一）借助小岛屿国家联盟在国际气候谈判中发声

AOSIS 的 44 个成员总排放量仅为工业化国家排放量的 1.5%，但由于自身条件的限制，受到气候变化影响的威胁最大。② 因此，气候变化也被 AOSIS 视为核心关注和优先解决问题。AOSIS 是第一个在 2019 年气候行动峰会上提出气候雄心一揽子计划的国家集团，展示出小岛屿发展中国家在气候

① Bert Wilkinson，"Caribbean Pressing for Limit to Global Warming Rise"，October 21，2021，https：//amsterdamnews.com/news/2021/10/21/caribbean-pressing-for-limit-to-global-warming-rise/，访问时间：2022 年 1 月 2 日。

② Statement by Prime Minister Gaston Browne of Antigua and Barbuda at "SUMMIT OF 40 LEADERS" on Climate Change Organized by the President of the United States of America Joseph Biden April 22nd to 23rd 2021，https：//caricom.org/statement-by-prime-minister-gaston-browne-of-antigua-and-barbuda-at-summit-of-40-leaders-on-climate-change-organized-by-the-president-of-the-united-states-of-america-joseph-biden-apr/，访问时间：2022 年 1 月 2 日。

治理中的先锋作用。作为全球气候行动的召集者，AOSIS 旨在推动和维持全球气候雄心，对促成《巴黎协定》的成果发挥了重要作用，确保该协定对小岛屿发展中国家给予强烈关注。同时，由小岛屿发展中国家及其合作伙伴（涵盖发达国家、国际组织、发展机构、私营公司、研究机构和非营利组织）组成的小岛屿发展中国家灯塔倡议（SIDS Lighthouse Initiative, LHI），也为加勒比国家争取气候资金、技术援助及专业信息提供了路径。

表 8-2　加勒比国家与小岛屿发展中国家、金砖国家温室气体排放情况比较

（单位：MtCO2e）

温室气体排放	1990 年	2000 年	2010 年	2018 年
加勒比国家总值	119.66	130.76	145.03	170.77
小岛屿发展中国家总值	201.81	245.59	274.95	374.08
金砖国家总值	8730.07	9737.07	16751.11	18985.59
全球总值	32645.91	35607.73	44758.58	48939.71

资料来源：Climatewatch，https：//www.climatewatchdata.org/ghg-emissions breakBy=countries&end_ year=2018&start_ year=1990，访问日期：2022 年 1 月 4 日。

（二）发展与全球气候治理关键行为体的气候伙伴关系

为最终完成《巴黎协定》工作方案，加勒比国家承诺与所有缔约方合作，呼吁国际社会关键行为体，尤其是 G20 国家做出表率，以实现全球升温低于 1.5℃的目标；呼吁各缔约方在 2023 年全球评估之前提交新的 NDC 方案，使其符合 1.5℃控温目标和 2050 年实现净零排放的长期战略。加勒比国家已经从一些伙伴关系中受益，增强了应对气候变化挑战的能力。

1. 强化与欧盟及英国的气候合作

欧盟是加勒比国家重要的合作伙伴。欧盟建议利用投资的创新工具，比如风险保险、担保和绿色债券等，将气候变化纳入投资战略的主流，引入私人资本来进一步发掘加勒比地区在可再生能源发展方面的巨大潜力。2020 年 12 月 15 日，德国外交部和欧盟委员会共同主办会议，强调了加勒比地区和欧盟对雄心勃勃的全球气候行动的承诺，减缓气候变化和抵御气

候脆弱性风险的行动将成为两个地区未来伙伴关系的核心支柱。① 2019年至2023年期间，欧盟委员会资助加勒比国家开展一个为期4年、总计1200万欧元的项目，作为加勒比地区 Intra-ACP GCCA+项目的一部分，旨在加强加勒比国家的气候风险管理框架，协助成员国加强气候监测网络，改善水基础设施，提升政府和私营部门的能力，将风险管理技术纳入发展和规划。②同时，从2020年起，欧盟为加勒比国家提供了一个为期5年、总计685万欧元的项目，旨在完善加勒比地区具有气候适应性的卫生系统，以便管理气候变化对加勒比人民的健康及卫生服务系统的影响。③ 加勒比国家非常期待欧盟能够兑现承诺，提供充足的技术及资金援助，但在合作方式上，加勒比国家也提出了部分疑虑。比如，加共体就曾指出，欧盟似乎更倾向于双边安排，而不是地区方案。④ 这将有可能加剧地区内发展不平衡，甚至出现吸引援助过程中地区内竞争的情况，并不利于地区气候合作的有效开展。

加共体及其成员也在积极开展与英国政府的合作，通过举行高级别部长级会议及利益攸关方会议，关注气候变化议题。2020年12月12日，加共体秘书处及 CCCCC 与英国政府合作，举办了加共体雄心时刻（CARICOM Moment of Ambition）活动，作为气候雄心峰会（Climate Ambition Summit）之前的系列活动之一⑤，以此展示小岛屿发展中国家的领导力和雄心，扩大了加共体小岛屿发展中国家的声音。2021年5月，英国作为 COP26 的主席国，与加共体秘书处和 CCCCC 共同主办了线上论坛。英国外交、联邦和发展部国务大臣扎克·戈德史密斯（Zac Goldsmith）指出，加勒比地区在这一

① EU, "Summary: High-level Panel on Green Alliance - Building Rridges with the Caribbean for Resilience", December 15, 2020, https://climate-security-expert-network.org/sites/climate-security-expert-network.org/files/documents/summary_ high_ level_ panel_ on_ green_ alliance.pdf, 访问时间：2022年1月3日。

② 2019-2023 Intra-ACP GCCA+ Programme in The Caribbean: Enhancing Climate Resilience in CARIFORUM Countries, https://www.caribbeanclimate.bz/blog/2021/04/07/2019-2023-intra-acp-gcca-programme-in-the-caribbean-enhancing-climate-resilience-in-cariforum-countries/, 访问时间：2022年1月3日。

③ 2020-2025 EU/CARIFORUM Climate Change and Health Project: Strengthening Climate Resilient Health Systems In The Caribbean, https://www.caribbeanclimate.bz/blog/2021/02/18/2020-2025-strengthening-climate-resilient-health-systems-in-the-caribbean/, 访问时间：2022年1月3日。

④ CARICOM and Pacific Island Forum Agree on Need for More Adaptation Funding for Climate Change, https://caricom.org/caricom-and-pacific-island-forum-agree-on-need-for-more-adaptation-funding-for-climate-change/, 访问时间：2022年1月3日。

⑤ "CARICOM Moment of Ambition" on Eve of Paris Agreement's 5th Anniversary, December 11, 2020, https://caricom.org/caricom-moment-of-ambition-held-on-eve-of-paris-agreements-5th-anniversary/, 访问时间：2022年1月3日。

进程中展现出了独特的领导力，英国也期待与所有小岛屿发展中国家和加勒比国家一起努力，提高全球在减缓、适应行动和融资方面的雄心。①

2. 发展与美国的气候合作关系

拜登政府上台后，一改特朗普政府时期的气候怀疑论观点，重回《巴黎协定》，并展现出对重拾全球气候治理领导权的期望。2021 年 4 月 22 日，美国组织召开 40 国气候峰会，旨在于 COP26 气候峰会之前提高全球气候治理的信心。此次会议邀请了牙买加、安提瓜和巴布达等加勒比国家领导人出席，安提瓜和巴布达总理加斯东·布朗（Gaston Browne）作为小国联盟主席进行了发言。② 会议强调了 1. 5℃控温对实现全球气候变化目标的重要意义，这与加勒比国家一直以来的诉求不谋而合。在 2021 年 9 月联合国大会期间，加勒比共同体成员国外交部长和美国副国务卿温迪·谢尔曼（Wendy Sherman）以及负责西半球事务的助理国务卿布赖恩·尼古拉斯（Brian Nichols）举行了一次线上对话，加共体方面指出，发达国家未能履行在 2020 年之前每年提供 1000 亿美元的承诺，要求美国提高气候方面的雄心，为适应气候变化提供资金，并接受多维脆弱性指数作为获得优惠发展融资的主要标准，还要求与美国气候特使约翰·克里（John Kerry）会面。③

3. 加强与中国的南南气候合作

加勒比国家与其他发展中国家在气候谈判中保持着良好的合作关系，注意与 77 国集团和中国就气候行动的目标及措施进行立场协调。在“共同但有区别的责任”和“各自能力”原则的指引下，建立格拉斯哥损失和损害赔偿基金，并制定包括工作组、利益相关者、技术文件、缔约方会议和

① CARICOM SG Calls for Fairness in International Financing for SIDS, June2, 2021, https://caricom.org/caricom-sg-calls-for-fairness-in-international-financing-for-sids/，访问时间：2022 年 1 月 3 日。

② Statement by Prime Minister Gaston Browne of Antigua and Barbuda at “Summit of 40 Leaders” on Climate Change Organized by the President of the United States of America Joseph Biden April 22nd to 23rd 2021, April 22, 2021, https://caricom.org/statement-by-prime-minister-gaston-browne-of-antigua-and-barbuda-at-summit-of-40-leaders-on-climate-change-organized-by-the-president-of-the-united-states-of-america-joseph-biden-apr/，访问时间：2022 年 1 月 2 日。

③ CARICOM Foreign Ministers Meet US Deputy Secretary of State - Vaccines, Climate Change Issues Raised, September 21, 2021, https://caricom.org/caricom-foreign-ministers-meet-us-deputy-secretary-of-state-vaccines-climate-change-issues-raised/，访问时间：2022 年 1 月 3 日。

提交文件在内的工作议程，以此协商立场方案并向 COP27 提出建议。[①] 2020 年 12 月 16 日，第二次中国和加勒比建交国应对新冠肺炎疫情副外长级特别会议以视频方式举行，中国与安提瓜和巴布达、巴巴多斯、巴哈马、多米尼克、格林纳达、圭亚那、苏里南、特立尼达和多巴哥、牙买加等 9 个加勒比国家代表与会。[②] 会上除了回顾中国同加勒比建交国开展的抗疫合作外，还提到双方将在人类命运共同体理念的指引下开展合作，支持加勒比国家防控疫情、恢复经济，共同应对气候变化等全球性挑战，维护多边主义和国际公平正义，推动双方全面合作伙伴关系迈上新台阶。加勒比国家对中国递交的 NDC 新方案及碳达峰、碳中和目标给予高度评价，敦促其他主要排放国以中国为榜样，同时期待中国在向碳中和经济过渡方面迅速采取行动。

（三）积极开展与国际组织的合作

由联合国开发计划署牵头落实覆盖多个加勒比国家的战略项目和倡议、由联合国开发计划署领导的气候承诺（Climate Promise）和 EnGenDER，促进了加勒比国家与国际劳工组织（ILO）、国际可再生能源机构（IRENA）、CDEMA 和联合国妇女署（UN Women）的气候合作。联合国秘书长安东尼奥·古特雷斯（António Guterres）在气候雄心峰会上发言，表示将继续倡导对中等收入国家的债务减免，帮助小岛屿发展中国家应对新冠疫情和气候变化的影响。2021 年 6 月，加共体秘书处与联合国儿童基金会、联合国气候变化框架区域合作中心进行初步讨论，以加强在气候变化斗争中有关青年宣传方面的合作。[③] 2021 年 9 月，AOSIS 和国际可再生能源机构通过小岛屿发展中国家灯塔倡议承诺，到 2030 年在所有小岛屿国家实现总共 10GW

---

① Adoption of 1/CMA. 3，Statement on Behalf of the Alliance of Small Island States，November 13，2021，https：//www. aosis. org/dialogue-must-lead-to-clear-destination-adoption-of-1-cma-3/，访问时间：2022 年 1 月 3 日。

② 中国外交部：《团结抗疫、共促发展——中国和加勒比建交国举行第二次应对新冠肺炎疫情副外长级特别会议》，2020 年 12 月 17 日，https：//www. mfa. gov. cn/web/ziliao_ 674904/zt_ 674979/dnzt_ 674981/qtzt/kjgzbdfyyq_ 699171/202012/t20201217_ 9278947. shtml，访问时间：2021 年 1 月 15 日。

③ Region Needs to Strengthen Its Resolve to Advance a Green Resilient Recovery Post-COVID-19：CARICOM SG to USAID Climate Change Symposium，June 16，2021，https：//caricom. org/region-needs-to-strengthen-its-resolve-to-advance-a-green-resilient-recovery-post-covid-19-caricom-sg-to-usaid-climate-change-symposium/，访问时间：2022 年 1 月 3 日。

的可再生能源装机容量。①

在 COP26 会议上，国际可再生能源机构（International Renewable Energy Agency，IRENA）和 AOSIS 签署了一项协议，两个组织将密切合作，调动气候资金，推动可再生能源在小岛屿发展中国家的部署。② 该伙伴关系将致力于实施联合国秘书长在 2019 年气候行动峰会期间宣布的雄心勃勃的小岛屿发展中国家气候行动峰会一揽子计划（Ambitious SIDS Climate Action Summit Package），目标是增加获得金融去风险工具的机会，以实现 2030 年的能源转型目标。国际可再生能源机构和 AOSIS 还将通过这种合作，支持和加强国家发展计划，助力小岛屿发展中国家追求可持续发展目标。其他合作领域将包括通过信息和知识交流、有针对性的能力建设活动、可再生能源使用的评估机会，加强对小岛屿发展中国家议程和行动的协调。

四、加勒比地区气候治理面临的挑战

虽然加勒比国家在气候行动中普遍具有雄心壮志，并积极推动国际社会尽快开展高标准的气候合作，但在气候治理实践中，加勒比国家依然面临着缺少资金保障、缺少技术支持和缺少国际话语权的挑战。

（一）缺少资金保障

加勒比国家在气候治理中的主要目标是使本地区具有气候复原力，但是抗灾能力建设成本高昂。受制于新冠疫情、债务、全球金融规范和僵化规则造成的政策和财政空间不足、缺乏支持等问题，高昂的社会、经济和环境成本已经超过了该地区的总体适应能力。在新冠疫情暴发之前，加勒比地区的经济形势已经很严峻，疫情暴发对加勒比国家，特别是依赖旅游

① 小岛屿发展中国家将加强能源转型，2021 年 11 月 23 日，https：//aoc. ouc. edu. cn/2021/1122/c9829a357239/pagem. htm，访问时间：2022 年 1 月 7 日。

② IRENA Partners with Alliance of Small Island States to Accelerate Energy Transition in SIDS，https：//www. aosis. org/irena-partners-with-alliance-of-small-island-states-to-accelerate-energy-transition-in-sids/，访问时间：2022 年 1 月 3 日。

业的国家，造成了严重冲击。该地区需要融资来解决短期、中期和长期难题，应对气候变化和新冠疫情，同时提升抗灾能力。在争取气候资金援助方面，加勒比国家自身的独特性决定着它们面临尤为艰巨的发展挑战。

其一，尽管发达国家曾承诺每年筹集 1000 亿美元来帮助小岛屿发展中国家和其他发展中国家应对气候变化的影响，但始终没有履行承诺。加勒比共同体助理秘书长道格拉斯·斯莱特（Douglas Slater）曾表示，加勒比地区还将向更强大和更富裕的污染国施压，要求它们安排赠款援助和优惠融资，以帮助缓解和适应气候变化问题。①

其二，不合理的优惠融资机制限制了加勒比国家获得资金援助的机会。国际金融机构的政策决策者在制定提供优惠融资的标准方面，并没有充分考虑到小国规模、资源限制和脆弱性等决定性标准，反而采取中等人均收入和高人均收入等不恰当的评判标准，忽视了小国所面临的巨大脆弱性。②根据世界银行数据，目前加勒比地区的 16 个国家中，有 6 个属于高收入经济体，仅海地被列为中低收入经济体，其余 9 个则均为中高收入经济体。③多年来，加勒比国家的债务已经上升到不可持续的水平，在目前的困境中要求小国偿还官方债务几乎是不可能的。国际金融机构提出的债务危机解决机制是远不足以解决问题的，当务之急是建立令人信服且必要的债务危机永久解决方案，这需要设计新的金融工具，并提供债务减免，包括取消债务、暂停债务、重新安排债务、债务重组和债务换气候等方式。④

其三，相较于其他发展中国家，加勒比国家在争取气候援助资金方面并不具有优势。在气候融资的吸引力和能力方面，加勒比国家也落后于亚

---

① Bert Wilkinson, "Caribbean Pressing for Limit to Global Warming Rise".

② CARICOM SG Calls for Fairness in International Financing for SIDS, June 2, 2021, https: //caricom. org/caricom-sg-calls-for-fairness-in-international-financing-for-sids/, 访问时间：2022 年 1 月 3 日。

③ 6 个高收入经济体包括安提瓜和巴布达、巴哈马、巴巴多斯、伯利兹、圣基茨和尼维斯、特立尼达和多巴哥。9 个中高收入经济体包括多米尼克、格林纳达、圭亚那、牙买加、圣卢西亚、圣文森特和格林纳丁斯、苏里南、古巴、多米尼加。World Bank, World Bank Country and Lending Groups, https: //datahelpdesk. worldbank. org/knowledgebase/articles/906519-world-bank-country-and-lending-groups, 访问时间：2021 年 12 月 27 日。

④ Statement by Prime Minister Gaston Browne of Antigua and Barbuda at "SUMMIT OF 40 LEADERS" on Climate Change Organized by the President of the United States of America Joseph Biden April 22nd to 23rd 2021, https: //caricom. org/statement-by-prime-minister-gaston-browne-of-antigua-and-barbuda-at-summit-of-40-leaders-on-climate-change-organized-by-the-president-of-the-united-states-of-america-joseph-biden-apr/, 访问时间：2022 年 1 月 2 日。

洲等发展中地区的国家。[①] 在 2009 年哥本哈根气候大会上，加勒比地区小岛屿国家与以“基础国家”（BASIC）为代表的发展中大国在谈判中就援助资金分配、温室气体减排量等问题出现分歧。对此，应调整全球资金流动机制，包括通过国际金融机构，确保根据每个国家的需求为其提供服务；提供资源，使最脆弱的国家能够为当前及未来的不利条件做好准备。[②]

其四，即便是在加勒比国家之间，也存在资金分配不平衡的情况。2010 年至 2014 年，15 个加勒比地区小岛屿发展中国家[③]从经合组织成员国收到了总额达 8.24 亿美元的融资承诺，其中排名前五的国家——多米尼加、海地、圭亚那、牙买加和古巴——获得的承诺金额占总承诺金额的 88%。多米尼加在此期间收到的融资承诺最多（2.22 亿美元），占该地区融资总额的 67%。[④] 这些国家或是因为内部机制建设更加完善，或是有效利用了“气候变化与发展”这一议题进行项目申请，都更容易受到外部行为体的青睐。

加共体成员急需获得赠款和其他可持续、可负担的金融工具，因此，灵活的筹资机制将更具有可行性。改善该地区获得气候资金的方式，包括在次国家和地方一级直接进行融资，简化审批程序，创新金融安排（如债务换气候等）。加勒比共同体秘书长卡拉·巴尼特（Carla Barnett）在 COP26 上提到加共体正在推动提出一个多维度的脆弱性指数，该指数旨在改变获得优惠发展融资的主要标准，并将考虑到小岛屿发展中国家对自然灾害和全球经济冲击的严重脆弱性。[⑤]

---

① 王飞：《发展中国家气候融资的困境与突破》，第 73 页。

② Statement by Prime Minister Gaston Browne of Antigua and Barbuda at “Summit of 40 Leaders” on Climate Change Organized by the President of the United States of America Joseph Biden April 22nd to 23rd 2021, https://caricom.org/statement-by-prime-minister-gaston-browne-of-antigua-and-barbuda-at-summit-of-40-leaders-on-climate-change-organized-by-the-president-of-the-united-states-of-america-joseph-biden-apr/，访问时间：2022 年 1 月 2 日。

③ 这些国家是安提瓜和巴布达、巴巴多斯、伯利兹、古巴、多米尼克、多米尼加、格林纳达、圭亚那、海地、牙买加、圣基茨和尼维斯、圣卢西亚、圣文森特和格林纳丁斯、苏里南、特立尼达和多巴哥。

④ Stacy-ann Robinson, “Adapting to Climate Change at the National Level in Caribbean Small Island Developing States”, p. 90.

⑤ CARICOM and Pacific Island Forum Agree on Need for More Adaptation Funding for Climate Change, https://caricom.org/caricom-and-pacific-island-forum-agree-on-need-for-more-adaptation-funding-for-climate-change/，访问时间：2022 年 1 月 3 日。

（二）缺少技术支持

在减轻气候变化影响方面，虽然加勒比地区在过去 10 年中的可再生能源使用量增加了一倍多，但依然不够。缺少气候资金造成加勒比国家无法获得充足的资金来学习、改进、更新低碳减排技术。如果不及时采取行动，仅飓风损害、旅游收入损失和基础设施破坏三项就将会在 2025 年前给加勒比国家带来 107 亿美元损失。① 在国家、次区域和区域层面制定环境战略和政策时，生成及时和准确的数据仍然是一项挑战。加勒比共同体气候变化中心等专业机构以及政府机构、学术和研究机构都在收集数据和提供信息，然而，仍然需要扩大机制，以确保产生的数据被纳入并用于推进气候复原力和适应行动。

（三）缺少国际话语权

对于加勒比国家来说，它们不得不面对的是解决气候变化问题的最迫切需求与依然不被国际社会重视的双重困境。选择与欧盟等全球治理核心行为体组成联盟、加入 AOSIS，已经是加勒比国家做出的提升国际影响力和话语权的重要尝试，但即便如此，AOSIS 在国际气候谈判中也并未受到妥善的、公正的对待。在 COP26 之前的准备会议中，作为 39 个缔约方声音的代表，AOSIS 的联络员至少有四次在谈判会议开始时并不在会场，因为他参与的三个议程项目是同时进行的；甚至有一次，联盟联络员被告知无法进入会议室，因为会议室已经满员了。② 这些不公平的待遇也促使 AOSIS 领导人在 COP26 会议之前呼吁，国际社会需要确保每个集团在气候会议上都有一个切实的席位。同时，以加勒比国家为代表的小岛屿国家还在经受“被妖魔化”的对待。作为最不发达的发展中国家，它们不得不采用过时的技术来保障发展需求，而这遭到了诸多发达国家的指责，但是造成这种情况的重要原因还在于发达国家背弃了气候援助的资金承诺，并由此造成了对气

---

① Caribbean Community Climate Change Center，“Climate Change Information”，https：//www. caribbeanclimate. bz/education/climate-change-information/，访问时间：2022 年 1 月 3 日。

② Statement on Behalf of the Alliance of Small Island States（AOSIS）COP Presidency Stocktaking，November 8，2021，https：//www. aosis. org/pledges-must-be-high-in-quality-not-just-quantity-cop-presidency-stocktaking/，访问时间：2022 年 1 月 3 日。

候行动的连锁反应。

五、结论

长期以来，加勒比国家在国际体系中都处于“被边缘化”状态、扮演着“追赶者”角色①，在全球气候政治中也处于弱势地位。一方面，加勒比国家不得不面临着气候变化带来的巨大的生存和发展压力；另一方面，在有效应对气候问题的资源方面，加勒比国家也大大落后于发达国家。尽管加勒比国家通过积极发展地区治理机制建设、参与 AOSIS 等国际多边合作机制、加强与欧盟和其他西方国家联系等方式，努力提升地区气候治理能力，扩大国际话语权和影响力，将本国利益诉求投射至国际气候谈判及全球气候治理机制中，但是仍存在资金不足、技术落后、意愿与能力存在明显鸿沟等严峻问题。

对于加勒比国家来说，呼吁发达国家兑现资金与技术援助的承诺、呼吁推动全球气候治理向更加公正合理的方向发展是解决问题的习惯路径。然而，在新冠疫情和地缘政治经济影响力提升的共同作用下，加勒比国家在气候行动中将会面临实用主义、单边主义，甚至是民族主义的冲击。立足于发展中国家这一基本行为体角色，扩展南南气候合作的空间及可能性，寻求与发展中大国进行技术交流与经验学习，或许将为加勒比国家有效应对气候变化提供可行性路径。

① April Karen Baptiste and Kevon Rhiney, “Climate Justice and the Caribbean: An Introduction”, *Geoforum*, Vol. 73, July 2016, p. 21.

第九章　英语加勒比地区外语教育政策与国际中文教育发展策略①

李艳华②

摘　要：英语加勒比地区外语教育政策既有区域一致性，在内部不同国家和地区之间又有差异，因而具有独特的研究价值和启示作用，由此延伸到中文教育在该地区的发展现状和发展策略，其现实意义不言而喻。本章在阐述研究英语加勒比地区外语教育的意义后，从历史角度对其政策进行梳理，认为大致可分为殖民地时期和后殖民地时期，且后殖民地时期可细分为三个阶段：反思自醒阶段（20世纪60年代至70年代初）、改革完善阶段（20世纪70年代中期至90年代末）和多元发展阶段（20世纪90年代末至今），着重从语种选择、教学对象、教学内容、教材编写和教师培训等方面总结出不同时期和各阶段的特点，从中发现演变规律，预见发展趋势。在此基础上，本章结合中文教育在这一地区的发展现状，分析利弊，提出若干发展策略。

关键词：英语加勒比地区　外语教育　国际中文教育

① 本章曾以《英语加勒比地区外语教育政策与汉语国际教育发展机遇》为题，发表于《语言战略研究》2020年第5期，经修改后收入本书。

② 李艳华：博士，北京语言大学国际中文教学研究所副教授。

一、研究英语加勒比地区外语教育的意义

（一）"英语加勒比地区"的界定

从全球体系来看，加勒比地区是近代以来两个世界（西方、东方）、两个大陆（旧大陆、新大陆）、三大洲（欧洲、非洲、亚洲）和四个殖民国家（英国、法国、西班牙、荷兰）激烈冲撞的地区。它是最早的世界性移民地区之一，是不同的种族、语言、宗教和文化传统杂交和融合的地区。[①] 在约定俗成的意义上，"英语加勒比地区"（English-Speaking Caribbean）是指说英语的加勒比国家和未独立地区，但不包括美国在加勒比地区的属地，与"英联邦加勒比地区"（Commonwealth Caribbean）在地理上是一致的[②]，具体来说，包括 12 个独立国家（安提瓜和巴布达、巴巴多斯、巴哈马、多米尼克、格林纳达、牙买加、圣基茨和尼维斯、圣卢西亚、圣文森特和格林纳丁斯、特立尼达和多巴哥、伯利兹、圭亚那）和 6 个未独立地区（安圭拉、百慕大、开曼群岛、蒙特塞拉特、特克斯和凯科斯群岛、英属维尔京群岛）。

（二）英语加勒比地区外语教育的历史背景

欧洲殖民扩张与新航路开辟相伴而行，1492 年哥伦布首次航行至加勒比海，1493 年首批西班牙人定居加勒比地区，西班牙人和葡萄牙人首先对加勒比岛屿宣布拥有主权，英国、法国、荷兰等欧洲殖民国家后来居上。欧洲种植园主从非洲运来大批黑人以满足加勒比甘蔗种植园对劳动力的需求。为阻止外逃和叛乱，种植园主规定在奴隶中禁止使用欧洲语言之外的其他语言，否则就要受到惩罚。经过长期的语言接触，奴隶之间可以交流，但使用的是欧洲语言与非洲语言的混合语。这种混合语经过长期的发

① 张德名：《加勒比英语文学与本土语言意识》，《浙江大学学报》2005 年第 3 期。

② 可参见 Sandra W. Meditz and Dennis M. Hanratty, eds., Islands of the Commonwealth Caribbean: A Regional Study, Washington, D. C.: Federal Research Division, Library of Congress, 1989, p. xix. 需要指出的是，虽然未独立地区不是英联邦的单独成员，但英联邦加勒比地区通常都包括未独立地区。

展又作为下一代母语而得以传承，这就是加勒比地区广泛使用的克里奥尔语。[①] 英语加勒比地区的官方语言都是英语，但克里奥尔英语在日常生活中普遍使用，其语音、词汇、语法与标准英语差别很大。很多学者认为，对于克里奥尔英语使用者而言，标准英语已相当于一门外语。[②]

殖民历史和移民现象共同决定了当今加勒比地区的语言生活现状，即以西班牙语、法语、英语、荷兰语等欧洲殖民语言和海地克里奥尔语（Haiti Creole）、帕皮阿门托语（Papiamento）[③] 等混合语为官方语言，但社会普遍使用以欧洲语言为基础的克里奥尔语，还有一些移民语言在移民社群内部广泛使用，如加勒比印度斯坦语和中文等。在这一大背景下，加勒比地区的外语教育显得尤为重要，它可以促进与外部世界的交往，推动经济发展，为当地人创造更多就业机会。本章对英语加勒比地区外语教育政策进行研究，是因为加勒比地区以英语为官方语言的国家和地区最多，它们或曾经为英国殖民地而后独立，或现在仍为英国海外属地，在政治、经济、文化和教育等方面深受英国影响，在外语教育政策方面的一致性较强，又各具特色，具有独特的研究价值和启示作用。

近年来，中文教育在英语加勒比地区外语教育中的地位越来越重要。该地区现设有6所孔子学院和1个孔子课堂，大学相继开设中文学分课程和中文辅修专业，中小学积极开设中文课程和中文俱乐部，政府部门和社会机构对有专门用途的中文课程兴趣浓厚，加勒比考试委员会正与孔子学院合作制定相关中文教学大纲……可见，在概括性讨论英语加勒比地区外语教育的基础上聚焦中文教育，对于推动这一地区中文教育的发展，促进中加人文交流与合作，无疑具有重要的现实意义。

有鉴于此，本章选取“英语加勒比地区外语教育政策与国际中文教育发展策略”为主题，结合英语加勒比地区政治、经济、文化和教育改革等社会背景，对其外语教育政策的历史分期和特点进行整体研究，从中发现

---

① Hubert Devonish, “Standardisation in a Creole Continuum Situation: The Guyana Case”, in Jenny Cheshire, ed, *English around the World: Sociolinguistic Perspectives*, Cambridge: Cambridge University Press, 1991, pp. 585–594.

② 这种观点目前仍存在争议，本章讨论的外语教育并不包括英语教育。

③ 海地克里奥尔语（Haiti Creole）与法语同为海地的官方语言，帕皮阿门托语与荷兰语同为荷属阿鲁巴（Aruba）、博奈尔（Bonaire）和库拉索（Curaçao）三个岛屿的官方语言。

演变规律和趋势，进而分析中文教育在该地区的发展现状，并提出相应的对策和建议。英联邦加勒比国家和地区数量较多，本章仅选取巴巴多斯、圭亚那、特立尼达和多巴哥（以下简称“特多”）、牙买加四国为代表展开研究，原因在于四国的人口、面积规模相对较大，代表性高。

二、英语加勒比地区外语教育的历史分期和政策特点

人口变化、经济发展和文化交流等诸多因素对外语教育政策的形成和演变发挥着决定性作用，将外语教育政策置于广阔的历史背景中加以考察，聚焦这些因素对外语教育政策的影响，不失为好的研究策略。总体上看，英语加勒比地区外语教育政策在殖民地时期和后殖民地时期呈现明显差异，而在后殖民时期又有更多不同阶段和特点。

（一）殖民地时期

牙买加、特多于1962年独立，是英语加勒比地区最早独立的国家。在此之前漫长的殖民地时期，该地区的外语教育完全依附于英国，不存在自身外语教育的独立性和政策制定的可能性，外语教育规划无从谈起。

1. 语种选择

在殖民地时期，英语加勒比地区将外语学习视作良好教育的一部分，教授的外语语种一味追求英国的经典教育模式，但有用性极低。当时，这一地区普遍教授拉丁语、希腊语并要求学生掌握相对高级的水平，却没有使用这两种语言的社会环境，因而实用性不强。直到殖民地时期后期，该地区才从现实出发，教授西班牙语和法语。

2. 教育对象

在殖民地时期，英语加勒比地区只有富有的白人才有机会接受教育，黑人根本无此权利。1797年，巴巴多斯的一个法案明文规定教黑奴读写是非法的。1870年以后，免费的小学教育和有限的初等教育在该地区推行开来。在义务教育尚不普及的殖民地时期，外语教育当然不可能是全民教育，

学校只选择精英人才进行外语教育，选择的标准和依据是学生在其他科目上的综合能力和表现。换句话说，外语教育对象的选择完全取决于学习能力，而无视学生自身的学习兴趣和内在动机等因素。如此一来，被选拔上来的学生就将接受教育当作获得优越生活的途径和手段。

3. 教学内容

殖民地时期英语加勒比地区的外语教育过分强调语法、词汇和翻译，注重应试能力，且只考核读写能力，完全忽视听说和语音的重要性以及语言所承载的文化信息等，其结果是，学生应试能力较强，在考试中能拿到高分，但语言交际能力低下，即便是基础的口语交流也无法完成。学生在学习拉丁语过程中掌握了很多拉丁语词根，竟阴差阳错地促进了英语学习。对于一些没有学过的英文单词，学生因为学过拉丁语的词根，猜词能力明显增强。

4. 外语教材

在殖民地时期前期，英语加勒比地区的外语教材完全照搬或直接使用英国的教材，教材内容与本地无任何联系，教材本土化无从谈起。例如，通识教材《皇家读本》（*The Royal Readers*）在当时英语加勒比地区的小学中广泛使用，从书名就能看出教材由英国出版。当地小学生要学习“英镑”“先令”“便士”等英国货币单位，并清楚这些英国货币的换算表，而这些货币在实际生活中是看不到的，学生也不知道自己每天使用的本地货币用外语怎么说。当时的另一套教材《纳尔逊西印度读本》（*Nelson West Indies Reader*）中还有黑人男孩被擦洗变白的内容。以上两套教材均由英国托马斯·纳尔逊（Thomas Nelson）公司出版，1878 年至 1970 年间在英语加勒比地区长期使用，其教学内容与当地人的生活毫无关联，甚至大相径庭。

直到殖民地时期后期，随着西班牙语和法语逐渐成为英语加勒比地区的主要外语，配套教材才相应出现。当时比较有名的两套教材是 1942 年出版的《新编第一西班牙语教程》（*The New First Spanish Course*）和《新法语写作教程》（*A New Course in French Composition*）。

5. 学习出路

在殖民地时期，学习外语的学生都是学校择优录取的，教师和家长非常重视，学生也很努力。学生学好外语就能找到好工作，过上体面的生活，特别是那些在剑桥大学或牛津大学认可的外语考试中成绩优秀的学生，很可能在本地的政府部门担任要职。然而，因为工作机会不错，就很少人到英国的大学继续深造。少数人会从事外语教育工作，几乎没有人经商。众多职业选择的共同点是，在实际工作中极少有人会用到所学的外语。

（二）后殖民地时期

1. 反思自醒阶段（20 世纪 60 年代至 70 年代初）

20 世纪 60 年代至 70 年代初，英语加勒比国家纷纷取得独立，政府和普通民众都开始重新审视生活的各个方面，特别是教育。各国重新规划教育体系，以适应本国的实际需求，“现代学校”（Modern School）的理念被提出并加以阐释，主张教育应该与当地学生的实际生活相关联。

在教育规划方面，特多的行动迅速而有效。1968 年，特多教育部发布了第一个十五年《教育发展规划》（1968—1983），对于一个独立不久的第三世界国家来说，这实属不易。不过，这一时期特多教育规划的重点是新建中小学校以满足学生入学和升学需求，保证足够的教育经费投入和增加师资力量等，极少涉及教育内容问题。

2. 改革完善阶段（20 世纪 70 年代中期至 90 年代末）

20 世纪 70 年代中期至 90 年代末是改革完善阶段。在这一阶段，特别是 80 年代以后，英语加勒比地区的旅游业逐渐发展起来，游客人数快速增长，年均增长 5.5%。① 为游客提供必要的语言服务带动了英语加勒比地区外语教育的发展。该地区对外语教育政策做出许多有益的改革，有力促进了学生的外语学习。

（1）语种选择

英语加勒比地区以西班牙语和法语为外语教育的主要语言，拉丁语的教学明显减少。这是基于当地实际情况做出的正确选择。在加勒比地区，64%的人讲西班牙语，25%的人讲法语或以法语为基础的克里奥尔语。从世界范围来看，西班牙语和法语位于联合国 6 种工作语言之列，被广泛应用于国际交往活动。作为世界第二大语言，西班牙语的使用者主要在拉丁美洲，

① Joy E. Douglas：《生态旅游：加勒比地区的未来?》，李忠译，《产业与环境》1993 年第 3—4 期。

与英语加勒比地区地理位置接近，关系密切。

（2）教育对象

英语加勒比地区逐步将外语教育纳入国民义务教育体系，转“精英教育”为“全民教育”，使所有中小学生都有机会学习外语。例如，圭亚那在 20 世纪 70 年代中期的短短几年内就建成了几所中学，使更多学生有机会接受更高级别的教育，或继续外语学习。

（3）教育目标和教学内容

殖民时期英语加勒比地区外语教育的目标是通过英国牛津大学或剑桥大学等设置的外语考试，这一状况在 20 世纪 80 年代有了明显改变。1983 年，特多在其《教育发展规划》中提出，初中外语教育的目标是提高口语水平和知识，旨在提升对全世界，特别是加勒比地区说西班牙语和法语人的文化认知。随着外语教育目标的转变，外语的教学内容也发生了本质变化，从重视语言知识的死记硬背转为注重提高语言技能和提升交际能力。学生在课堂上有更多机会使用目的语，用目的语朗读，纠正发音错误，因而听力和口语能力明显提高。在语言测试方面，听、说、读、写四项技能都为测试内容，并侧重于听和说。此外，外语学习也开始关注与语言紧密相关的文化问题。

（4）教材编写

区域性外语教材的编写被提上日程，教材编写原则兼顾交际性和文化相关性，更具区域性和全球性视野。教材编写队伍更加专业，例如，在特多和牙买加，西班牙语和法语教材由外语专家、大学的专业教师和中学教师共同编写，供教师和学生使用。圭亚那分开编写不同层次的教材，满足各个外语学习阶段的需求。从教材内容和编写形式可以看出，这一时期的外语教材出现了明显的本土化倾向。

（5）加勒比考试委员会的成立

从 20 世纪 70 年代开始，英语加勒比国家的教育规划逐渐走向区域一体化，其最重要的举措就是在 1972 年成立加勒比考试委员会（Caribbean Examinations Council，CXC）。作为一个区域性教育机构，加勒比考试委员会的主要职责是制定不同科目的教学大纲，组织和监管考试，颁发证书和文凭，提供考试管理服务，向政府和有关机构提供咨询服务，保证教育和考试质量，确保加勒比地区具有较强的全球人力资源竞争力。根据《加勒比现代语言大纲》（1989），外语教学的基本理念和目标包括①：

A. 提升自信心和社会适应能力；

B. 提高文化丰富性和文化认同感；

C. 操不同语言人之间的交流；

D. 国家间科学技术知识交流；

E. 日常生活中的交际能力；

F. 助力国家发展。

加勒比考试委员会的成立标志着英语加勒比地区的教育走向区域一体化，有利于全地区考试的统一管理和规划，有利于学生和教师的合理流动。

（6）语言学院/中心的成立

牙买加、巴巴多斯和特多先后成立了语言学院或语言中心，面向成人开展语言培训。牙买加语言培训中心第一期课程于 1974 年 4 月开课，其成立的最初目的是向政府官员提供语言技能培训，故与外交部关系密切。后来，该中心逐步面向社会大众，并于 1992 年改为私营公司。巴巴多斯语言中心成立于 1981 年，至今已有数百名学生完成西班牙语、法语、德语、意大利语、中文和葡萄牙语等六种语言的学习，他们在本国、加勒比地区甚至加勒比地区以外从事相关工作，成为政府公务员、教育工作者、旅游部门官员或旅游业从业者等。特多语言学院成立于 1984 年，是国家高等教育、研究、科学与技术学院（National Institute of Higher Education，Research，Science and Technology，NIHERST）的一部分。语言学院/中心的成立标志着英语加勒比地区的外语教育从义务教育走向成人教育，从普通教育走向专门语言教育，极大地拓展了教育对象，提升了教育层次。

3. 多元发展阶段（20 世纪 90 年代末至今）

20 世纪 90 年代末，英语加勒比地区选择偏重儿童基础教育的发展路径，初等教育入学率和毕业率高，普及初等义务教育的目标基本实现，一些国家还普及初级中等教育，并推行为期一年至两年的学前教育，中等教

① Caribbean Examination Council，*Modern Language Syllabus-French and Spanish*，Kinston：Caribbean Examination Council，1989.

育和高等教育快速发展。[①] 同时，很多国家陆续实行了教育改革。在这一背景下，英语加勒比地区的外语教育呈现多元发展态势。

（1）语种选择多样化

除了西班牙语、法语之外，英语加勒比地区外语教育的语种增设了葡萄牙语和荷兰语。葡萄牙人曾在殖民时期初期登陆加勒比地区，如在 1536 年首次抵达巴巴多斯，在殖民时期后期的 1834 年年底至 1882 年间，3 万多葡萄牙人到达英属圭亚那（现圭亚那），现在圭亚那和法属圭亚那仍有一定数量的葡萄牙人后裔，他们用葡萄牙语进行交流。此外，南美洲的巴西也凭借足球、音乐和狂欢节等文化因素吸引着来自英语加勒比地区的学生。学习葡萄牙语有助于加强英语加勒比地区与葡萄牙语国家之间的人员往来、贸易和投资合作。在高等教育方面，西印度大学[②]圣奥古斯丁分校于 1988 年开设葡萄牙语及相关文化课程，并于 2013 年增设葡萄牙语辅修专业。在中学教育方面，加勒比考试委员会于 2017 年制定葡萄牙语中级水平考试大纲，葡萄牙语成为英语加勒比地区继西班牙语和法语之后在中学阶段开设的第三门外语。此外，加勒比地区的苏里南以及阿鲁巴（Aruba）、库拉索（Curaao）、圣马丁（Saint Maarten）、博奈尔（Bonaire）、圣尤斯特歇斯（Sint Eustatius）、萨巴（Saba）等 7 个国家和地区的官方语言是荷兰语，开展荷兰语教学无疑有利于加强英语加勒比地区和这些地方的交流与合作。

西印度大学圣奥古斯丁分校于 1997 年 9 月成立语言学习中心（Center for Language Learning，CLL），并于 1998 年面向大学生、教师和社会人员正式开课。经过 20 余年的发展，该中心目前提供 14 种语言课程，其中西班牙语、法语、中文和日语等四种语言课程为学分课程（见表 9-1）。由此可见，这一时期英语加勒比地区的外语教育充分考虑了语言学习的社会需求，语种选择呈现多样化的特点。

① 王强：《21 世纪初拉丁美洲和加勒比地区成人教育的复兴之道》，《教育学术月刊》2011 年第 11 期。

② 西印度大学（University of the West Indies）是英语加勒比地区历史最悠久的综合性高等学校，设有三个实体校区：牙买加的莫纳校区（Mona Campus，1948 年）、特多的圣奥古斯丁校区（St Augustine Campus，1960 年）和巴巴多斯的凯夫希尔校区（Cave Hill Campus，1963 年），并设有一个开放校区（Open Campus，1948 年）。

表 9-1　西印度大学圣奥古斯丁分校语言学习中心课程开设情况

语言课程	开设时间（年）	课程性质
西班牙语	1998	学分课程
法语	1999	学分课程
中文	1999	学分课程
日语	1999	学分课程
德语	1999	非学分课程
葡萄牙语	1999	非学分课程
印地语	1999	非学分课程
意大利语	2001	非学分课程
阿拉伯语	2005	非学分课程
英语（第二语言）	2007	非学分课程
约鲁巴语	2007	非学分课程
俄语	2014	非学分课程
帕托阿语①	2015	非学分课程
韩国语	2017	非学分课程

资料来源：西印度大学圣奥古斯丁分校语言学习中心直接提供。

（2）语言学习者多元化

自 20 世纪 90 年代开始，英语加勒比地区的旅游业蓬勃发展并逐步走向成熟和完善，目前已成为多数国家和地区的支柱产业。游客来自世界各地，希望能享受到高质量的语言服务，因而该地区旅游从业者的外语学习变得尤为重要。其他行业的从业人员，如医生、护士、社区工作者等，也面临着向世界各地游客提供有效语言服务的问题。此外，本地区的运动员参加国际比赛，商人去邻近的加勒比国家甚至遥远的中国、日本等国从事国际

① “帕托阿语”（Patois）一词来源于古法语，指本地或地区性使用的非标准语，可以是方言，也可以是皮钦语或克里奥尔语。加勒比地区的帕托阿语是多种语言接触和混合的产物，其基础语言可以是法语，如安的列斯克里奥尔法语（Antillean Creole French），也可以是英语，如牙买加帕托阿语（Jamaican Patois）。西印度大学圣奥古斯丁分校语言学习中心所提供的帕托阿语课程主要是法语帕托阿语。

贸易活动，都需要学习外语。由于旅游业的带动、国际经济和人文交流的加强、语言服务意识的确立，这一时期的外语学习者呈现多元化特点。

（3）全方位加强教师培训

英语加勒比地区的教师培训历史可以追溯到 1835 年美高教师学院（Mico Teachers' College）在牙买加成立。这是西半球英语国家中成立最早的教师培训机构，现已更名为“美高大学学院”（Mico University College）。同期，牙买加还成立了其他几所教师培训学院，但其培训课程中均不包括外语。1948 年，厄地斯顿教师培训学院（Erdiston Teachers' Training College）在巴巴多斯成立，开设了一年制教师培训课程。1954 年，该学院发展成区域性的教师培训机构，培训来自格林纳达、圣卢西亚、蒙特塞拉特、多米尼克和托尔托拉岛（Tortola，英属维尔京群岛的最大岛屿）的教师，并增设两年制教师培训课程，但仍不包括外语培训。[①] 此后，教师培训机构不断涌现，外语教学的相关课程纷纷进入课程表中，培训层次从课程研修发展到 20 世纪末的颁发教育学文凭。

为解决教师培训不足、教学质量不高的难题，英语加勒比地区将教师培训纳入教育改革的议事日程，注重开展新型、有效的教师综合培训项目，通过职前培训、在职培训、远程培训和继续教育等形式对校长和教师队伍进行培训；注重教师对现代教育技术的学习，鼓励教师在外语课堂上适当使用多媒体教学，如电视、计算机、语音实验室、视频、互联网等，这同样是确保素质教育的重要方面。[②]

（4）促进国际语言文化交流

20 世纪 80 年代至 90 年代，第二语言习得研究开始关注语言环境，尤其是社会文化环境对语言习得的影响。伯纳德·斯波尔斯基（Bernard Spolsky）认为，在目的语环境中，学习者周围是熟练使用目的语的人，语境真实而开放，语言是交际的工具，学生的交际动机随时能够得到激发，有利于自然习得语言。[③] 在这一理论的指导下，英语加勒比地区的外语教育开始

① Barbara Parris, “Teachers Education in the Caribbean: The Barbados Experience”, *Paper Presented at Regional ConferenceTeachers Performance in Latin America and the Caribbean: New Priorities*, July 10 – 12, 2002, Brasilia, p. 3.

② 黄凯玫、范国睿：《加勒比海地区的教育改革：背景、现状与趋势》，《全球教育展望》2007 年第 5 期。

③ Bernard Spolsky, *Conditions for Second Language Learning*, Oxford: Oxford University Press, 1989.

注重创设目的语环境，开展赴目的语国家的语言文化交流项目，为学生提供海外学习机会，在目的语环境中自然习得第一手的语言和文化。西印度大学目前开展的国际语言文化交流就是一个缩影（见表9–2）。

表9–2　西印度大学国际语言文化交流项目

项目名称	目的语	交流时间	开设校区
墨西哥尤卡坦自治大学语言文化交流项目	西班牙语	一个月	凯夫希尔分校
西班牙梅南德斯·佩拉尤国际大学语言文化交流项目	西班牙语	一个月	凯夫希尔分校
马提尼克安的列斯大学语言交流项目	法语	一学期	凯夫希尔分校
法国语言交流暨实习项目（英语助教）	法语	一学年	凯夫希尔分校
加勒比地区大学法语系语言文化交流项目	法语	一学期/年	凯夫希尔分校
中国—加勒比信息工程学院苏州交流项目	中文	两学年	所有校区
“中国之行”夏令营	中文	三周	凯夫希尔分校
日本上智大学语言文化交流项目	日语	一个月	所有校区

资料来源：西印度大学凯夫希尔分校艺术与人文学院现代语言教研室直接提供。

三、英语加勒比地区国际中文教育的发展现状和发展策略

（一）发展现状

英语加勒比地区的华人和华裔人数不多，但在当地的重要性不容低估，因而中文在这里的语言格局中始终占有一席之地。1853 年至 1879 年间，14000 名中国人来到这里，作为契约劳工在甘蔗种植园工作。他们主要定居在三个地方：牙买加、特立尼达和英属圭亚那，人数最多的是英属圭亚那。1879 年后，华人开始大规模从英属圭亚那移民至特立尼达和苏里南。早期华人主要来自香港、台湾、澳门、广东、福建等地，随着当代移民的不断涌入，本地区华人来源更加多元化。华人社区内部广泛使用汉语、粤语和客家话，也使用其他方言。近年来，中国经济发展迅速，综合国力增强，与这一地区的经济合作和友好往来不断加强，“一带一路”倡议更是掀起了双方合作的新热潮。在历史和现实的双重背景下，国际中文教育在英语加

勒比地区悄然兴起，发展前景广阔。

1. 共建孔子学院和孔子课堂

迄今为止，中国与牙买加、巴哈马、圭亚那、特多、巴巴多斯、安提瓜和巴布达等英语加勒比国家共建6所孔子学院，与格林纳达共建1个孔子课堂。这些孔子学院和孔子课堂承担着中国在英语加勒比地区开展国际中文教育和传播中国文化的主要任务。在高等教育层面，西印度大学莫纳分校和凯夫希尔分校分别于2015年和2018年开设中文辅修专业，其主要教学任务由孔子学院承担（见表9-3）。

表9-3 英语加勒比地区孔子学院和孔子课堂

名称	所在城市，国家	启动时间	中方合作机构
西印度大学莫纳分校孔子学院	金斯敦，牙买加	2009年2月13日	太原理工大学
巴哈马大学孔子学院	拿骚，巴哈马	2012年10月17日	南京信息工程大学
圭亚那大学孔子学院	乔治敦，圭亚那	2013年3月24日	大连外国语大学
西印度大学圣奥古斯丁分校孔子学院	西班牙港，特立尼达和多巴哥	2013年10月20日	中国农业大学
玛丽秀社区大学孔子课堂	圣乔治，格林纳达	2015年1月23日	宁波工程学院
西印度大学凯夫希尔分校孔子学院	布里奇顿，巴巴多斯	2015年4月20日	中国政法大学
安提瓜和巴布达孔子学院	圣约翰，安提瓜和巴布达	2018年10月8日	浙江外国语学院

资料来源：作者搜集整理。

2. 中文被纳入国民教育体系

在中学教育层面，加勒比考试委员会于2016年6月通过了《加勒比中级水平能力证书》（Caribbean Certificate of Secondary Level Competence，CCSLC）中文科目的论证报告，并开始编写中文考试大纲①，计划在英语加勒比

① https：//www. cxc. org/ccslc-mandarin-dutch-coming/.

地区学校的初中阶段全面开设中文课程，将中文纳入国民教育体系。自2015年揭牌后，西印度大学凯夫希尔分校孔子学院已经在当地的1所幼儿园、2所小学、4所中学开设中文课程。2018年9月，巴巴多斯总理米娅·莫特利（Mia Mottley）声称，政府计划到2030年让18岁以下的巴巴多斯人都有机会掌握双语，在小学和中学阶段教授中文。① 在2021年6—7月加勒比高级水平考试（CAPE）和加勒比中等教育证书（CSEC）结果发布会上，加勒比考试委员会首席执行官韦恩·威斯利（Wayne Wesley）博士表示，加勒比考试委员会正在与西印度大学莫纳分校孔子学院、凯夫希尔分校孔子学院讨论如何加强中文（普通话）教学并完善相应的考试大纲，同时推进的还有荷兰语。② 中文和荷兰语将很快被纳入加勒比地区的中学课程系统，成为该地区继英语、西班牙语、法语和葡萄牙语（仅限于圭亚那）之后可供学习的语言。

（二）发展策略

从教学内容、语种选择、师资培训和国际文化交流等方面来看，英语加勒比地区的外语教育呈现出交际性、本土化和沉浸式等特点和发展趋势，国际中文教育需要在该地区外语教育的框架下展开，并根据这些特点和发展趋势采取有针对性的策略，逐渐形成自身特色，实现持续、健康发展。

1. 语言与文化并行

当今外国人的中文学习需求主要来自六个方面：(1)了解新鲜事物；(2)到中国旅游；(3)就业；(4)到中国学习；(5)研究中国；(6)欣赏、传播中国语言和中国文化。③ 英语加勒比地区的中文学习需求主要是前两种。当地人对中文、汉字和中国文化充满好奇心和浓厚兴趣，希望到中国旅游，亲身感受这一神奇的国度，这为中文和中国文化在该地区的传播提供了可能性和可行性。从这一语言学习需求出发，英语加勒比地区的国际中文教育应注重初级阶段的教学，体现教学的趣味性、速成性和实用性等特点，

① "Mandarin-Speaking Bajan Children 'by 2030' ", https://www.myvuenews.com/mandarin-speaking-bajan-children-by-2030/.

② "Mandarin, Dutch May Soon be on the CXC Curriculum", https://barbados.loopnews.com/content/mandarin-dutch-may-soon-be-cxc-curriculum-3.

③ 李宇明：《中国语言规划续论》，商务印书馆2010年版，第239—241页。

以文化为切入点，做到语言与文化并行，在满足好奇心的同时，激发学习者深入学习的兴趣。例如，自2015年开始，中国驻巴巴多斯大使馆每年都与巴巴多斯中央银行合作举办“鱼龙节”（巴巴多斯盛产飞鱼，龙是中华民族的象征）暨中国春节系列文化活动，值中国农历新年之际宣传中国文化，增进两国文化互信和交流。2021年2月11日，第七届“鱼龙节”云端相聚，文艺节目精彩纷呈，巴巴多斯国家电视台、加勒比广播电视频道以及中国驻巴巴多斯大使馆新媒体等多个平台同时播出，当地多个媒体进行转播和详细报道。① 此类文化活动是中加友谊和民心相通的生动体现，中文学习者积极参与，社会反响良好，应大力推广。

2. 提升汉语价值

语言价值的高低升降与使用该语言的民族在族际、在国际上的地位高低升降相关，同时也与该国制定的语言国际传播规划相关。② 英语加勒比地区与中国相距遥远，缺少使用中文的社会环境，中文在当地的价值非常有限，因此，当经过了为满足好奇心而学习中文的初级阶段之后，有些学生会因为中文的“无用”而放弃学习。提升中文的有用性、保证中文教学和学习的可持续性是问题的关键。目前，我们正迎来中文在英语加勒比地区传播的绝好机会。加勒比考试委员会计划在本地区推广中文教学，将中文纳入国民教育体系，必然需要大量的中文师资储备，而西印度大学莫纳分校和凯夫希尔分校均已开设中文辅修专业，这样，我们就可以在大学中文辅修专业和本土中学中文教师需求之间建立关联，使中文辅修专业的大学生在专业选择之初就明确将来的职业方向，保证中小学的中文师资，形成良性循环。

中文的价值需要采取适当的形式固化下来，证书就是重要的固化形式之一。加勒比考试委员会正在制定中级水平汉语考试大纲，将来英语加勒比地区的学生可以参加统一的中文中级水平能力考试并获得相应证书。2009年推出的新汉语水平考试（HSK）是一项国际中文能力标准化考试，共分6个级别。迄今为止，英语加勒比地区已设5个中文考试考点，每年定期举办新HSK考试，考试成绩达到规定标准的学生可获得相应等级的中文水平考试成绩报告。在这一形势下，教育部中外语言合作交流中心、英语加勒比

① https：//www. mfa. gov. cn/zwbd_ 673032/whjl/202102/t20210216_ 9653460. shtml.

② 李宇明：《中国语言规划续论》，第243页。

地区的孔子学院和孔子课堂、加勒比考试委员会及其他各方应通力合作，积极商讨如何在两种考试之间建立等级对应关系和相互认可机制，方便当地学生日后到中国留学或交流。此外，孔子学院平台还可提供“汉语桥”“夏令营”“孔子学院奖学金”“新汉学计划”等赴华交流或研修项目，以提升中文的价值，确保中文教育的可持续性。

3. 编写本土中文教材

中文教材在海外中文教学中的重要性毋庸置疑，遗憾的是，英语加勒比地区尚无任何本土中文教材，学生不得不到图书馆借书或复印材料，这大大影响了他们的学习质量和学习效率。为此，现在或曾经在当地的一线中文教师应联合中国语言教学专家合作编写本土中文教材。一线中文教师了解本土学习者的需求，对学习者的自然特点和社会特点、目标需求和学习需求、学习环境和学习条件、常见偏误和学习难点等有非常清晰的认识。而中国语言教学专家有丰富的教学经验、广博的中文及中国文化知识，熟悉各种教学法的优缺点，能根据教育学、心理学的规律，循序渐进地安排教学内容。[①] 所以，二者应通力合作，发挥各自的优势，参考 2021 年发布的《国际中文教育中文水平等级标准》和《加勒比现代语言考试大纲》等材料，共同编写有针对性的、高质量的英语加勒比地区本土中文教材。

四、结语

英语加勒比地区外语教育起步虽晚，但发展快速，现已相对成熟，在新的教学理念指导下呈现出语种选择多样化、语言学习者多元化、师资队伍专业化、目的国学习选择多样化等特点。国际中文教育在该地区正面临良好的发展机遇，但也存在一些困难，特别是中文在当地的“有用性”偏低，价值有待提升，我们应借助中加经济合作和人文交流不断加强的东风，科学、系统地设置中文课程，采取灵活、有趣的教学方法，促进这一地区中文教育的可持续发展。

---

① 王淑华：《从泰国本土教材〈基础汉语〉看汉语教材国别化》，《出版科学》2014 年第 5 期。

第十章　加勒比地区一体化历史、现状及前景

欧阳俊、郭慧①

摘　要：深化区域一体化一直是加勒比地区的长期目标，其经济一体化从20世纪60年代开始起步，历经自由贸易区、共同市场、单一市场和经济三个阶段。总体来说，经济一体化进展缓慢，进度不如预期。截至目前，加勒比地区对外关税同盟初步形成，区域内货物贸易关税壁垒基本消除，但非关税贸易壁垒依然严重；在促进服务业的共同市场方面取得一些进展，但劳动力和资本的自由流动仍然受限；宏观经济政策缺乏统一和协调；公共卫生、教育、环境、司法等领域的功能合作推进较快，合作成果也比较丰富。虽存在先天不足、主权迷思以及域外势力干预等多重妨碍因素，但区域一体化是加勒比地区各国家或地区面对脆弱的经济、社会和自然环境所能做的最优选择，一体化还会继续推进下去。

关键词：加勒比地区　加勒比地区共同体　一体化

加勒比地区一体化发端于20世纪60年代。加勒比共同体（以下简称“加共体”）北起巴哈马，南至苏里南和圭亚那，由20个国家和地区组成(包括15个成员和5个准成员)，总人口约1900万人。加共体是世界上成立最早的区域一体化组织之一，主要目标是促进成员之间的经济一体化和合作，确保公平分享一体化的好处，并协调外交政策。

① 欧阳俊：西南财经大学经济与管理研究院教授。郭慧：中国劳动经济学会就业促进专业委员会研究员。

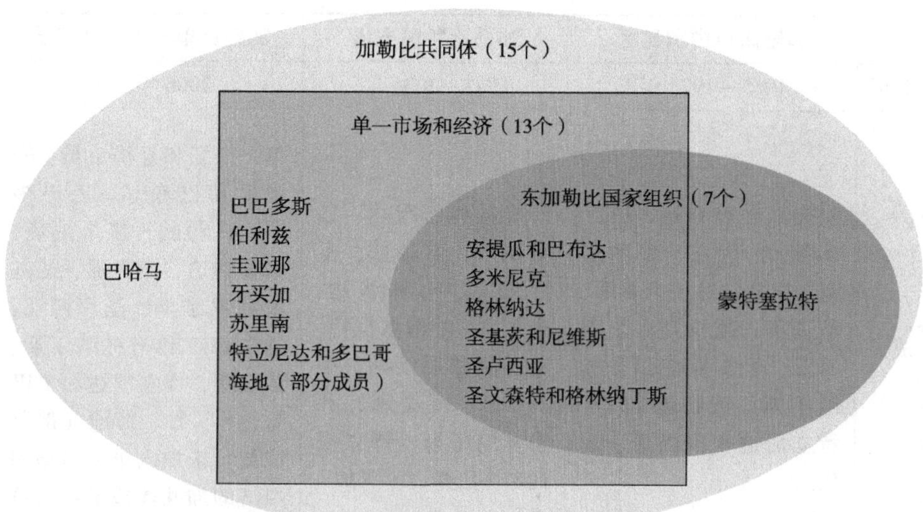

图 10-1　加勒比共同体成员组成①

一、加勒比地区一体化历史回顾

加勒比国家和地区人口规模小，经济结构单一，自然环境脆弱，面对汹涌而至的全球化浪潮，通过政治经济一体化凝聚集体力量，迎接外部挑战、参与国际竞争、发展自身经济、应对自然灾害的理想一直存在。早在殖民时期，英国殖民当局就试图通过组建西印度联邦来实现英语加勒比地区政治经济一体化。西印度联邦解体后，在政府、学者等各方力量努力下，加勒比地区经济一体化进程不断深化，正式成立于 1973 年的加共体是推动加勒比地区一体化的最主要力量，其发展先后经历了自由贸易区、共同市场及单一市场和经济三个发展阶段（见表 10-1）。

① Abdullah Al-Hassan, etc., "Is the Whole Greater than the Sum of Its Parts?: Strengthening Caribbean Regional Integration", *IMF Working Papers*, Vol. 2020, Issue 008, January 2020, p. 10. 本图未展示加共体准成员和观察员以及东加勒比国家组织准成员。

表 10-1　加勒比地区经济一体化进程

	加勒比自由贸易区	加勒比共同市场	加勒比单一市场和经济
时期	1965—1973 年	1973—2006 年	2006 年至今
成员	安提瓜和巴布达、巴巴多斯、伯利兹、多米尼克、格林纳达、圭亚那、圣基茨和尼维斯、圣卢西亚、圣文森特和格林纳丁斯、蒙特塞拉特、特立尼达和多巴哥、牙买加	安提瓜和巴布达、巴巴多斯、伯利兹、多米尼克、格林纳达、圭亚那、蒙特塞拉特、圣基茨和尼维斯、圣卢西亚、圣文森特和格林纳丁斯、特立尼达和多巴哥、牙买加	单一市场和经济成员：安提瓜和巴布达、巴巴多斯、伯利兹、多米尼克、格林纳达、圭亚那、圣基茨和尼维斯、圣卢西亚、圣文森特和格林纳丁斯、苏里南、特立尼达和多巴哥、牙买加、海地（部分成员）未加入单一市场和经济的加共体成员：巴哈马、蒙特塞拉特
形式	自由贸易区	关税同盟	单一市场和经济
范围	货物贸易	货物贸易关税同盟、有限制开放服务贸易、经济政策和规划协同、工业发展合作、农业和自然资源共同开发	货物贸易服务、贸易资本、技术劳动力、宏观经济政策协同、货币联盟产业经济政策协同

资料来源：https：//caricom. org，根据加共体网站资料整理。

加共体成员中有 7 个成员同时也是东加勒比国家组织的正式成员，即安提瓜和巴布达、多米尼克、格林纳达、圣基茨和尼维斯、圣卢西亚、圣文森特和格林纳丁斯、蒙特塞拉特。东加勒比国家组织成立于 1981 年，成员均是东加勒比海的岛国或岛屿，总人口不足 70 万，经济实力也较弱。

加共体与东加勒比国家组织是加勒比两个不同的组织，除后者的 7 个正式成员同时是前者的成员外，相互之间没有其他实质性的关系。

（一）自由贸易区阶段（1965—1973 年）

20 世纪五六十年代，欧洲共同市场建立，带动区域主义在全球盛行，突出强调巩固与周边地区的利益及外交。1965 年，安提瓜和巴布达、巴巴多斯、圭亚那（时为英属圭亚那）等国家和地区的政府首脑在安提瓜和巴布达签署《迪肯森湾协议》，宣布成立加勒比自由贸易协会（CARIFTA）。1968 年，在对区域内欠发达国家做出特殊安排后，特立尼达和多巴哥、牙买加、多米尼克、格林纳达、圣基茨和尼维斯、圣卢西亚、圣文森特和格林纳丁斯、蒙特塞拉特相继加入自贸区。至 1971 年伯利兹（时为英属洪都拉斯）宣布加入后，该协会已涵盖除巴哈马外所有加勒比英语国家和地区。

《迪肯森湾协议》最主要的内容是降低直至消除成员间货物贸易关税及非关税壁垒，实现成员间货物自由贸易。该协议基于古典经济学理论，借鉴了欧洲共同市场经验，试图打破区域内部各种关税和非关税货物贸易壁垒，建立统一的区域市场，解决因单一市场空间偏小、生产规模不经济的问题，对区域外国家实行保护性关税制度，通过进口替代，发展本地区工农业。这一时期，受益于欧洲、美国对该地区的单边贸易优惠安排，其保护性关税安排得以实施，区域内部贸易发展较为迅速。

（二）共同市场阶段（1973—2006 年）

加勒比国家和地区的政府、学者、业界和其他相关方都没有满足于仅仅实现区域性的货物自由贸易，认为单靠市场的力量不足以实现区域经济发展目标。即使形成统一的加勒比市场，其潜在的空间仍旧十分有限，并不能满足多数制造业规模化生产的要求，无法有效形成国际竞争力。同时，加勒比经济多样化程度较低，各地经济有着较高程度的相似性，区域内部贸易规模难以大幅度放大，且容易向发展程度高的地区大国集中。由此，各方对政府干预均寄予厚望，主张通过结构调整来促进经济发展，通过推动区域内部资源整合，实现区域内部产业纵向一体化，打破市场（包括要素和产品市场）小而分割的制约，提高区域整体潜在生产能力。

1973 年，巴巴多斯、牙买加、圭亚那以及特立尼达和多巴哥签署《查瓜拉马斯条约》，正式建立加勒比共同体和共同市场。随后，安提瓜和巴布达、伯利兹、多米尼克、格林纳达、蒙特塞拉特、圣基茨和尼维斯、圣卢西亚、圣文森特和格林纳丁斯等其他八个加勒比自贸区成员也相继加入。1983 年，巴哈马宣布加入加共体，但非加勒比共同市场成员。1995 年，苏里南成为加共体第 14 个成员和加勒比共同市场第 13 个成员。海地于 1998 年申请加入加共体，2002 年获得批准，成为第一个法语成员国。此外，英属维尔京群岛、开曼群岛、特克斯和凯科斯群岛、安圭拉、百慕大为准成员，墨西哥、哥伦比亚等8个拉美和加勒比地区国家和地区取得加共体观察员地位。

《查瓜拉马斯条约》包括加勒比共同体和共同市场两方面。共同体的目标除推进区域经济一体化外，还包括外交政策协同和功能合作。一方面，通过协调外交政策，集体对外行动，增加国际话语权；另一方面，功能合作（非直接经济领域的合作）旨在消除臃肿的官僚机构，节省行政成本，提高行政效率。根据该条约，政府首脑峰会为共同体最高决策和权力机构。加共体秘书处依据该条约第15条在1973年由原英联邦加勒比地区秘书处改组而成，为加共体主要行政管理机构，主要负责各级会议组织、区域经济与公共服务调研，并为成员提供与达成共同体目标相关的服务。

共同市场条约的目标是，通过进一步推进区域经济一体化，提升本地商家国际竞争力，扩大区域内贸易和对外贸易规模，带动地区经济加速平衡发展，增强地区经济独立性。主要内容包括：（1）货物贸易自由化，取消区域内部关税壁垒和配额限制，允许货物自由转移；（2）统一贸易保护政策，建立关税同盟，实施统一对外关税，加强对外贸易联系协调；（3）开放企业自由申办，有限制地开放服务贸易和资本转移；（4）加强经济政策协同，避免双重征税，实行经常和资本账户自由兑换，共同开发自然资源，统一工业发展计划，开展农业、旅游发展合作等。为保护区域内欠发达成员，条约还做出了相应的保护性例外规定。共同市场理事会为共同市场事务负责机构，共同市场秘书处为其执行机构。

（三）单一市场和经济阶段（2006年至今）

加共体成立不久，中东石油危机爆发，国际原油价格飙升，石油净进口成员与净出口成员利益分歧急剧放大。受内部纷争困扰，工业计划、食品计划、财政协同框架等旨在促进共同市场建设的一系列举措被迫中止，区域内部贸易发展严重受阻，共同市场长期停滞不前。从外部环境来看，20世纪末，国际政治经济版图发生了巨大变化，东欧社会主义国家剧变，苏联解体，欧洲联盟、欧元区成立。与此同时，随着世界贸易组织成立，经济全球化和贸易自由化不断推进，原有的单边贸易优惠安排逐步弱化甚至被取消，加勒比地区出口竞争压力越来越大，外部债务问题日益严峻，经济发展持续放缓。

在此背景下，加勒比地区领导人认识到，必须对加共体进行重新定位，对相关机构进行重组。1989 年，加共体首脑会议决定推动加勒比共同市场向单一市场和经济转变。1992 年，按照西印度委员会的建议，加共体成立了跨政府工作小组，起草《查瓜拉马斯条约修正案》。2001 年，加共体首脑会议通过了《查瓜拉马斯条约修正案》，试图将加共体从一个内向保守的、保护主义的、功能有限的组织，改组重构为一个自由开放的、富有效率的、具有国际竞争力的、外向灵活的组织。2006 年上半年，安提瓜和巴布达、巴巴多斯、伯利兹、多米尼克、格林纳达、圭亚那、圣基茨和尼维斯、圣卢西亚、圣文森特和格林纳丁斯、苏里南、特立尼达和多巴哥、牙买加等 12 国相继签约，该条约正式生效，加勒比地区经济一体化由共同市场向单一市场和经济转变。

《查瓜拉马斯条约修正案》将原条约中的共同体条约和共同市场条约合二为一，提出建立包含单一市场和经济的加勒比共同体。修正案给加共体设定了 9 个目标，包括（1）提高生活和工作水平；（2）实现劳动力的充分就业和充分利用其他生产要素；（3）促进地区经济加速、协调、可持续平衡发展；（4）拓展与第三方的经济与贸易联系；（5）增强国际竞争力；（6）扩大生产规模，提升生产效率；（7）增强与第三方对话时的份量；（8）增强成员间外交政策和对外经济政策协调；（9）增强成员间功能合作。就内容而言，修正案目标与原条约一样可概括为经济一体化、外交合作和功能合作三方面，只是经济一体化目标调整为建立单一市场和经济，所涉内容更具体、范围更广、程度更深，外交合作则更为强调对外经济政策和对外贸易投资谈判的协调。

加勒比单一市场和经济主要涉及三方面内容：（1）货物和服务自由流动。原共同市场条约主要涉及货物自由贸易，修正案则进一步扩展到全部服务贸易领域，要求成员消除所有货物贸易关税与非关税壁垒的同时禁止实施任何新的服务贸易壁垒，并逐步取消所有既有的服务贸易壁垒，特别是银行、保险及其他金融服务进入限制。（2）资本、人员等生产要素自由流动。修正案禁止成员实行新的企业开办、资本流动、经常支付限制，要求成员逐步取消已有的限制，并采取措施方便企业开办、资本流动，如建立加共体资信系统、取消外汇管制、允许货币自由双向兑换、建立统一的资本市场等。分步推进成员之间最终实现人员自由流动，保障他们在获得土地、资金、房屋和财产等方面不受歧视。（3）经济政策协调。统一对外贸易与经济政策，建立加勒比地区谈判机制，根据首脑会议确定的原则对外进行集体谈判，成员与第三方的双边谈判需得到相关机构的许可。加强财政和货币政策协调，推动实行统一的税收、汇率、利率、商业银行和证券政策，推动建立货币同盟，逐步实现单一货币。加强工业、农业、旅游业和交通运输业的发展规划和发展政策协同，包括人力资源发展、自然环境保护、知识产权保护、技术标准体系、投资促进政策等各个方面的制度与政策的协调统一，推动实现自然资源共同开发、农业生产多元化。

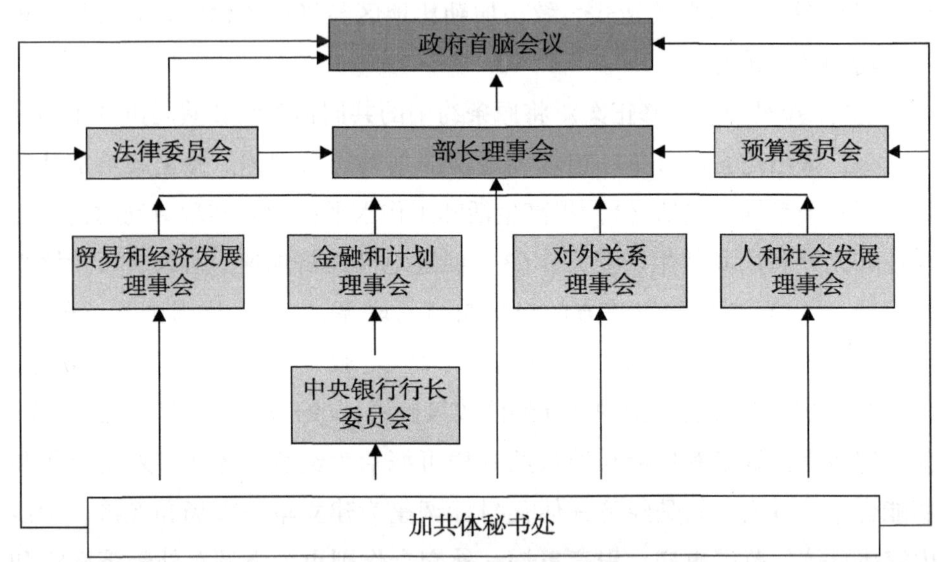

图 10-2　加共体组织架构

政府首脑会议是加共体最高权力机构，决定加共体发展政策、对外签署协议、加共体机构组成和财政安排。部长理事会是加共体第二权力机构，按照首脑会议确定的原则和方向，负责经济一体化、功能合作和对外关系等三大领域的战略规划和协作，负责加共体预算审查与批准。其下设有金融和计划理事会负责经济政策协调和金融、货币一体化；贸易和经济发展理事会负责促进贸易和经济发展，推动单一市场和经济发展并监督其运行；对外关系理事会负责维护和发展加共体与其他国际机构、第三国的关系；人和社会发展理事会负责促进人力资源和社会发展。除此之外，加共体还设有法律委员会、预算委员会和中央银行行长委员会。加共体秘书处为加共体主要管理机构，加共体秘书长为其首席执行官，由政府首脑会议任命，对外代表加共体，负责组织落实加共体各级权力机构的决定。

二、加勒比地区一体化当前进展

目前，加共体由 20 个国家和地区组成，包括 15 个成员和 5 个准成员，其中 12 个成员参加了加共体单一市场（CSM）的安排，而海地部分实施了贸易制度，正在努力完全纳入单一市场和经济（CSME）。巴哈马和蒙特塞拉特签署了《特别成员协定》（*Special Membership Agreement*），它们是加共体成员，但未加入单一市场和经济。蒙特塞拉特参加了单一市场的一些领域，包括贸易制度、技能人才流动制度等。①

东加勒比国家组织（OECS）是由 7 个东加勒比国家和地区以 1981 年签署的《巴斯特尔条约》为基础建立的。2010 年《巴斯特尔条约》修订并取代了 1981 年的旧版本。修订后的《巴斯特尔条约》旨在建立一个具备关税同盟特征的单一市场，使货物、人员和资本可以自由流动，并协调与税收和收入有关的货币和政府政策。东加勒比国家组织在一体化方面已取得较大进展，如已实现成员内部人员的自由流动，包括技术工人和非技术工人；建立了东加勒比证券市场，实现了区域内资本自由流动，但离全面经济一体化还存在差距。②

相较于东加勒比国家组织，加共体在经济一体化方面进展更缓慢，距离建立单一市场和经济的目标相距甚远。加共体有四个主要支柱：经济一

① Caribbean Community Secretariat, *Annual Report of the Secretary-General* 2020, Georgetown: Caribbean Community Secretariat, 2021, p. 74.

② Abdullah Al-Hassan, etc., "Is the Whole Greater than the Sum of Its Parts?: Strengthening Caribbean Regional Integration", *IMF Working Paper*, WP/20/8, 2020, pp. 9-15.

体化、外交政策协调、人和社会发展以及安全合作。经济一体化进程滞后于《查瓜拉马斯条约修正案》确定的一体化路线图；在外交政策协调、人和社会发展、安全合作领域的功能合作方面，成果则相对丰硕。

（一）共同市场建设

2007年7月，加共体政府首脑会议宣布，将分两步推进单一市场和经济建设：2007—2008年巩固单一市场，启动单一经济建设；2009—2015年完成单一经济建设。从目前情况来看，虽然加共体共同市场建设取得了一些进展，但并没能按计划完成目标。建立对外关税同盟，实现货物与服务自由贸易是共同市场的两个基本要求。加共体对外关税同盟初具形态，却难称完美；基本实现货物自由贸易，但仍存在壁垒，而服务自由贸易基本还只停留于协议阶段。

1. 对外关税同盟

加共体1973年建立之初就提出分阶段建立对外关税同盟的设想，1992年正式启动四阶段关税同盟建设方案，2010年，12个单一市场和经济成员接受统一对外关税安排，对外关税同盟初步形成。此时，加共体进口关税税率的简单平均值由20世纪90年代初的20%下降至10%左右。但从实施情况来看，加共体对外关税同盟远非完美。一方面，加共体关税同盟未能涵盖所有成员，巴哈马和蒙特塞拉特不仅没有加入关税同盟，甚至也非单一市场和经济协定成员，而海地的加入申请迄今尚未得到批准；另一方面，由于广泛存在关税缓征、关税削减以及国别例外，共同关税条款受到严重侵蚀。而且，尽管加共体平均关税大幅下降，但总体上仍处于较高水平，且各行业差异较大，其中农产品、制成品等本地区受保护产品的关税税率明显偏高。更糟糕的是，一些财政严重依赖于贸易税收的小国，为弥补关税同盟带来的关税减少，被迫引入诸如印花税、进口收费、歧视性消费税等与进口相关的税费，结果形成了新的贸易壁垒。这些问题和现象侵蚀加共体对外关税的统一性，侵害其与第三方进行贸易谈判时的整体性，削弱集体谈判能力，最终也给整合分割的加共体内部市场带来了障碍。

2. 货物贸易自由化

20世纪60年代末《迪肯森湾协议》生效后，加勒比各国家或地区就着手削减关税、清理非关税壁垒，至 90 年代已取消 90%的本地货物关税和部分非关税壁垒，制定了非法进口税和各种歧视性税收安排清理时间表，并在一定程度上放松农产品贸易。但同欧盟相比，加共体贸易自由化程度要低得多。虽然加共体内部关税壁垒基本消除了，但仍存在许多非关税壁垒，如检验检疫标准、技术标准等。2003 年，加共体虽然成立地区标准和质量组织，但由于多数国家和地区迄今仍未通过相关法律，其职责履行受到极大局限，导致地区标准统一化进展寥寥（见表 10-2）。

表 10-2　加共体共同市场建设进展情况（截至 2020 年）

领域	进展
货物贸易的自由化程度	非常高
服务贸易的监管框架	是
外国投资的监管框架	是
公共采购的监管框架	2019 年 2 月完成，尚未生效
贸易便利化的监管框架	是
技术标准的协调或相互承认	是
电子商务的监管框架	在谈判中
减少不对称性的机制	是

资料来源：Economic Commission for Latin America and the Caribbean, *International Trade Outlook for Latin America and the Caribbean* 2020: *Regional Integration is Key to Recovery After the Crisis*, Santiago: Economic Commission for Latin America and the Caribbean, 2021, pp. 73-119.

3. 服务贸易自由化

服务贸易是加共体最具发展前景的领域，也是加共体极力推动的领域。1973 年的《查瓜拉马斯条约》就提出服务贸易有限开放，修正条约更明确要求成员分阶段全面放开服务贸易。目前，各成员都已相继提出自己的服务负面清单，并承诺全面开放其他服务领域。但从实际情况来看，这些承诺更多存在于书面和口头，服务贸易仍面临着各种有形的、无形的限制。各成员虽然公开承诺放开负面清单外的服务领域，但在实际操作中设置了许多障碍，航运、海运和金融服务领域尤甚。这些障碍说不出来却又存在，很难通过某种协定加以消除。而且，服务贸易通常会伴随着劳动力的流动，劳动许可成为服务企业跨国开办难以克服的问题。此外，加共体缺乏统一的服务行业制度，也给其内部服务贸易造成障碍。

旅游业。旅游业是加勒比地区最大的服务业子行业。2017 年成立的加共体临时旅游工作组（ITWG）旨在帮助推动本地区的旅游发展。在实施区域内旅行便利化措施方面，如精简和协调签证政策等，加共体完成度较高。2020 年新冠疫情造成的全球封锁对加勒比地区旅游业打击巨大，一些成员入境游客减少 90%，就业人数减少 67%。① 2021 年，随着各国家和地区边境的重新开放和疫苗接种的推广，旅游业重启，但因主要客源地多受疫情的影响，复苏之路缓慢。2021 年该地区旅游业过夜旅客平均收缩 14.5%，与 2020 年收缩 71.7%的情况相比，虽有改善但低于预期。② 为重建旅游业，2020 年召开的加共体政府首脑会议通过制定联合旅游政策的提议，并成立了旅游问题总理小组委员会，为制定联合旅游政策和解决其他相关问题提供政治监督。2020 年 9 月起，加共体部分成员开始实施加共体旅行气泡（CARICOM Travel Bubble）计划，用于加共体民众的区域内旅行、重要工作人员的流动以及游客在该地区的旅行。此外，加共体政府首脑会议决定推进一系列健康和安全协议，促进区域协作，恢复旅客的信心。

交通运输业。2018 年 2 月，加共体政府首脑会议批准了关于共同体内部航空服务运营的《多边航空服务协定》（*Multilateral Air Service Agreement*）。该协定的重点是交换共同体成员拥有的航空公司的航线和交通权，以改善连通性，促进货物和服务贸易（包括旅游服务）的发展。协定扩大了加共体所属航空公司在整个地区提供航空服务的范围，使区域内的旅行有更多选择，通过航空公司的竞争来降低机票价格。2020 年，《多边航空服务协定》生效，截至 2020 年，有 7 个成员批准了该协定：巴巴多斯、伯利兹、圭亚那、圣卢西亚、圣文森特和格林纳丁斯、特立尼达和多巴哥、多米尼克。③

---

① Caribbean Community Secretariat, *Annual Report of the Secretary-General* 2020, p. 7.

② Dillon Alleyne, etc., "Economic Survey of the Caribbean 2021", *Studies and Perspectives Series*-The Caribbean No. 106, Santiago: Economic Commission for Latin America and the Caribbean, 2022, p. 22.

③ Caribbean Community Secretariat, *Annual Report of the Secretary-General* 2020, 2021, p. 2.

（二）要素自由流动

生产要素自由流动包括资本、劳动力和技术的自由流动，是单一经济的基本要求之一。总的来看，加共体在推动要素自由流动方面的进展缓慢且不平衡。

1. 资本自由流动

与劳动力自由流动相比，资本自由流动更容易被接受，进展也要快得多，毕竟资金流入是每个成员都乐意看到的，尽管它们也担心放开后会出现资本外流、汇率波动。研究显示，加共体69%的资本自由流动促进措施与规定得到执行，是单一市场和经济促进政策中落实最好的部分。目前，多数成员已经取消资本控制，允许货币双向自由兑换，允许外汇在加共体内部自由汇进汇出。各成员也相继出台了多种措施，鼓励和吸引区域内投资者。比如，圭亚那规定加共体公民或企业来圭投资，在用地申请方面可享受国民待遇。近年来，加勒比地区内部投资逐渐增多，特立尼达和多巴哥银行已在所有成员设有分支机构。但即便如此，成员间存贷款利率的巨大差异显示，加共体金融市场基本上仍处于割裂状态，离实现完全的资本自由流动依旧很远。影响加共体内部资本自由流动的因素主要有两个方面：一方面，虽然各成员取消了企业开办限制，但对开办企业所需人员的流动仍存在限制；另一方面，域内金融市场不发育，银行清算系统不完善，没有统一证券市场，资金转移存在技术上的困难。

区域性金融集团在加共体部分成员的金融系统占据重要地位，这使得这些经济体之间的银行业务、保险业务有着高度联系，如巴巴多斯、圭亚那、特立尼达和多巴哥。不过，在资金跨境流动方面，加共体对于协调整个地区资金流动的法律和行政安排进展有限。加勒比地区资本市场不发达，资本活动集中在少数几个国家，资本市场一体化的进展主要体现在巴巴多斯、东加勒比国家组织、牙买加、特立尼达和多巴哥的资本市场交叉上市安排上，但还未建立一个共同的资本市场，加共体其他成员也尚未参与其中，资本自由流动依然受到限制。①

① Abdullah Al-Hassan, etc., "Is the Whole Greater than the Sum of Its Parts?: Strengthening Caribbean Regional Integration", *IMF Working Paper*, WP/20/8, 2020, pp. 9-15.

《加共体金融服务协定》（*CARICOM Financial Services Agreement*）草案规定了支持资本自由流动及促进金融实体跨境运作的政策协调、监管和监督框架所需的措施。该协议还在拟议中。此外，加共体信用报告政策、存款保险政策、证券市场发展与监管政策也在草拟中。

2. 劳动力自由流动

人员自由流动是加共体一体化进程中最敏感、最困难的领域，也是迄今进展最小的领域之一。首先，可自由流动人员的范围非常小。加共体成员对于自由迁徙一直持谨慎态度，1973 年的《查瓜拉马斯条约》完全没有涉及这一领域。1989 年，加共体决定推动单一市场和经济建设，促进人员自由流动条款后来才被写入了 2006 年的《查瓜拉马斯条约修正案》。修正案最初仅允许大学毕业生、媒体工作者、体育工作者、艺术工作者和音乐工作者等五类有技能的加共体成员的公民在取得地区职业资格认证后，在加共体自由迁徙，并允许他们转移个人社会保险。2006 年，第 27 届政府首脑会议又将此清单扩充到十类，赋予非大学毕业的技工、家政、教师、护士和医院工人类似的资格。不过，即便如此范围有限的迁徙自由，在实际落实过程中也遭遇各种障碍。

2017 年 7 月，加共体人和社会发展理事会（COHSOD）批准了《加共体资格框架》（*CARICOM Qualifications Framework*），并启动了劳动力市场信息系统（The Labour Market Information System）建设。该系统作为单一市场和经济的参与国家和地区劳动力数据的中央储存库，旨在更好地将技能与区域内的现有职位匹配，更好地管理单一市场和经济内部的劳动力流动。①

2018 年 7 月，加共体首脑会议通过《附带权利协议》（*Protocol on Contingent Right*），允许根据劳动力自由流动制度迁移到另一个成员的人的配偶和家属获得初级保健和中学以下的教育服务。② 单一市场和经济的 12 个成员都签署了该协议，其中 10 个成员已经同意暂时适用该协议，海地也签署了该协议，并同意暂时适用该协议。首脑会议的另一成果是批准了《成员

① Caribbean Community Secretariat, *Annual Report of the Secretary-General* 2017, Georgetown: Caribbean Community Secretariat, 2018, p. 3.

② Caribbean Community Secretariat, *Annual Report of the Secretary-General* 2018, Georgetown: Caribbean Community Secretariat, 2019, p. 3.

国拒绝入境程序》，为成员移民管理机构拒绝本地区公民入境制定了标准范式。在12月召开的关于单一市场和经济特别会议上，各国家和地区的政府首脑通过了《关于加勒比单一市场和经济的圣安宣言》（*St Ann's Declaration on CSME*）。宣言概述了需要立即采取行动的优先领域，包括将农民、美容服务从业人员、理发师和保安纳入有权在共同体内自由流动和就业的技术人员类别；重申一个成员颁发的技能证书将得到所有成员的承认；将在所有成员完成各类技术人员自由流动的立法和其他安排。

（三）宏观经济政策协调

单一经济建设要求成员不断加强经济政策协同，最终实现经济政策的统一。加共体的领导人深知经济政策协同的重要性，1973年的《查瓜拉马斯条约》就已经提出经济政策协同的理念，2006年的《查瓜拉马斯条约修正案》更明确提出要加强财政政策、货币政策、产业政策以及公平竞争、消费者保护等经济制度的协同，最终实现经济政策的统一。但是，与其他大多数领域一样，经济政策一体化同样是纸面或者口头承诺多，实质进展少。

1. 财政政策

目前，除普遍签订了避免双重征税协定外，加共体财政政策方面的协同几乎不存在。定期召开的加共体财政部长会议并没为促进成员财政政策统一建立约束性规则和程序，也没有为促进财政预算形成程序统一制定标准（见表10-3）。

表10-3　国际金融危机前后加勒比国家公共支出与国内生产总值增速差（%）

国家	1997—2002年	2003—2008年	2009年	2010—2012年
安提瓜和巴布达	7.2	0.2	7.1	-4.8
巴哈马	-1.8	4.0	4.1	7.1
巴巴多斯	3.4	0.7	6.4	-3.5
伯利兹	4.0	-2.6	4.8	-0.1
多米尼克	-20.2	7.1	-4.0	6.6
格林纳达	17.0	-2.5	-10.8	-3.6
圭亚那	-1.2	2.6	6.4	3.6

续表

国家	1997—2002 年	2003—2008 年	2009 年	2010—2012 年
牙买加	0.1	4.1	-3.8	4.3
圣基茨和尼维斯	15.8	-3.8	7.4	4.4
圣卢西亚	1.4	-1.5	6.0	6.2
圣文森特和格林纳丁斯	-0.9	2.2	4.5	-2.1
苏里南	-14.5	1.4	30.2	0.3
特立尼达和多巴哥	1.3	2.7	40.6	-1.0

数据来源：Economic Commission for Latin America and the Caribbean.①

2008 年国际金融危机爆发后，加共体经济出现严重萎缩。但是，成员财政政策不仅未趋于统一，反而差异日益扩大。2010—2012 年，巴哈马、多米尼克、圭亚那、牙买加、圣卢西亚、圣基茨和尼维斯 6 国公共支出增速明显高于实际经济增速，它们试图通过实行反经济周期政策，不断扩大财政支出，以刺激经济摆脱低迷状态。安提瓜和巴布达、巴巴多斯、伯利兹、格林纳达、圣文森特和格林纳丁斯 5 国公共支出增速则低于实际经济增速，它们试图通过执行平衡预算，收紧财政支出，逐步改善糟糕的财政状况。苏里南与特立尼达和多巴哥财政状况较好，且其一贯谨慎，除 2009 年应对金融危机外，一直实行量入为出的平衡财政政策。

本次新冠疫情暴发，加共体成员面临着公共卫生危机、债务危机、经济危机的多重冲击。在这种情况下，2020 年 10 月，加共体各成员的政府首脑同意了加勒比经济复苏和转型（CERT）计划的概念，以寻求国际社会对成员的经济稳定和复苏给予更多支持。根据该计划，政府首脑呼吁国际货币基金组织分配新的特别提款权，并将与新冠疫情有关的债务再融资作为长期低息工具。② 但是迄今为止，该项计划并没有明显进展。

2. 货币政策

比较而言，货币政策一体化对加共体吸引力更大。2006 年，《查瓜拉马斯条约修正案》明确提出要成立加勒比中央银行，发行单一货币，统一股票及其他资本与货币市场，实行统一的商业银行和证券市场管理。目前，

① https://statistics.cepal.org/portal/cepalstat/dashboard.html? indicator_ id=2207&area_ id=131&lang=en.

② Caribbean Community Secretariat, *Annual Report of the Secretary-General* 2020, p. 2.

加共体成员已初步实现了货币自由兑换。在外汇管理方面，东加勒比国家组织的成员以及巴哈马、伯利兹、巴巴多斯实行固定汇率制，采取盯住美元政策，外汇流出有着严格管制；圭亚那、牙买加、特立尼达和多巴哥则实行有管理的浮动汇率制度，允许美元汇率在较小幅度内波动，一定金额以上外汇流出需要申报许可。

货币政策协调也取得了一些进展。2008 年国际金融危机爆发后，各成员优先考虑的问题各异，货币政策明显分化。表 10-4 显示，2009—2012 年，特立尼达和多巴哥基础货币发行增长了 126%，圭亚那、苏里南、圣基茨和尼维斯增幅均超过 70%，巴巴多斯则下降了 5%，格林纳达只增加 9%，其他国家增幅也都不到 50%。本次新冠疫情暴发后，为应对由此带来的对经济的冲击，各成员货币政策明显趋同。2020—2021 年，加勒比国家普遍采用扩张性货币政策以刺激经济复苏，基础货币供应量较往年有较大幅度的增长。其中，苏里南近年来经济受挫，深陷债务危机，基础货币发行量猛增，伴随的是恶性通货膨胀和货币贬值。

表 10-4　加勒比国家基础货币增长速度（%）

国家	2008 年	2009 年	2010 年	2011 年	2012 年	2019 年	2020 年	2021 年
安提瓜和巴布达	2.0	−10.5	0.9	20.1	29.4	−7.6	—	—
巴哈马	6.4	2.0	2.5	26.8	−7.8	−0.6	33.3	15.5
巴巴多斯	9.2	−13.9	3.4	7.7	−1.1	12.6	15.1	25.3
伯利兹	11.5	11.9	−1.2	8.2	17.5	0.6	12.0	25.6
多米尼克	−0.1	−4.6	9.7	8.5	17.8	−21.2	—	—
格林纳达	3.5	−8.5	6.0	7.2	4.7	4.6	—	—
圭亚那	16.5	10.6	17.7	17.4	15.2	10.8	25.4	31.1
牙买加	9.5	22.8	5.5	5.3	6.3	22.6	17.6	23.7
圣基茨和尼维斯	7.3	48.3	−3.2	36.1	13.7	−7.1	—	—
圣卢西亚	10.2	8.5	3.6	16.3	4.2	9.0	—	—
圣文森特和格林纳丁斯	2.0	−3.2	11.9	0.8	11.8	−7.4	—	—
苏里南	30.2	22.1	13.0	3.2	27.0	70.0	47.5	50.9

续表

国家	2008 年	2009 年	2010 年	2011 年	2012 年	2019 年	2020 年	2021 年
特立尼达和多巴哥	32.3	37.6	24.7	14.1	15.4	-0.1	12.7	7.8

资料来源：Economic Commission for Latin America and the Caribbean.①

此外，为帮助欠发达成员，2006 年的条约修正案列有专门的欠发达成员条款，并于 2009 年发起成立了加共体发展基金。发展基金计划筹资 2.5 亿美元，其中 1.2 亿美元由成员负担，另 1.3 亿美元向国际社会募集。截至 2010 年，该基金已筹措到 8200 万美元，为多米尼克、圭亚那、圣文森特和格林纳丁斯提供了 3540 万美元的融资支持。加共体秘书处报告了近几年加共体发展基金的活动情况，主要作为参与方而非牵头方参加各种区域发展项目，但对其融资进展情况及资金使用情况没有太多的信息披露。②

3. 产业政策与其他

产业政策协同也是加共体成员说得极多、做得极少的一个领域。所有成员都认识到，加强产业政策协同，合理调整区域产业结构，共同开发域内资源，是克服单一国家或地区经济体量小、实现规模和范围经济、提升国际竞争力的好办法。《查瓜拉马斯条约》及其修正案均把产业合作作为经济一体化的重要基石目标，加共体政府首脑在各种场合不厌其烦地表达产业合作的重要性与合作意愿，相继出台了农业、旅游、能源、交通运输、自然资源开发等领域的合作规划，并成立了相应的协调和推进机构。2008 年，加共体还成立了竞争委员会，出台公平竞争、消费者保护法案。但加共体迄今称得上产业合作成果的并不多，仅有圭亚那和苏里南加勒比粮仓计划较为成功。

不过，在提供商业便利性方面，加共体取得了一些成果。2019 年 2 月，政府首脑会议批准了《公共采购协议》（*Protocol on Public Procurement*）。该协议规定了加共体公共采购制度的法律框架和缔约方的义务，在协议全面实施后，个人和机构将有机会竞购所有单一市场和经济参与方的公共部门

① https://statistics.cepal.org/portal/cepalstat/dashboard.html?indicator_id=2207&area_id=131&lang=en.

② 加共体秘书处网站上与加共体发展基金融资相关的最新消息是，印度政府 2019 年 1 月向加共体发展基金捐助 100 万美元。参见 https://caricom.org/?s=cdf。

合同。截至2020年，已有5个成员签署了该协议和暂时适用该协议的意向声明，2个成员已批准该协议。2020年12月，由成员和私人部门管理者共同召开的会议审议了关于协调和简化单一市场和经济参与方企业设立规则和程序的建议，包括企业名称、商标的示范以及企业设立行政程序。成员正在就这些建议进行磋商。

（四）对外贸易政策协调

通过外交政策协同，集中成员的力量，增强在国际舞台上的影响力，确保自身利益，是加共体基本目标之一，也是其相对成功的领域。2002年，加共体对外关系理事会提出六大外交原则：（1）发展和保护加勒比的独立性、民主制度和经济空间；（2）保护小国在国际社会的生存空间；（3）坚持善治原则；（4）维护共同体的和平、安全与领土完整；（5）坚持联合国的目的和原则；（6）坚持《查瓜拉马斯条约》的决定。此外，加共体建立了加勒比地区谈判机制，2009年后改为贸易谈判办公室，根据政府首脑会议确立的谈判指令，按照贸易和经济发展理事会确立并为政府首脑会议认可的立场，负责对外谈判。

近年来，加勒比地区比过去任何时候都更多地以一个声音就国际政治和经济议题发声。无论在联合国舞台，还是在美洲国家组织等多边场合，加共体大多数时候都作为集体参与安理会改革、气候变化应对、多哈回合谈判、地区安全、与第三方开展自由贸易区谈判等事务。2005年，中国—加勒比经贸合作论坛启动，迄今已成功举办三次。2008年，加共体与欧盟签署经济伙伴协定。2010年，加共体分别与墨西哥、巴西举行首次政府首脑峰会。2013年，加共体与美国签署新的投资贸易合作协定，并成立加共体—美国投资贸易委员会。此外，加共体还与日本建起双边磋商机制，与哥斯达黎加、多米尼克、古巴、哥伦比亚、委内瑞拉签署了自贸区协议。2019年，加共体与英国签署经济伙伴关系协定。

但由于成员的利益存在差异，加共体内部也有一些难以达成共识的问题。如在《登船执法人员协定》问题上，成员的立场不同，它们分别与美国谈判，而非集体行动。此外，关于中国台湾问题、国际刑事法庭问题，成员之间也存在分歧。

（五）功能性合作

通过功能性合作，集中相对有限的资源，更有效率、更低成本、更高质量地为加勒比人民提供公共产品与服务，增进加勒比人民相互了解，促进加勒比社会、文化和技术发展，提高加勒比地区卫生、教育、交通、通信水平，是加共体又一基本目标。根据《查瓜拉马斯条约修正案》，人和社会发展理事会主要负责推进加共体功能合作，其下设一系列直属机构和联系机构负责各个具体领域的功能合作。2007 年，加共体首脑会议发表《巴巴多斯宣言》，决定将功能合作作为共同体优先推进事项，并确定卫生医疗、人和社会发展（包括社会福利、文化、教育、人力资源、青年与发展）、交通通信、犯罪与安全、环境（包括气候变化应对、突发自然灾害应对、加勒比海保护）、能源和农业等领域作为功能合作的重点。功能合作是加共体一体化最为成功的领域。通过政策方案共享、信息共享、人才培养和监督评估等方式，在加共体成员、职能部门和其他利益相关方共同努力下，加共体在公共卫生、气候变化、教育、能源等多个领域取得丰硕的合作成果。

1. 公共卫生

加共体相继启动了加勒比卫生合作计划、泛加勒比防治艾滋病毒和艾滋病伙伴关系，成立了加勒比食品与营养机构、加勒比卫生研究理事会等机构，通过实施免疫项目，首次在本地区消灭了麻疹。为应对新冠疫情，加共体部长会议指令加共体公共卫生机构负责协调指导工作，在获取个人防护设备和其他医疗用品、获取疫苗分配和疫苗首期付款资助等方面发挥了积极的作用（见表 10-5）。

表 10-5　2020 年加共体为应对新冠疫情提供的区域公共产品

序号	名称	作用
1	共同公共卫生和边界协定草案	指导实施干预措施，保障共同体的健康和福祉
2	采购和物流协定	用于统一购买优先级别的医疗设备和用品并将其分配给成员

续表

序号	名称	作用
3	区域公共卫生协定	指导作为海员/游轮工作者的加勒比公民的遣返工作
4	区域新冠肺炎需求清单标准草案	用于集中采购设备和指导希望帮助本区域的发展伙伴
5	建议建立加共体旅行气泡	为共同体公民的区域内旅行、重要工作人员的流动和游客到本区域旅行提供便利

资料来源：Caribbean Community Secretariat, *Annual Report of the Secretary-General* 2020, pp. 18-21.

2. 教育

2018 年，加共体开始实施《加共体 2030 年人力资源开发战略》①，制订指导加勒比地区教育发展的路线图。其主要政策目标是为该地区设计、开发和实施一个具有全球竞争力的教育和培训系统（具体内容见表 10-6）。在加勒比开发银行支持下，2018 年 5 月，战略实施、合作和监督第一次区域工作会议在巴巴多斯召开，并成立了由成员教育官员组成的计划官员区域网络（Regional Networkof Planning Officers），负责该项战略实施的协调和推动工作。

表 10-6　《加共体 2030 年人力资源开发战略》拟实施项目

项目	内容
成立人力资源开发的创新、改革和改进中心	在幼儿园、小学和中学教育中发展新的学校模式
	培养失学和偏远地区的青年以及成年人终身学习的能力
发展区域教育和技能部门以及系统能力	全球人力资源体系开发能力培育项目，加共体基础教育和终身学习管理能力培育项目
通过区域高等教育系统提升加共体经济能力和全球竞争力	建立高等教育认证登记体系/外部质量保证机构登记体系，发展基于行业的多学科和跨学科研究与创新中心

资料来源：Caribbean Community Secretariat, *Annual Report of the Secretary-General* 2018, pp. 13, 14.

① Caribbean Community Secretariat, *Annual Report of the Secretary-General* 2017, Georgetown: Caribbean Community Secretariat, 2018, p. 3.

在推进区域教育标准方面，加共体成立了加勒比考试委员会，于2019年批准了《加共体教师职业标准》及其实施计划，各成员将实施、采用或调整为加共体标准。此前，加共体于2018年统一了加共体职业资格大纲（CARICOM Qualification Framework）、区域技术和职业教育与培训资格大纲（Regional Technicaland Vocational Education and Training Qualification Framework）。除此之外，加共体各国家和地区还在高等教育领域展开合作，并对西印度大学进行了改组。

3. 环境

加勒比地区极其容易受到与气候有关的灾害影响，气候变化使灾害更加频繁和剧烈。因此，加强本地区抵御气候变化和灾害风险的能力是加共体的协作重点。为此，加共体成立加共体气候变化中心指导气候变化应对工作，成立加勒比灾害紧急管理局协调应对突发自然灾害。2019年9月，加共体成员均派代表参加了在西班牙举行的《联合国气候变化框架公约》第二十五次缔约方会议，在大多数议程、项目上采取了协调一致的立场。2020年4月，加共体成员举办帕伦西亚雄心论坛（Palencia Ambition Forum），就2021年苏格兰第二十六次缔约方会议协调立场。①

4. 司法合作

加勒比地区暴力犯罪问题突出，高暴力犯罪率给本地区带来严重的经济和社会负担，阻碍旅游业发展，加剧人才流失，破坏商业环境。为此，加共体成立地区犯罪与安全工作小组，建立紧急状态安全援助机制和针对严重犯罪的司法互助机制。

2005年，加共体正式组建加勒比法院，承担本地区最终上诉法庭和加共体内部争端仲裁法庭的双重功能。2019年5月，加共体政府首脑特别会议同意把暴力犯罪作为一个公共卫生问题来对待，认为有必要对该地区的教育系统进行根本改革，以便在所有领域建立技术和职业技能的培训中心，并让青年积极参与打击犯罪的斗争。②

① Caribbean Community Secretariat, *Annual Report of the Secretary-General* 2020, p. 34.

② Caribbean Community Secretariat, *Annual Report of the Secretary-General* 2019, p. 34.

三、妨碍加勒比地区一体化的因素

从欧洲一体化的经验来看，加共体经济一体化举步维艰，进展缓慢，出现被边缘化迹象，主要存在先天不足、意志缺乏、外部干扰三方面原因。

（一）先天不足

一是人口与经济规模太小，缺乏一体化所需的市场与资源。与欧盟相比，加共体无论人口规模、领土面积还是经济实力都要小得多，经济社会发展也滞后甚多。加共体 15 个成员（仅限正式成员）领土面积约为 46 万平方公里，加勒比单一市场和经济成员（不包括海地）人口规模只有约 744 万人，2020 年区域生产总值约 660. 4 亿美元。[①] 面对如此小的市场空间，经济一体化能否如设想的那样带来规模效应，能否带来较单一国家和地区更大的国际竞争力，是个值得重新思考的问题，很难说小规模的一体化市场经济就一定比分散的小规模经济体更具外资吸引力。此外，加勒比国家和地区彼此分散，基础设施建设落后，为将其紧密连接在一起，用于道路、桥梁、机场、码头建设的投资需上千亿美元，远远超过其自身经济能力。

二是多数成员经济结构雷同，一体化难以有效带动区域内贸易。加共体成员多以服务业特别是旅游业为支柱产业，农业集中在种植甘蔗、香蕉等少数几种农产品上，制造业几乎为空白，出口结构高度雷同。除特立尼达和多巴哥、圭亚那、苏里南、伯利兹外，其他单一市场和经济成员服务出口占出口总额的比重均超过 50%。特立尼达和多巴哥货物出口中油气出口占很大比例，圭亚那、苏里南则主要是黄金、铝矾土等矿产品出口，制成品贸易比重非常小。

由于加共体成员之间贸易互补性不强，区域内贸易在加共体出口和进口总额中份额不高，显示加共体成员之间相互贸易依存度较低。因为加共

---

① https：//statistics. cepal. org/portal/cepalstat/dashboard. html？ indicator_ id=995&area_ id=870&lang=en.

体各成员的主要贸易伙伴是在本区域外，区域内关税措施取消对于促进区域内贸易作用有限，贸易一体化在加共体内部未产生明显的贸易创造效应。在全球贸易保护主义抬头的背景下，多边贸易体系遭到削弱，成员倾向于采用非关税措施来保护自身产业，与区域外贸易伙伴缔结双边贸易协定，这对本地区的贸易一体化产生不利影响。

美国是加共体的最大贸易伙伴。从出口看，2018 年、2019 年，加共体对美国出口份额平均值高达 32.1%，较对拉丁美洲和加勒比地区出口份额平均值高 10 个百分点，较加共体内部出口份额平均值高 12.5 个百分点。从进口看，2018 年、2019 年，加共体从美国进口的平均份额高达 35.6%，较从拉丁美洲和加勒比地区的进口份额平均值高 10.3 个百分点，较加共体内部进口份额平均值高 15.6 个百分点（见表 10-7）。

表 10-7　加共体按主要贸易伙伴划分的贸易结构（2018—2019 年平均值，%）

	拉丁美洲和加勒比地区	美国	欧盟	中国	亚洲其他地区	世界其他地区	世界
出口	22.1	32.1	17.0	2.6	7.9	18.3	100.0
进口	25.3	35.6	9.9	6.3	15.0	7.8	100.0

资料来源：Economic Commission for Latin America and the Caribbean, *International Trade Outlook for Latin America and the Caribbean* 2020, p. 19.

三是成员利益诉求千差万别，缺乏能托起共同体的核心成员。与欧盟一样，加共体成员间也存在着差异。在领土面积方面，圭亚那占加勒比单一市场和经济的50%以上，约为圣基茨和尼维斯的800 倍。在人口方面，海地约占加共体的60%，相当于圣基茨和尼维斯的215 倍左右。在经济总量方面，特立尼达和多巴哥约占加共体的27%，是多米尼克的43 倍；15 个成员中仅有 7 个国家经济总量超过 20 亿美元。在人均 GDP 方面，巴哈马、特立尼达和多巴哥、巴巴多斯、圣基茨和尼维斯均超过 15000 美元，伯利兹、海地、牙买加、苏里南却不到 5000 美元（见表 10-8—表 10-9）。

表 10-8　加勒比共同体成员情况

	人口（2020 年）（千人）	GDP（2020 年）（百万美元）	人均 GDP（2020 年）（美元）
成员：			
安提瓜和巴布达	98	1370.28	13992.74
巴哈马	393	9907.50	25194.03
巴巴多斯	287	4418.00	15373.85
伯利兹	398	1636.28	4115.18
多米尼克	72	504.21	7003.86
格林纳达	113	1042.10	9261.55
圭亚那	787	5471.26	6955.94
海地	11403	14508.22	1272.37
牙买加	2961	13812.43	4664.53
蒙特塞拉特	5	—	—
圣基茨和尼维斯	53	981.00	17173.24
圣卢西亚	184	1617.00	8934.70
圣文森特和格林纳丁斯	111	807.00	7304.34
苏里南	587	2884.25	4916.61
特立尼达和多巴哥	1399	21588.04	15425.64
准成员：			
安圭拉	15	—	—
百慕大	62	6842.70	107079.48
英属维尔京群岛	30	—	—
开曼群岛	66	5591.62	85082.53
特克斯和凯科斯群岛	39	924.58	23879.93

资料来源：Economic Commission for Latin America and the Caribbean. ①

① https：//statistics. cepal. org/portal/cepalstat/dashboard. html？ indicator_ id=995&area_ id=870&lang=en.

表 10-9 加勒比共同体成员部分经济指标（2021 年）

成员①	通货膨胀率②	政府总支出占GDP 比重（%）	政府总债务占GDP 比重（%）	经常账户占GDP 比重（%）
安提瓜和巴布达	2.03	27.77	105.22	-10.29
巴哈马	5.02	32.57	102.55	-20.91
巴巴多斯	3.18	32.47	138.26	-12.71
伯利兹	4.12	34.77	117.89	-8.24
多米尼克	2.01	48.05	107.76	-35.47
格林纳达	2.52	27.68	70.19	-22.81
圭亚那	3.42	26.99	47.03	-16.78
海地	14.95	9.96	24.95	-0.29
牙买加	6.00	29.49	95.81	-1.59
圣基茨和尼维斯	-0.77	35.01	61.70	-11.34
圣卢西亚	3.84	29.81	95.65	-13.47
圣文森特和格林纳丁斯	2.24	43.15	101.00	-21.52
苏里南	48.64	30.80	140.55	3.40
特立尼达和多巴哥	1.22	35.00	70.43	13.20

注：① 未取得蒙特塞拉特的数据。

② 期末消费价格指数变动率。

资料来源：International Monetary Fund，World Economic Outlook Database：October 2021.①

由于领土面积、人口规模、经济总量、发展水平差异巨大，成员利益诉求各不相同，平衡利益差异成为加共体一体化面临的巨大障碍。例如，单一市场和经济成员高度依赖区域外贸易，财政收入高度依赖国际贸易税，共同关税对其扩大出口作用有限，但对其财政收入却造成巨大冲击，因此，存在较大抵触，实际执行也大打折扣。从欧盟经验来看，平衡成员间利益差异需要强大的核心成员居中协调，给利益受损方予以补偿。在欧盟一体化过程中，德国和法国就扮演着这样的角色。加共体却缺乏类似的核心成员。特立尼达和多巴哥是地区大国，本应成为加共体一体化的主动力，但未能承担起这样的责任。作为本地区最发达国家，特立尼达和多巴哥不愿意为穷伙伴

① https：//www.imf.org/en/Publications/WEO/weo-database/2021/October/download-entire-database.

背上包袱，且自身经济实力也有限，不具备独立推进一体化进程的能力。

（二）强烈的主权意识

长期被殖民的历史，来之不易的独立，使得加勒比诸国特别重视主权独立。而正是强烈的主权意识，使得加共体成员不愿因一体化而削弱国家主权，不愿像欧盟成员那样让渡部分主权，因而其制度安排存在严重缺陷，给一体化的推进造成巨大障碍。

一方面，加共体没有被赋予行政权力，不具备类似欧盟的超国家权力，不能强制成员执行共同体决议。由于监督执行主体缺失，加共体决议无法得到及时、有效执行，最终流于形式。1993 年，西印度委员会呼吁成立常设加共体委员会，并赋予其行政权来督促成员执行加共体的各项决议。然而，加勒比国家和地区的领导人更倾向于通过政府间合作来落实加共体决议，因而拒绝了这一提议，转而试图建立一个加共体准内阁，由前任、现任和下任主席国的政府首脑组成议事局，指导推动加共体决议实施。实践证明这一方案是失败的，加共体行动能力并未因此得到提高，仍旧面临决而不行的巨大困扰。2003 年，加共体政府首脑发表声明，原则同意加共体决议在成员国家和地区具有法律效力，并成立常设委员会监督决议执行。但迄今为止，加共体这两项改革都仍未完成。

另一方面，内部争端解决机制缺乏效率和权威性，使得成员间争端得不到有效及时调解，成员不履行加共体义务的行为得不到及时纠正与惩处。《查瓜拉马斯条约修正案》第 9 章规定了斡旋、调停、协商、和解、仲裁、司法裁决等争端解决方式，其中司法裁决权被赋予加勒比法院。这套争端解决机制的问题在于过分冗长，从斡旋开始到最终寻求司法裁决，环节太多，耗时太长，容易被那些不愿履行协定义务的成员利用。加勒比法院于 2005 年 4 月 16 日正式成立，是加共体的司法机构，被赋予《查瓜拉马斯条约修正案》最终解释权和条约框架下成员争端的最终裁决权。按照建立加勒比法院的协定，加勒比法院也是加勒比地区上诉法院，拥有成员内部法律事务的终审裁决权。加勒比法院虽然具有与欧洲法院相同的职能，却没有后者那样的权威，无法使其裁决得到执行。事实上，迄今只有巴巴多斯、伯利兹、圭亚那接受加勒比法院为其终审法院，其他成员因为内部政治原因迟迟未通过相关立法。

此外，在推进一体化过程中，加共体不顾自身实际盲目求快，企图一步到位，结果欲速则不达。首先，欧盟发端于只有六个成员的煤钢俱乐部，后来才不断深化、扩展。由于发起成员少，容易达成一致，欧盟初始制度比较完备，也易为新加入者接受。而加共体发起成员过多，因无法达成一致而处处妥协，初始制度安排存在较多缺陷。其次，欧盟一开始仅关注煤炭和钢铁贸易领域，合作取得成功后才逐步拓展到其他领域，并不断吸引新的成员加入。加共体一开始就试图建立共同市场，而不待共同市场取得进展，就宣布要建立单一市场和经济，其结果是经济领域的合作几乎都陷入停滞。由于合作成效不显著，加共体逐步丧失对成员的吸引力，反过来又影响了合作的成效。

（三）域外势力干扰

加共体一体化面临的外部干扰主要有两个方面：一是对该地区存在巨大影响的国家对于加共体一体化态度暧昧，未能提供足够的支持；二是其他拉美一体化组织的拉拢削弱了成员国对于加勒比地区一体化的向心力。

大国对加共体一体化态度暧昧。在经济上，美国是加勒比国家的最大贸易伙伴，2018—2019 年加共体对美出口占其总出口额的 32%。此外，美国还是加共体重要的捐助者。在政治上，美国长期干预加勒比国家内部事务。因此，加勒比国家在经济上依赖美国，在政治上反对美国。反过来，美国对加共体态度也很矛盾。一方面，美国愿意与加共体进行经济和安全合作，双方签订了加勒比盆地安全合作协定、贸易和投资框架协定；另一方面，美国也担心加勒比地区一体化会强化该地区反美情绪，削弱美国对该地区的影响。美国对加勒比地区的援助多集中在社会领域，更愿意在双边层面展开合作，其培养该地区亲美势力意图明显，而且往往带有单边主义特征，如 1984 年起施行的加勒比盆地计划。英国和欧盟的西班牙、法国、荷兰是加勒比国家曾经的宗主国，双方有着深厚的历史渊源和千丝万缕的联系。欧盟是加勒比地区重要的出口市场，2018—2019 年加共体对欧盟出口占其总出口额的 17%。相对于美国，欧盟、英国更愿意看到加勒比地区实现一体化。2006 年，欧盟发表《欧盟—加勒比增长、稳定和发展伙伴关系》报告，阐述了新的加勒比政策，明确表示支持加勒比地区一体化。欧盟和加勒比地区的合作多为多边合作，主要集中在经济领域，《欧盟—加勒比经济伙伴协定》是最重要的成果。除此之外，西班牙、英国、荷兰等与其前殖民地也有较多合作，涉及经济、社会、文化等各个领域。

其他拉美一体化组织的拉拢。南方共同市场于 1991 年由巴西、阿根廷、乌拉圭和巴拉圭发起成立，后委内瑞拉加入（2017 年 8 月因国内局势被无限期暂停成员国资格），先后接纳智利、玻利维亚、秘鲁、厄瓜多尔、哥伦比亚、苏里南、圭亚那、玻利维亚（尚未完成“入市”程序）为联系国，总人口约 2.7 亿人。美洲玻利瓦尔联盟于 2004 年成立，成员包括委内瑞拉、古巴、玻利维亚、尼加拉瓜、多米尼克、圣文森特和格林纳丁斯、安提瓜和巴布达、圣基茨和尼维斯、格林纳达、圣卢西亚，总人口约 6000 万人。太平洋联盟于 2012 年由智利、秘鲁、墨西哥、哥伦比亚发起成立，目标是实现贸易自由化和经济一体化，总人口约 2.3 亿人。这些组织拉拢加勒比国家加入，对加勒比地区一体化进程造成一定干扰。

四、加勒比地区一体化前景展望

（一）加勒比国家和地区推动一体化动力不足，一体化进展缓慢

理论上，全球或区域经济一体化水平取决于两方面因素：一是参与方对于一体化成本的认知，一体化成本认知越低则希望达到的一体化水平越高；二是参与方对于一体化收益的预期，假定一体化实际收益不变，一体化收益预期越低，希望达到的一体化水平就越高。显然，二者均与参与方推动一体化的意志相关。各方推进一体化的意志越强，则对于一体化成本认知越低，对一体化收益预期越低，从而可能达到的一体化水平越高。由于前面所提及的三方面原因，加勒比国家和地区对一体化成本认知偏高，对一体化收益预期偏高。因此，一旦一体化实际收益没有达到此前的预期，各方推动一体化的动力就明显减弱，由此导致加勒比地区一体化进展缓慢，经济一体化更是说多于做，基本还只停留在协议层面，并无多少实质性成果。

（二）经济、社会和环境脆弱，深化一体化是加勒比地区的最优选择

然而，这不意味着加勒比国家和地区会放弃一体化，其原因在于，如果它们不想成为域外大国的依附，那么，一体化将是加勒比地区未来发展的关键，是脆弱的加勒比国家和地区现实可行的选择。

加勒比国家和地区的经济脆弱性表现在，无法有效应对经济全球化、贸易自由化带来的挑战。（1）随着单边贸易优惠减少，大米、香蕉、食糖等传统出口部门竞争力下降，市场份额日趋萎缩；（2）随着基础设施老化，新的旅游目的地不断出现，旅游服务收入增长大幅放缓；（3）“9·11 事件”发生后，国际社会反洗钱、反恐怖主义力度加大，加勒比地区金融服务部门发展受到限制。社会脆弱性表现在：（1）社会治安状况差，有组织犯罪猖獗；（2）卫生医疗条件差，艾滋病、非传染性慢性病流行；（3）教育、文化落后，人才流失严重，本地人力资源短缺；（4）政府效率低下，腐败问题突出。自然环境脆弱性表现在：（1）自然灾害频发，造成巨大损失；（2）气候变化带来更大风险；（3）环境恶化，特别是森林减少和水土流失，严重伤害其旅游和农业部门。

加勒比地区在新冠疫情中的表现充分显示其经济、社会和环境的脆弱性。大多数加勒比经济体高度依赖旅游业，疫情期间，其经济损失尤为严重。表 10-10 的数据显示，2020 年，加勒比地区（不包括圭亚那）的 GDP 下降了 11.3%，是受疫情冲击最为严重的发展中地区。2021 年，得益于旅游业的逐渐复苏和初级产品价格回升，加勒比地区（不包括圭亚那）GDP 初步估计增长 2.7%，明显低于世界其他地区。

表 10-10　加勒比地区 GDP 年增长率（2020—2021 年，%）

国家/地区	2020 年	2021 年[①]
安圭拉	-29.8	13.4
安提瓜和巴布达	-20.2	1.0
巴哈马	-14.5	2.3
巴巴多斯	-17.6	3.0
伯利兹	-14.0	2.7

续表

国家/地区	2020 年	2021 年①
多米尼克	-16.6	4.3
格林纳达	-13.8	4.7
圭亚那	43.5	16.0
牙买加	-9.9	4.0
蒙特塞拉特	-7.9	4.5
圣基茨和尼维斯	-14.4	3.3
圣卢西亚	-23.8	3.6
圣文森特和格林纳丁斯	-3.3	3.0
苏里南	-14.5	-1.0
特立尼达和多巴哥	-6.8	2.5
加勒比地区②	-7.5	4.1
加勒比地区（不包括圭亚那）	-11.3	2.7

注：① 为预测数。

② 为加权平均数。

资料来源：Dillon Alleyne, etc.,"Economic Survey of the Caribbean 2021", *Studies and Perspectives Series*, No. 106, Santiago: Economic Commission for Latin America and the Caribbean, 2022, p. 9.

面对脆弱的经济、社会和自然环境，加勒比国家和地区普遍认为区域一体化是最优选择。因为一体化将增强区域竞争力，提升外国投资吸引力，增加国际经贸谈判能力，有助于更富有效率地提供公共产品与服务，最终提高加勒比人民的生活水平。正因为如此，尽管进展缓慢，加勒比国家和地区迄今仍在努力继续推动一体化进程。安提瓜和巴布达、多米尼克、格林纳达、蒙特塞拉特、圣卢西亚、圣基茨和尼维斯、圣文森特和格林纳丁斯成立东加勒比国家组织，建立东加勒比银行，统一货币，建立关税同盟，实现人员、资本、货物自由流动，并成立了东加勒比最高法院、东加勒比民航局、东加勒比电信局等区域组织，率先实现了单一经济目标。特立尼达和多巴哥正在与该组织谈判，有望加入。2011 年 7 月，加共体政府首脑会议选举埃尔文·拉罗克（Irwin LaRocque）为新的加共体秘书长，并赋予其较前任更大的权力。2012 年 5 月，加共体政府首脑会议召开第 23 次定期会议，宣布重组加共体秘书处。同年，加勒比法院首次就其成员拒绝本地区居民入境案做出判决，要求当事方按照《查瓜拉马斯条约修正案》检讨其移民政策，当事方表示接受判决。这一判例被普遍认为是加共体促进本地区人员自由流动的标志性事件。

（三）凝聚共识，加勒比地区一体化将继续推进

尽管目前加勒比地区一体化进程缓慢，但随着时间的推移，加勒比国家和地区对一体化必要性有了更为充分的认识之后，推动一体化进程的意志和动力将再度凝聚，加快推动一体化进程。在此过程中，加共体既有架构将可能重组，加共体秘书处、秘书长的作用将进一步加强，加勒比法院等区域组织将可能被赋予更多的实质性权力。这一观点也得到了国际社会的高度支持。事实上，拉美和加勒比经济委员会《2020年拉美和加勒比地区国际贸易展望》的副标题就是“区域合作是危机后复苏的关键”。

第十一章　中国—加勒比“一带一路”合作①

步少华②

摘　要：中国与加勒比国家展开“一带一路”合作起步晚，推进快，已取得丰硕成果，但同时也面临着整体设计渐显乏力、经济合作韧性亟待强化、合作有待精细化以及美国干涉力度加大等挑战。下一阶段，双方应继续高举中加命运共同体旗帜，加强次区域合作机制建设，深化创新各领域务实合作，妥善处理域外干扰因素，推动合作实现更大发展。

关键词：中国—加勒比国家关系 “一带一路” 中加命运共同体

“一带一路”倡议已成为中国同各国、各区域发展友好合作关系的重要机制，在共建“一带一路”倡议引领下，中国与加勒比国家关系近年来突飞猛进，各领域合作不断迈上新台阶。但由于加勒比地区距中国遥远，地缘位置特殊，加之新冠疫情持续延宕，建设中加全球互联互通伙伴关系③仍面临不少挑战。为此，有必要立足中加友好关系，以“一带一路”合作为抓手，以构建中加命运共同体为目标，统筹因应疫情变局，打造领域更宽、结构更优、动力更强、质量更好的中加合作新格局。

---

① 本章曾以《中国—加勒比“一带一路”合作：进展、挑战与深化路径》为题，发表于《国际问题研究》2020年第5期，经修改后收入本书。

② 步少华：博士，中国国际问题研究院拉美和加勒比研究所副所长、副研究员。

③ 《中国和加勒比国家共建“一带一路”合作会议联合声明》，中国驻格林纳达大使馆网站，2019年11月12日，http：//gd. china-embassy. org/chn/zxhd/t1715005. htm。

一、中加“一带一路”合作早期收获

绝大部分加勒比国家支持与中国共建“一带一路”。自 2018 年 5 月特立尼达和多巴哥率先与中国签署合作协议以来，本地区除巴哈马外的所有中国建交国均已签署有关协议，签约率显著高于拉美地区平均水平。苏里南、古巴还和中国签署了“一带一路”建设合作规划。中加“一带一路”合作已从理念走向现实。

（一）政治互信持续增强

近三年来，双方领导人保持密切接触，发挥政治引领作用。特别是习近平主席 2013 年访问加勒比地区以来，中国在本地区的伙伴关系网络持续扩容升级，2018 年 5 月与多米尼加成功建交，2019 年 11 月先后与牙买加、苏里南分别建立战略伙伴关系和战略合作伙伴关系。中加双方在涉及彼此核心利益和重大关切问题上注重相互理解支持，加勒比国家在涉台、涉港、涉疆问题给予中国大力支持，热烈祝贺中国共产党成立 100 周年，积极参与“一带一路”国际合作高峰论坛、中国国际进口博览会、中国共产党与世界政党领导人峰会、北京冬奥会等中方主办的重要论坛、活动，中国亦对巴哈马、多米尼克等罹受风灾国施以紧急援助。中加合作也取得进展，发布了首份《中国与加勒比国家共建“一带一路”合作会议联合声明》①，中国外长还首次访问加勒比共同体秘书处。② 在司法合作领域亮点纷呈，首届中加反腐败执法合作会议成功召开，中国还同格林纳达、苏里南达成引渡及司法协助合作协议。此外，中国与域内各国在气候变化、多边贸易、落实联合国 2030 年可持续发展议程、国际组织竞选等双边和多边领域保持密切沟通协作，共同捍卫发展中国家整体利益。

① 《中国和加勒比国家共建“一带一路”合作会议成功举行》，中国驻格林纳达大使馆网站，2019 年 10 月 30 日，http：//gd. china-embassy. org/chn/zxhd/t1711755. htm。

② 《王毅会见加共体秘书长拉罗克》，外交部网站，2018 年 9 月 23 日，https：//www. fmprc. gov. cn/web/wjbzhd/t1597980. shtml。

（二）抗疫合作卓有成效

此次新冠疫情中，中加双方同舟共济，守望相助。在2020年年初中国抗击疫情最困难的时候，加勒比各国政要、政党、社会各界均以不同形式给予中国慰问和支持，提供力所能及的物资援助。中国各界亦在疫情好转后投桃报李，通过专家视频会、医疗物资援助等方式伸出援手。特别在疫苗合作上，中国已对加共体秘书处、牙买加、特立尼达和多巴哥、圭亚那、苏里南、巴巴多斯、安提瓜和巴布达、多米尼加、多米尼克援助或提供多批次疫苗，得到该地区领导人高度赞赏。中国同加勒比建交国还于2020年密集召开两次应对疫情副外长级特别会议。经此一“疫”，中加命运共同体建设已驶入快车道。

（三）务实合作硕果累累

一是经贸合作日益紧密。2021年，中国与加勒比建交国[①]货物贸易额达到创纪录的92亿美元，同比大增41.3%。[②] 中国对加勒比各国援助力度与发展塑造能力也不断增强，包括与大部分域内国家新签《经济技术合作协定》、交付《格林纳达国家发展战略规划》、首个中加共建高水平工业园在特立尼达和多巴哥落地等。中国与格林纳达、巴巴多斯、多米尼克、安提瓜和巴布达等国农业合作也搞得有声有色。中国还与联合国开发计划署等在本地区积极开展第三方国际合作，不断探索经济合作新模式。[③]

二是基础设施连通、资金融通有序推进。中国在加勒比地区融资承建的交通基础设施项目遍地开花，极大缓解了本地区的基建“赤字”难题。加勒比国家还积极参与中国主办的中拉基础设施合作论坛。此外，资金融通水平不断深化。苏里南、牙买加等国积极申请使用中拉合作基金等中国对拉融资项目，中国—苏里南本币互换协议于2019年顺利续签。

三是发展合作不断巩固。在气候变化与防灾减灾合作上，中国大力援

① 包括古巴、多米尼加、特立尼达和多巴哥、牙买加、苏里南、圭亚那、多米尼克、格林纳达、巴巴多斯、巴哈马、安提瓜和巴布达。

② 据中国海关总署公布数据统计。

③ 《驻多米尼克大使卢坤会见UNDP加勒比地区代表索利曼》，中国驻多米尼克国大使馆，2019年11月12日，http：//dm.chineseembassy.org/chn/zdgx/t1715594.htm。

助台风受灾国重建。中加还将共建“一带一路”自然灾害防治和应急管理国际合作机制，助力域内各国增强应对气候变化的韧性。在公共卫生合作上，中国援助医疗队及“光明行”眼科专家组、“和平方舟”号医疗船受到加方热烈欢迎。援助多米尼克、苏里南、特立尼达和多巴哥等国医院项目顺利交付使用，其中多米尼克的“中多友谊医院”不仅被泛美卫生组织盛赞“设备和服务达到世界级”①，还帮助多建立了该国第一个心血管专科，在多引起轰动。② 此外，中加还就加强热带疾病防治合作达成共识。在绿色发展上，巴巴多斯借助购自比亚迪公司的电动车组建了加勒比地区规模最大的电动公交车队，已在整个地区产生示范效应。③

（四）人文交流进一步深化

一是人员往来更加便利。中国与多米尼加、巴哈马新签航空运输协议。与多米尼加建交进一步促进双方人员交流。继巴巴多斯、巴哈马、格林纳达之后，苏里南成为本地区对华又一全面互免签证国家。古巴也与中国新签了互免公务类以上签证的协定。加勒比音乐节在中国成为重要品牌活动，加勒比国家运动员积极参加北京冬奥会，越来越多的中国游客赴加旅游。④

二是汉语教学、新闻文化合作全面铺开。本地区已建成 9 所孔子学院和 2 所孔子课堂，密度之高全球少见。中国国际新闻交流中心下设的加勒比分中心于 2018 年启动，搭建起中加新闻媒体交流机制化平台。⑤ 此外，在各国举行的丰富多彩的“中国大使杯”文体赛事、中华文艺演出、中国电影节、赴华“寻根”等活动也极大提升了域内民众的对华认同感。

三是地方政府合作持续巩固。重庆、河南、广东、浙江、湖南、上海、山东等省市与加勒比国家积极展开接触，探索搭建务实合作新平台。第二

---

① 《泛美卫生组织盛赞中—多友谊医院》，中国商务部网站，2021 年 11 月 19 日，http：//dm. mofcom. gov. cn/article/jmxw/202111/20211103219394. shtml。

② 《援多米尼克医疗队在多建立首个心血管专科》，中国驻多米尼克国大使馆网站，2021 年 5 月 24 日，http：//dm. chineseembassy. org/chn/zdgx/202105/t20210524_ 8990338. htm。

③ 《延秀生大使出席比亚迪公司售巴巴多斯电动公交车交接仪式》，中国驻巴巴多斯大使馆网站，2020 年 9 月 1 日，https：//www. mfa. gov. cn/ce/cebb/chn/xwdt/t1810881. htm。

④ 《王毅：中加全面合作伙伴关系持续深化》，中国外交部，2022 年 4 月 29 日，https：//www. fmprc. gov. cn/wjbzhd/202204/t20220429_ 10680439. shtml。

⑤ 《中国公共外交协会举行中国国际新闻交流中心加勒比分中心 2018 年项目开班仪式》，中国公共外交协会，2018 年 4 月 5 日，http：//www. chinapda. org. cn/chn/xhdt/t1548977. htm。

届中拉地方政府合作论坛在华成功举办，加勒比国家积极参与。

二、中加“一带一路”合作面临的挑战

随着中加“一带一路”合作逐步深化，一系列内外挑战也随之浮出水面，新冠疫情更为双方合作平添不确定因素。

（一）缺少次区域合作机制支撑，顶层设计渐显乏力

在次区域层面开展合作曾经是中国发展与加勒比国家关系的主线。在2011年拉美和加勒比国家共同体（CELAC，以下简称“拉共体”）成立之前，中国与加勒比国家合作主要遵循双边关系与次区域合作并行推进的路径。以中国—加勒比经贸合作论坛成立为标志，中加次区域合作迎来高速发展时期，成为推进中加全面合作的重要补充。2005年，在中国政府倡议下，中国—加勒比经贸合作论坛成立。该论坛以促进双方经贸合作、实现共同发展为宗旨，是中国和加勒比国家间级别最高的经贸对话机制。除经贸议题之外，论坛还涵盖能力建设、环境保护、文教卫生等诸多领域。

作为世界第二大经济体，中国倾向于在跨区域合作中寻找体量、规模较为相近的合作对象，中欧、中非合作的成功经验也在某种程度上强化了这一政策取向。中国政府2008年发布的第一份《中国对拉丁美洲和加勒比政策文件》表明，中国意在发展能对标整个拉美和加勒比地区的整体合作，囿于其时在这一地区缺少一个像欧盟、非盟一样的天然对接伙伴，中拉整体合作迟迟没有登场。2011年拉共体的成立为双方开展整体合作铺平了道路，时任中国总理温家宝于2012年6月在访拉期间明确倡议成立中拉合作论坛。2013年年初，中国同拉共体“四驾马车”国家外长定期对话机制建立。2014年1月，拉共体第二届峰会通过《关于支持建立中国—拉共体论坛的特别声明》，为中拉开启整体合作进程奠定了基础。2014年7月，习近平主席在访问巴西期间同拉共体成员国领导人举行历史性的首次集体会晤。2015年1月，中拉论坛首届部长级会议在北京召开。2016年发布的第二份

《中国对拉美和加勒比政策文件》首次明确表示，坚持整体合作与发展双边关系相互促进是推进中拉关系的战略路径，亦是构建中拉关系“五位一体”新格局中的重要支柱。① 至此，经过多年酝酿，整体合作终于上升为中拉合作的主导模式。

在整体合作大幅彰显的大背景下，中国—加勒比等中拉次区域层面合作面临弱化已在所难免。中国—加勒比经贸合作论坛于 2011 年召开第三届后停开至今，当前部分加勒比国家的官员、学者甚至表示对此机制闻所未闻。中国与南方共同市场（Mercosur）对话机制于 2004 年召开第五次对话后，时隔 14 年才在 2018 年召开第六次对话。中国与安第斯共同体（La Comunidad Andina）政治磋商与合作机制亦于 2004 年召开第二次磋商后再无下文。

在自上而下的总体布局中，如何避免中拉整体合作变成“大国俱乐部”、如何照顾好小国参与度及获得感的难题始终难以有效破解。尽管中拉论坛首届部长级会议提及要给予加勒比特殊待遇②，第二份对拉政策文件亦表示将对小岛屿国家需求予以必要的照顾③，但落实效果似乎并不显著。在整体合作中，政策分配向大国倾斜、小国陷于失语甚至边缘化的情况屡见不鲜。比如在欧拉整体合作中，加勒比国家就曾抱怨，认为欧盟明显对与南美国家开展经济合作展现出更浓厚的兴趣，相比之下，加勒比国家的利益关切则日益变得无足轻重。④

令人不安的是，近年来拉美和加勒比地区一体化的碎片化程度日益加剧，作为主推进器的中拉整体合作也逐渐显露出机制性动力不足的问题。可以说，自成立以来，拉共体似乎始终未能取得类似于欧盟、非盟的凝聚力和影响力。2017 年，拉共体在多米尼加召开第五届峰会，参会代表甚至仅及半数。⑤ 而因涉委内瑞拉矛盾激化等问题，地区首强巴西甚至已暂停参

① 《中国对拉美和加勒比政策文件》，中国—拉共体论坛网站，2016 年 11 月 25 日，http://www.chinacelacforum.org/chn/zywj/t1418582.htm。

② 《中国—拉共体论坛首届部长级会议北京宣言》，中国—拉共体论坛网站，2015 年 1 月 21 日，http://www.chinacelacforum.org/chn/zywj/t1230231.htm。

③ 《中国对拉美和加勒比政策文件》，中国—拉共体论坛网站，2016 年 11 月 25 日，http://www.chinacelacforum.org/zywj/201611/t20161125_6285004.htm。

④ Annita Montoute, et al., *The Caribbean in the European Union-Community of Latin American and Caribbean States Partnership*, Hamburg: EU-LAC Foundation, December 2017, p. 76.

⑤ 王慧芝：《中拉论坛建设成就、问题及前景》，《当代世界》2018 年第 9 期。

与该组织活动。① 中拉整体合作的拉共体“引擎”面临失速。在缺少拉方顶层设计的情况下，如何保持中国和加勒比国家沟通渠道顺畅、制定行之有效的中加合作政策已对双方合作构成挑战。

（二）经济合作韧性亟待强化

中加经贸合作总量的逐年递增的确令人欢欣鼓舞，但双方贸易、投资等领域存在的不足与挑战亦不容忽视。

在货物贸易领域，长期的对华逆差始终是加勒比各国的一块“心病”。经济体量小，自然资源禀赋较差，使得加勒比国家在对华贸易上相较南美大陆国家要面对更加严重的不平衡。据统计，自 2013 年以来，加勒比建交国对华贸易逆差占全年对华进出口总额的比重始终保持在 60%以上的高位，在 2015 年甚至达到惊人的 80%。不仅如此，商品结构的不平衡性也愈加严重。在 2009 年至 2018 年期间，中国对加方出口的“主要按材料分类的制成品”“机械和运输设备”“杂项类成品”三类商品始终占年度贸易总额的 70%左右，而同期加勒比国家对华出口的“食品及活畜”“除燃料外的非食用未加工材料”这两类仅有的、拥有明显比较优势的商品的比重却呈逐年下降之势。② 中加双方的贸易互补性正在弱化。

在投融资及工程承包领域，中国也面临不小阻力。在牙买加，中国拟融资承建的集装箱码头项目因该国环保主义者抗议而被迫搁浅，而中企投资的铝厂项目也因污染问题遭周边居民投诉而暂停升级。在圭亚那，中企融资承建的国际机场改扩建项目因种种问题而长期搁置。在巴哈马，中国融巨资承建的度假村项目深陷法律诉讼泥潭。除了上述操作层面的问题，高企的公共债务水平更是构成了结构性挑战。据报道，多国政府债务占 GDP 的比例在 2018 年平均高达 73.3%，远超发展中国家 50.8%的水平。③

① “Brazil Sits Out Leftist Latin American Nations’ Body on Anti-Democracy Fears”, *Reuters*, January 17, 2020, https://www.reuters.com/article/us-brazil-diplomacy-celac/brazil-sits-out-leftist-latin-american-nations-body-on-anti-democracy-fears-idUSKBN1ZF2U9.

② 笔者据联合国商品贸易统计数据库（UN Comtrade）公布数据统计。

③ Serhan Cevik and Vibha Nanda, “Riding the Storm: Fiscal Sustainability In the Caribbean”, *IMF Working Paper*, WP/20/21, January 31, 2020, p. 3.

苏里南甚至已违约。① 在此背景下，部分加勒比国家已经开始对中国的优惠性援助贷款表现出排斥心理，比如牙买加总理安德鲁·霍尔尼斯（Andrew Holness）在 2019 年结束访华回国之后即宣布“不再接受任何中国的新贷款”，转而聚焦公私合作伙伴关系（PPP）模式来减轻本国债务。② 这对于优惠贷款占比超半数的中国对外援助③来说，并非利好消息。

新冠疫情更是为中加经济合作带来了新的负面影响。一是在建工程项目被迫延宕。特立尼达和多巴哥总理基思·罗利（Keith Rowley）指出，疫情可能会对中企在特承建的干船坞、工业园等项目造成影响。④ 二是打击对华大宗商品出口。疫情对特立尼达和多巴哥、牙买加、圭亚那等能源/资源型国家的对华大宗商品出口负面影响很大。作为世界第二大经济体的中国减少消费和生产，无疑会直接影响特立尼达和多巴哥的液化天然气和甲醇出口⑤，牙买加对华出口的铝土矿、铝材等大宗商品也受到严重波及。⑥ 三是来自中国的原材料、中间产品等断供，对加勒比国家的制造、建筑、采矿等关键产业造成全方位冲击。比如，因来自中国等亚洲国家的设备及关键人员流动受阻，巴哈马的海上石油钻探计划不得不推迟。⑦

（三）加勒比地区国家的独特异质性对中国政策制定提出高要求

加勒比国家体量小，矿产、能源等资源不够丰富，地理位置特殊，经济上极其依赖旅游业等服务产业，其对国际公共产品需求迥异于南美大陆

① “Suriname Defaults as Time Runs Out for Third Debt Payment Delay”, *Bloomberg*, April 2, 2021, https: //www. bloomberg. com/news/articles/2021-04-01/suriname-defaults-as-time-runs-out-for-third-debt-payment-delay.

② “Jamaica Has China to Thank For Much-needed Infrastructure-But Some Locals Say It Has Come at a Price”, *CBC News*, November 30, 2019, https: //www. cbc. ca/news/world/china-power-belt-and-road-caribbean-jamaica-1. 5374967.

③ 《中国的对外援助（2014）》，国务院新闻办公室网站，2014 年 7 月 10 日，http: //www. scio. gov. cn/zfbps/ndhf/2014/document/1375013/1375013. htm。

④ “TT Under Threat”, *Newsday*, February 28, 2020, https: //newsday. co. tt/2020/02/28/tt-under-threat/.

⑤ Office of the Prime Minister of Trinidad and Tobago, “Prime Minister Dr the Hon. Keith Rowley’s Parliament Statement on COVID-19”, March 13, 2020, https: //www. opm. gov. tt/prime-minister-dr-the-hon-keith-rowleys-parliament-statement-on-covid-19/.

⑥ “PIOJ Weighs Potential Impact of COVID-19 on Economy”, *The Gleaner*, February 28, 2020, http: //jamaica-gleaner. com/article/business/20200228/pioj-weighs-potential-impact-covid-19-economy.

⑦ “Coronavirus Covid-19: Bahamas Petroleum Delays Well Drilling”, *Offshore Technology*, March 13, 2020, https: //www. offshore-technology. com/news/bahamas-petroleum-delays-well-drilling-coronavirus/.

国家，更看重气候变化、防灾减灾、可持续发展、海洋经济等经济社会韧性（Resilience）领域建设，对南美大陆国家高度重视的贸易平衡、产能合作等传统议题相对关注较少。这种分野及悬殊的体量对比使得加勒比国家在拉共体的议程设置上实际处于被边缘化的地位。比如，在 2016 年于厄瓜多尔召开的拉共体峰会上，加勒比共同体（及尼加拉瓜）就威胁称，如果不写入其所关注的气候变化议题，就不会允许已得到其他大国支持的会议宣言获得通过。① 可见，虽然加勒比国家和拉美国家同处一个板块，有时候却表现得与南美大陆国家稍显疏离，反而是对包括太平洋、印度洋岛国在内的小岛屿发展中国家（SIDS）甚至非加太集团（ACP）② 国家表现出较强的认同感。比如在抗击新冠疫情行动中，加共体并没有将自己与拉美国家捆绑起来，而是选择了与非加太集团、太平洋岛国论坛秘书处合作并发表共同声明，向全世界展示了其共同抗击疫情的团结和意志。③ 加共体还于 2021 年 9 月与非盟国家一道举办了史无前例的第一届“非洲—加共体峰会”，共商合作大计。④

对中国而言，将加勒比国家与海上丝绸之路连接起来的能力是检验“一带一路”倡议全球适用性的重要晴雨表。⑤ 加勒比国家的独特异质性显然对中国实施更加差异化、精细化的“一带一路”政策提出了更高要求，亦是对中国国际公共产品供给及全球治理能力的考验。不得不承认，当前中国和加勒比国家在国际公共产品供需对接上确实存在一定的落差。中国的传统优势产能似乎在加勒比地区存在“水土不服”，而加勒比国家又不能提供中国所渴求的资源与市场。即便在传统的基础设施建设领域，虽然加勒比各国确实存在不小的基建“赤字”，但其日益攀升的债务水平对日后中国的投融资前景构成了不小的挑战。

---

① Annita Montoute, et al., *The Caribbean in the European Union-Community of Latin American and Caribbean States Partnership*, p. 74.

② 即非洲、加勒比和太平洋地区国家集团。

③ CARICOM, “Joint Statement by the Heads of the Organization of African, Caribbean and Pacific States, the Caribbean Community, and Pacific Islands Forum Secretariat on the COVID-19 Pandemic”, May 18, 2020, https://caricom.org/joint-statement-by-the-heads-of-the-organisation-of-african-caribbean-and-pacific-states-the-caribbean-community-and-the-pacific-islands-forum-secretariat-on-the-covid-19-pandemic/.

④ CARICOM, “CARICOM African Leaders Identify Areas of Cooperation at Historic First Summit”, September 9, 2021, https://caricom.org/caricom-african-leaders-identify-areas-of-co-operation-at-historic-first-summit/.

⑤ 《澳媒：加勒比国家积极投身“一带一路”倡议》，参考消息网，2019 年 7 月 28 日，http://www.cankaoxiaoxi.com/china/20190728/2386573.shtml? bsh_ bid=5127369454。

此外，加勒比地区呈现出高度的差异性和模糊性。除了割裂为英语、西班牙语、法语、荷兰语四种语言区外，加勒比国家还涵盖海岛、南美大陆及中北美洲三种认同圈层。一体化核心加共体由英语加勒比国家主导，且未含古巴、多米尼加，难以实现完全代表性。法属圭亚那、圭亚那、苏里南、多米尼加及伯利兹等还分别涉足欧洲、南美洲、中美洲等地区的一体化机制。同时，还存在众多自治国、半自治国、海外省等政治实体，殖民色彩难消。这都对中国制定精细的政策提出更高要求。

（四）美国因素持续发酵

由于加勒比地区与美国地缘相邻，美国始终高度重视该地区的地缘战略价值，长期将其视为本国的“第三边界”（The Third Border）或“柔软的下腹部”，不容他人染指。面对近年来中国在本地区介入态势的持续增强，美国再次祭出“胡萝卜加大棒”政策，加大遏华力度。一方面，美国大肆污蔑中加合作，渲染“中国威胁论”，恐吓加勒比国家。前总统特朗普及多名高官曾明确宣称要重拾“门罗主义”，并试图通过召集加勒比五国参加庄园会议来对抗中国。① 美国驻牙买加大使唐纳德·塔皮亚（Donald Tapia）甚至污蔑中国只对本地区的矿产和港口感兴趣。② 在政治安全领域，美国在涉台及涉华多边议题上轮番施压加勒比国家，甚至采取召回使节的方式向多米尼加等国表达对其与台“断交”的不满③；在人文交流领域，美国诋毁中国推广孔子学院和扩大政党、议会、媒体、学界的交流行为。

另一方面，美国极力加大对加勒比各国诱拉力度。一是扩大投资规模。美国曾于 2019 年出台“美洲增长倡议”（América Crece），试图撬动更多美国私营资本投资本地区能源等基础设施建设。已有美国学者指出，该倡议实为美国对抗中国在西半球影响力的软权力工具④，对冲“一带一路”意图

① “Caribbean Islands Becoming Hot Spots for Chinese Investment”, *Roll Call*, March 25, 2019, https://www.rollcall.com/2019/03/25/caribbean-islands-becoming-hot-spots-for-chinese-investment/.

② “Why Jamaica Wants to Call Time on Chinese Borrowing”, *South China Morning Post*, November 17, 2019, https://www.scmp.com/news/china/diplomacy/article/3038095/why-jamaica-wants-call-time-chinese-borrowing.

③ 《不满拉美三国与台“断交”美国下令召回大使》，环球网，2018 年 9 月 10 日，https://m.huanqiu.com/article/9CaKrnKcqwA。

④ Lisa Viscidi and Sarah Philips, “Countering China Through Infrastructure Investments”, *Global Americans*, March 31, 2020, https://theglobalamericans.org/2020/03/countering-china-through-infrastructure-investments/.

明显。在首批加入该倡议的国家中，牙买加来自加勒比地区。当前，拜登政府正在紧锣密鼓筹划将“重建更美好世界”（B3W）倡议延伸至拉美和加勒比地区，明确与中国“一带一路”计划争夺基建项目。此外，美国国际开发署还与加共体合作推出“2020—2025 年地区发展合作战略”（RDCS），先期注资 1045 万美元，打造“安全、繁荣、韧性”的加勒比地区。① 二是强化机制性联系。美国将 2019—2020 年定为“加勒比年”，其间除举办“加勒比盆地安全倡议”实施十周年活动外，还新制订“美国—加勒比韧性伙伴关系”计划以深化防灾减灾合作，并将此二者统合进 2017 年实施的“美国—加勒比 2020 接触战略”中，形成更加完整的对加政策框架，又完成对该战略的中期审查并发布报告，动作不断。

三、中加“一带一路”合作深化路径

为更好应对百年未有之大变局下日益增加的全球不确定性和不稳定性，未来中加“一带一路”合作应继续以构建更紧密的中加命运共同体为统领，打造新时代平等、互助、创新、开放、惠民的中加全面合作伙伴关系。

（一）加强中加次区域合作机制建设

在继续巩固原有中拉整体合作与双边关系并行互促结构的同时，中国应充分考虑当前拉美和加勒比地区一体化进程碎片化及分化停滞的新态势，清醒认识拉共体在引领地区一体化上面临弱化和失速的局面，更加重视与拉美和加勒比地区有代表性次区域组织开展合作。尤其要重视加勒比地区这一总体友华的次区域，继续用好中加建交国外交部磋商、中加经贸合作论坛等已有机制，深化与加共体、加勒比国家联盟、加勒比开发银行、东加勒比国家组织等的机制性合作。欧盟在这方面的做法可资借鉴，比如，其在保持欧拉峰会整体合作机制之余，亦不忘与南方共同市场、加勒比论

① “USAID Launches Regional Development Cooperation Strategy”, *U. S. Embassy in Barbados*, August 31, 2021, https://bb.usembassy.gov/usaid-launches-regional-development-cooperation-strategy/.

坛（Cariforum）等次区域组织持续深入开展合作。

（二）调整中加经济合作模式，防范供应链“脱钩”

中国应加速推进经济合作新模式、新业态。一方面，为更好应对各国“债台高筑”对中加发展援助合作造成的影响，中国应加强对牙买加、巴巴多斯、格林纳达、苏里南等重债国债务可持续性研判，积极调整发展援助方式，适当照顾加勒比国家在将脆弱性标准融入国际发展援助体系方面对中国的长期诉求①，同时以危促机，倒逼中国国内优质民营资本、新金融机构等更多通过PPP等新模式投资该地区未来高达300亿美元的基建缺口。②此外，也可尝试运用“债务—环境交换机制”（Debt for Nature Swap）等新融资工具来帮助加勒比国家应对债务和气候变化的双重挑战。另一方面，重视培育该地区数字经济新业态。尽管加勒比文化总体上不太热衷于电子商务，但此次疫情已开始倒逼加勒比各国重视并加大对数字经济的投入。③比如，东加勒比国家即借疫情加速实施其与世界银行合作制订的“加勒比数字转型计划”④；牙买加、苏里南等国加速完善电子支付体系，特立尼达和多巴哥甚至宣布要在2022年前建成数字化国家。⑤ 中国应加大对本地区数字经济新基建投资力度，力推加勒比数字经济转型，加快构建中加“数字丝绸之路”。

与此同时，中国应重视加勒比地区贸易及供应链变化动向，疫情变局或将催生更基于区域内（Intra-regional）的贸易和供应链体系。巴巴多斯政府官员强调，发展中国家必须深化地区内贸易合作，打造更协调、更有韧

---

① “CARICOM，China Discuss Strengthened Cooperation in Margins of CELAC Forum”，*CARICOM Today*，January 25，2018，https：//today. caricom. org/2018/01/23/caricom-china-discuss-strengthened-cooperation-in-margins-of-celac-forum/.

② “China’s Murky Trail in the Caribbean”，*Newsday*，December 26，2019，https：//newsday. co. tt/2019/12/26/dreams-deals-and-debt/.

③ “Caribbean E-Commerce Gets a Boost From COVID”，*The BVI Beacon*，May 21，2020，https：//www. bvibeacon. com/caribbean-e-commerce-gets-a-boost-from-covid/.

④ “Caribbean Digital Transformation Project Conducted Its First Virtual Mission for St. Lucia”，*St. Lucia News Online*，April 30，2020，https：//www. stlucianewsonline. com/caribbean-digital-transformation-project-conducted-its-first-virtual-mission-for-st-lucia/.

⑤ “PM：Stay the Course with Govt”，*Newsday*，July 24，2020，https：//newsday. co. tt/2020/07/24/pm-stay-the-course-with-govt/.

性的价值链，以应对全球经济变局。[①] 尽管加勒比国家并非中国主要贸易伙伴和全球供应链关键环节，但作为最具代表性的小型发展中国家群体，其示范效应值得关注。同时应注意的是，区域内贸易的提升必然对本地区交通连通等便利化措施提出更高要求，这无疑为中国继续同加勒比各国开展基础设施建设合作打开新的市场。

（三）深耕社会人文合作

对于加勒比地区的小型发展中国家来说，加强应对公共突发事件、气候变化的经济社会韧性已刻不容缓。有鉴于此，在未来合作中，中国应更加秉持正确义利观，突出以义为先、义利并举，在做好传统经贸领域互联互通建设的基础上，加强政策沟通和民心相通，力促“一带一路”合作提质增效。在社会治理领域，更多聚焦气候变化、防灾减灾、海洋合作、可持续发展、打击有组织犯罪等议题，将绿色“一带一路”合作倡议真正落到实处。在人文交流领域，促进中加教育交流，研究解决双方学历学位相互认证问题，破解留学交流体制障碍，重视与西印度大学（UWI）、各国智库建立访学等交流机制，培养国别和区域研究人才。

（四）提升公共卫生合作水平，打造中加“健康丝绸之路”

中国应推动抗疫合作继续走深走实。中国可继续向加勒比地区有需要的建交国提供疫苗等抗疫物资援助并满足各国的采购需求，同时借助“新冠疫苗实施计划”（COVAX）多边机制满足加勒比国家需要。在国际层面，中加双方要继续共同支持世界卫生组织（WHO）在国际抗疫中发挥应有作用，坚定反对把疫情政治化、病毒标签化。

此外，中国还应着力提升中加公共卫生能力建设合作水平。在地区层面，加强公共卫生机制性合作。国际组织在加勒比公共卫生等突发事件应对中所做的贡献不容小觑，尤其是加勒比公共卫生署、泛美卫生组织[②]在其

① “Exploring the Unique Impact of Coronavirus on Small Island Developing States”, *Forbes*, March 31, 2020, https: //www. forbes. com/sites/daphneewingchow/2020/03/31/exploring-the-unique-impact-of-coronavirus-on-small-island-developing-states/#16a2026d2e17.

② James Hospedales, “Caribbean Public Health: Achievements and Future Challenges”, *The Lancet*, July 1, 2019, https: //www. thelancet. com/journals/lanpub/article/PIIS2468-2667 (19) 30102-1/fulltext.

中发挥了不可替代的作用。有鉴于此，中国应在提升与加共体合作的框架统领下，推动卫健部门与加勒比公共卫生署建立健全定期协调磋商机制，打造中加公共卫生合作双边与次区域双轮驱动模式。

在国家层面，中国应继续巩固原有的以派遣医疗队和援建医院为主，辅以提供紧急医疗援助、治疗眼科等特殊疾病、派遣医院船巡诊等方式的对加医疗援助手段。同时，发挥中国政府奖学金、赴华培训等机制优势，扩大对各国传染病等多领域医疗人力资源培训规模，并有针对性援助域内小国，加强实验室、重症监护室等医疗基础设施建设。

（五）加强与第三方在加勒比地区的互利合作

中国应坚定不移深入推进中加互利共赢伙伴关系建设，以实实在在的合作消解个别域外大国的零和偏见。可尝试创新方式，探索与联合国系统、欧盟国家甚至是美国在本地区开展第三方国际合作的可能性，强化中加合作的开放性，巩固多赢局面。比如，中国近期即表态称愿与美国合作共同推动“重建更美好世界”倡议落地，也欢迎美国加入“一带一路”倡议。①

① “China Willing to Work with U. S. on Build Back Better World Initiative”, *Reuters*, February 28, 2022, https: //www. reuters. com/world/china/china-willing-work-with-us-build-back-better-world-initiative-2022-02-28/.

资料篇

第十二章　加勒比地区大事记（2021年）

徐济　姜俞①

1月

1日

海地庆祝独立217周年，美国、加拿大和加勒比共同体表示祝贺。

5日

应古巴防控新冠疫情要求，加勒比航空公司暂停飞往古巴哈瓦那的商业服务。加勒比航空公司在2018年开通西班牙港至哈瓦那航线，随后于2019年、2020年分别开通金斯顿、乔治敦至哈瓦那航线。

7日

加勒比共同体主席、特立尼达和多巴哥总理基思·罗利表示，加勒比共同体期待美国恢复秩序并继续以和平方式移交权力。

10日

美国负责西半球事务的代理助理国务卿迈克尔·科扎克宣称，美国支持国际法院对圭亚那和委内瑞拉边界问题拥有管辖权的裁决。美国驻圭亚

① 徐济：博士，天津外国语大学拉丁美洲研究中心副主任、助理研究员。姜俞：天津外国语大学高级翻译学院2021级硕士研究生。

那大使莎拉–安·林奇重申美国的立场，表示圭亚那和委内瑞拉的边界争端应合法解决。

13 日

加勒比共同体谴责美国政府单方面将古巴列为支持恐怖主义的国家，呼吁立即审查和纠正这一不正当行为，并期待美国朝着与古巴关系正常化的方向前进。

联合国反恐办公室与加勒比共同体犯罪和安全执行局签署备忘录，双方同意帮助加勒比共同体 15 个成员提高侦察恐怖主义者旅行和严重犯罪的能力，维护人权。

14 日

世界银行批准向圣卢西亚提供 3000 万美元贷款，帮助圣卢西亚应对新冠疫情和恢复经济增长。

19 日

加勒比开发银行理事会选举海基努斯·莱昂担任下一任行长，任命将于 5 月 1 日生效。

20 日

卡马拉·哈里斯宣誓就任美国副总统，成为第一位担任该职务的加勒比裔美国人。

英国传统石油公司获得特立尼达和多巴哥西海岸一个总面积为 96000 英亩的区块的新勘探和生产许可证，未来 6 年将向特立尼达和多巴哥支付近 1 亿美元。原许可证于 2019 年 11 月到期。

百慕大前总理尤尔特·布朗在地方法院被指控犯有 13 项腐败罪。

23 日

圭亚那外交和国际合作部发表声明称，2 艘圭亚那渔船在其专属经济区内作业时被委内瑞拉海军舰艇拦截扣留，圭亚那强烈谴责“这种肆无忌惮的侵略行为”。

25 日

世界银行批准再向圭亚那提供 1350 万美元融资，支持正在进行的推进圭亚那中等教育项目。该项目于 2014 年获批，已延期至 2023 年。

中国国家主席习近平同多米尼克总理罗斯福·斯凯里特通电话。习近平主席指出，建交近 17 年来，中多关系取得长足进展。中方赞赏多方将发展对华关系作为外交优先方向，愿继续为多米尼克经济社会发展提供力所能及的帮助。中方将继续大力支持多方抗疫，向包括多米尼克在内的发展中国家提供帮助和支持，努力让疫苗成为各国人民用得上、用得起的公共产品，为实现疫苗的可及性和可负担性作出中国贡献。斯凯里特表示，中方为多米尼克等国抗击疫情提供医疗物资援助，并承诺为实现疫苗在发展中国家可及性和可负担性作出贡献。多方坚持一个中国原则，支持中国和平统一。多方赞赏中方为全球应对气候变化发挥领导作用，将积极参与共建“一带一路”，推动多中关系以及加勒比国家同中国关系不断发展。

28 日

开曼群岛反对党提起不信任动议，要求罢免麦基瓦 · 布什的议长职务。

29 日

约翰 · 兰金宣誓就任英属维尔京群岛总督。此前，兰金曾任百慕大总督。

2 月

1 日

拉丁美洲和加勒比循环经济联盟正式启动，其目的是加强政府、企业和社会之间的合作，促进循环经济发展。

2 日

委内瑞拉当局通知圭亚那外交和国际合作部，声称已释放自 1 月 21 日起扣留的 12 名圭亚那渔民和 2 艘渔船。

3 日

圭亚那外交和国际合作部部长休 · 托德会见中国驻圭亚那大使馆临时代办陈锡来，确认将获得 20000 剂中国国药疫苗，疫苗最早可于 3 月发货。

4 日

圭亚那政府终止中国台湾在圭亚那设立“台湾办公室”的协议。1 月 11 日，圭亚那与中国台湾签署协议，将开设“台湾办公室”。1 月 15 日，

“台湾办公室”开始运行。

5 日

美国海关和边境保护局表示，在 2020 财年，该局为波多黎各和美属维尔京群岛的 240 万名旅客办理了业务。

7 日

海地当局逮捕 23 人，其中一人为最高法院法官，指控他们涉嫌阴谋推翻乔维内尔・莫伊斯总统。

9 日

巴巴多斯收到 100000 剂产自印度的阿斯利康疫苗，多米尼克收到 70000 剂，两国均表示要与其他加勒比国家分享疫苗。

11 日

玻利维亚和古巴同意恢复双边经贸关系。2019 年 11 月，珍妮娜・阿涅斯担任玻利维亚临时总统，两国经贸关系中断。

13 日

美国海岸警卫队表示，他们出动霍克号中型快艇在加勒比海巡逻，59 天后返回佛罗里达州，其间扣押 4 艘贩毒船，缉获 4000 磅可卡因，市值 6900 万美元。多米尼加海军和巴拿马执法队伍参与了联合行动。

16 日

世界银行批准向牙买加竞争力和增长基金会项目追加 1000 万美元融资，帮助改善牙买加的营商环境。2014 年，世界银行批准向该项目融资 5000 万美元。

19 日

特克斯和凯科斯群岛举行大选，进步民族党以压倒性优势战胜执政的人民民主运动，在议会 15 个席位中占据 14 席。尽管受到新冠疫情影响，本次大选的投票率仍创历史新高，76%的选民参与投票。

多米尼加陆军总司令胡里奥・埃内斯托・弗洛里安・佩雷斯对记者表示，该国在与海地接壤的边境部署了 7200 名士兵，今年以来已遣返 38000 多名非法越境的海地人。

21 日

圭亚那劳工部部长约瑟夫・汉密尔顿在华人协会为中国企业家举办的讨论会上表示，所有企业都必须遵守该国的劳动法。

23 日

美国总统约瑟夫·拜登致函圭亚那总统伊尔凡·阿里，祝贺圭亚那独立 51 周年，并希望加强两国在安全领域的合作。近期，美国持续提升与圭亚那的外交关系。

25 日

圭亚那地方政府和区域发展部部长奈杰尔·达拉姆拉尔宣布，地方政府选举将在年底前举行。

圭亚那外交和国际合作部部长休·托德宣布，将向卡塔尔和阿拉伯联合酋长国派驻外交使团。

第二届中国—拉美和加勒比农业部长论坛以视频会议方式举行，中国农业农村部部长唐仁健致开幕辞并发表主旨演讲，联合国粮农组织总干事屈冬玉致开幕辞，27 个拉美和加勒比国家农业部门负责人、联合国代表及联合国粮农组织总干事出席会议。论坛以“携手推进后疫情时代中拉农业合作迈向更高水平”为主题，通过《第二届中国—拉美和加勒比农业部长论坛联合宣言》。

26 日

特立尼达和多巴哥政府与美洲开发银行签署贷款协议，由美洲开发银行向特立尼达和多巴哥提供 2450 万美元，帮助受新冠疫情影响最严重的人摆脱困境。

加勒比开发银行发布报告指出，该行 2020 年共提供 1.9 亿美元融资，帮助其成员应对新冠疫情，恢复经济增长。

27 日

多米尼加总统路易斯·阿比纳德尔宣布，将在该国与海地的边界上修建一道长约 380 公里的围栏，遏止两国之间的非法移民、毒品犯罪和盗窃行为。

3 月

1 日

巴巴多斯技术专家罗德尼·泰勒被任命为加勒比电信联盟秘书长。

3日

东加勒比地区光伏安装和系统检查培训课程结束，来自安提瓜和巴布达、多米尼克、格林纳达、圣基茨和尼维斯、圣卢西亚以及圣文森特和格林纳丁斯等国家的228人参加了培训。该项目是迄今为止加勒比地区最大的可再生能源培训项目，由东加勒比国家组织委员会实施，资金来自欧洲联盟和英国。

4日

古巴开始对Soberana 02新冠疫苗进行第三期临床试验。古巴计划在4月前交付使用第一批100万剂Soberana 02疫苗，2021年内为所有古巴人免费接种疫苗。

7日

圭亚那收到印度捐赠的80000剂阿斯利康新冠疫苗，该批疫苗产地为印度。

8日

英国女王伊丽莎白二世发表演讲，庆祝英联邦日。加勒比地区有12个国家为英联邦成员国。

牙买加收到第一批新冠疫苗。由印度捐赠的50000剂疫苗抵达牙买加金斯顿诺曼·曼利国际机场，安德鲁·霍尔尼斯总理到场接收。

10日

国际刑事法院6名新法官宣誓就职，特立尼达和多巴哥的奥尔瑟雅·阿莱克西斯-温莎位列其中。

11日

美洲开发银行在公报中承诺，将提供7500万美元贷款，进一步提高牙买加抗击新冠疫情的能力，促进后疫情经济复苏。

13日

巴巴多斯外交和外贸部部长杰罗姆·沃尔科特宣布，将在肯尼亚、加纳和阿拉伯联合酋长国设立外交代表处。

古巴外交部部长布鲁诺·罗德里格斯·帕里利亚与哈萨克斯坦外交部部长穆赫塔尔·特列贝尔迪表示，两国将致力于促进共同的经济利益，尤其是在能源和生物技术领域。多年来，古巴和哈萨克斯坦在生物技术和卫生领域保持合作关系，其中包括在欧亚国家引进和使用古巴药物。

15 日

牙买加通过 COVAX 收到 14400 剂新冠疫苗，成为加勒比地区第一个受益于该机制的国家，预计到 5 月可获得 124800 剂疫苗。

16 日

中国国家主席习近平同圭亚那总统伊尔凡·阿里通电话。习近平主席指出，建交以来，两国各领域合作富有成果。去年，面对新冠肺炎疫情冲击，中圭双边贸易逆势增长，展现了巨大潜力。双方要以明年建交 50 周年为契机，推进共建“一带一路”，扩大能源、基础设施等领域互惠互利合作，推动中圭关系迈上新台阶。中方愿同圭方加强新冠肺炎疫苗合作，继续为圭亚那经济社会发展提供力所能及的帮助和支持。阿里感谢中方为圭方抗击疫情提供慷慨援助，赞赏中方在诸多全球问题上发挥重要领导作用。圭方希望同中方积极共建“一带一路”，加强基础设施等领域合作。圭方支持并愿意积极推动加勒比共同体发展同中国的关系。

18 日

第 10 届英国—加勒比部长级论坛线上举行。会议发表公报，提出为期 2 年的行动方案，具体领域包括从新冠疫情中复苏、双边和区域合作、贸易和商业关系、打击有组织和经济犯罪、价值观和国际合作、气候变化。

15—18 日，拉丁美洲和加勒比国家可持续发展论坛第四次会议线上举行，与会代表来自拉丁美洲和加勒比各国政府、联合国系统、政府间组织，该地区金融机构、学术界、私营部门、公民社会、议会和地方当局，共 9608 人。代表们承诺落实 2030 年可持续发展议程，应对新冠疫情带来的挑战，并批准一份包含 94 项结论和建议的文件。

世界银行批准向牙买加、多米尼克分别提供 1.5 亿美元、2500 万美元政策性贷款，用于应对新冠疫情和恢复经济发展。

首任肯尼亚驻加勒比共同体大使安东尼·穆奇里向加勒比共同体秘书长欧文·拉罗克递交国书，标志着双方的关系又向前迈出了坚实的一步。

19 日

联合国发布《2021 年世界幸福报告》。报告显示，牙买加是加勒比地区最幸福的国家，在全球 149 个接受调查的国家中排名第 37 位；多米尼加排名第 73 位，列加勒比地区第二。

24 日

牙买加教育、青年和信息部部长费瓦尔·威廉姆斯在新闻发布会上表示，牙买加将与利比里亚、多哥、基里巴斯、马绍尔群岛、帕劳、萨摩亚、汤加和图瓦卢等非洲和太平洋国家建立外交关系。

25 日

加勒比开发银行批准一项金额为 3.83 亿美元的第 10 周期特别发展基金项目，以减少加勒比地区的贫困和不平等现象，改善人民的生活水平。成员国承诺在 2021—2024 年间出资 1.882 亿美元，世界银行拨款 1.628 亿美元，另外 3200 万美元缺口将由捐助者提供。

26 日

苏里南通过 COVAX 获得 24000 剂新冠疫苗。根据第一轮分配方案，苏里南预计到 5 月收到 79200 剂疫苗，到下半年接种疫苗人口的比例可达到 20%。

30 日

阿鲁巴总理伊芙琳·韦弗-克罗斯解散议会，择日重新举行大选。

31 日

东加勒比中央银行的数字货币 DCash 在安提瓜和巴布达、格林纳达、圣基茨和尼维斯以及圣卢西亚开始使用。

4月

1 日

加拿大皇家银行将其在东加勒比地区的 11 家分行出售给由圣卢西亚第一国民银行、安提瓜商业银行、多米尼克银行、蒙特塞拉特银行和尼维斯银行组成的银行财团。交易完成后，该行在加勒比地区仍有 41 个分行和办事处。

7 日

4 月 7 日是世界卫生日，加勒比地区公共卫生署呼吁所有领导人监测并从根源上解决卫生不平等问题，确保每个人都能获得有利于身体健康的生活和工作条件，获得优质的卫生服务；加大投入，让人人享有健康。

9 日

圣文森特和格林纳丁斯拉苏弗里耶尔火山喷发，破坏严重。拉苏弗里耶尔火山上一次喷发的时间是 1979 年。

12 日

世界银行向圣文森特和格林纳丁斯拨款 2000 万美元，用于拉苏弗里耶尔火山喷发灾后重建。

14 日

开曼群岛举行大选，选出 19 名议员，执政的人民进步运动有 7 人当选，独立候选人则控制了其余 12 个名额。

海地总理约瑟夫 · 约特辞职，前部长克劳德 · 约瑟夫被任命为总理。

15 日

欧洲联盟与 79 个非洲、加勒比和太平洋国家签署新的伙伴关系协定，旨在增强欧洲联盟与非洲、加勒比和太平洋国家共同应对全球挑战的能力。2020 年 12 月 3 日，双方达成取代《科托努协定》的新伙伴关系协定。

牙买加议会将多个特别行动区行动再延长 60 天。截至 4 月 13 日，牙买加的凶杀率同比增加 4. 3%。

16 日

中国援助格林纳达低收入住房二期项目圣马克地块竣工，交付 130 套住房。格林纳达总理基思 · 米切尔在竣工仪式上高度赞扬中国政府在建设低收入住房方面的重大贡献，并表示和中国建交给格林纳达人民带来了巨大利益，同时驳斥有关中国试图控制格林纳达的说法。

19 日

16—19 日，古巴共产党第八次全国代表大会召开。会议通过《关于八大中心报告的决议》《关于古巴社会主义发展经济和社会模式理念的更新的决议》《关于 2021—2026 年纲要执行情况及其更新的决议》《关于党的运转、思想工作和与群众联系的决议》《对党干部政策的决议》等决议，选举产生了以米格尔·迪亚斯-卡内尔为第一书记的新一届古共中央委员会。中共中央总书记、国家主席习近平致电祝贺。

20 日

联合国经济及社会理事会召开第六次全体会议，特立尼达和多巴哥当选为麻醉药品委员会和妇女地位委员会成员国，任期 4 年。

21 日

韦恩·潘顿宣誓就任开曼群岛总理。

20 日、21 日，加勒比航空公司 179 名员工接受加勒比地区公共卫生署的“航空公司新冠肺炎基本健康指南”培训，向获得保障加勒比地区旅客更健康、更安全旅游的健康印章迈出第一步。该奖项于 2020 年 11 月获得世界旅游理事会的认可。

22 日

东加勒比国家组织和世界知识产权组织签署谅解备忘录，以加强该地区支持无形资产和其他形式知识产权的保护和货币化所必需的法律和监管架构。

《拉丁美洲和加勒比地区在环境问题上获得信息、公众参与和诉诸法律的区域协定》（亦称《埃斯卡苏协定》）生效。该协定于 2018 年 3 月通过，到 2021 年 1 月已获 24 个国家批准。

26 日

多米尼克议会通过决议，谴责美国继续对古巴实施贸易和经济封锁。

28 日

联合国大会通过决议，“声援和支持圣文森特和格林纳丁斯政府和人民，以及受拉苏弗里耶尔火山喷发影响的邻国”。193 个成员国中共有 174 个为共同提案国，提案获得一致通过。

29 日

巴哈马政府完成对大巴哈马国际机场的收购，使机场管理局拥有的机场数量达到 30 个。大巴哈马国际机场占地 2500 英亩，拥有一条 11000 英尺的跑道，其设施在 2019 年 9 月 3 日受到飓风多利安的严重破坏。

美国总统约瑟夫·拜登 28 日在国会发表讲话时提到，很多公司通过避税天堂瑞士、百慕大和开曼群岛逃税，百慕大的政治和商业领导人纷纷予以回应，强调百慕大对美国经济的支持，并表示要做好教育和宣传。

5 月

3 日

5 月 3 日是世界新闻自由日，加勒比媒体工作者协会呼吁社会各界，包括国家和公民社会，切实发挥信息的公共产品功能。

4 日

海基努斯·莱昂就任加勒比开发银行第六任行长，接替 4 月 30 日退休的沃伦·史密斯。

5 日

加勒比电信联盟和平价互联网联盟签署谅解备忘录，双方同意加强合作，扩大加勒比地区有意义且支付得起的互联网接入。平价互联网联盟由万维网基金会主办，其目的是使所有人都能用上互联网。

中共中央总书记、国家主席习近平同古共中央第一书记、国家主席米格尔·迪亚斯-卡内尔通电话。习近平主席代表中国共产党和中国人民对古巴共产党第八次全国代表大会胜利召开和迪亚斯-卡内尔当选古共中央第一书记再次表示祝贺。习近平主席表示，古共八大对当前和今后一个时期古巴党和国家事业发展作出战略规划和部署，对古巴社会主义事业具有重大意义。相信在以迪亚斯-卡内尔第一书记同志为首的新一届古共中央领导下，古巴党和政府将带领古巴人民团结奋斗，推动古巴特色社会主义事业取得新成就。习近平主席请迪亚斯-卡内尔转达对劳尔·卡斯特罗同志的亲切问候。迪亚斯-卡内尔转达了劳尔·卡斯特罗对习近平主席的良好祝愿，重点通报古共八大有关情况。迪亚斯-卡内尔高度评价中国共产党 100 年来领导中国人民取得的历史性成就，感谢中方长期以来对古巴正义事业的坚定支持，古巴坚定支持一个中国政策。古共愿同中国共产党加强治国理政经验交流，促进共建“一带一路”等领域务实合作，推动两党两国关系不断向前发展。

6 日

特立尼达和多巴哥保险有限公司宣布，在获得监管机构的正式批准后，该公司已收购总部位于巴巴多斯的 Trident 保险有限公司。

7日

为期两天的加勒比共同体外交和共同体关系委员会会议结束，会议要求采取应对新冠疫情的全球方案；强调本地区通过协调外交政策，以一个声音说话的重要性；呼吁全球共同努力，解决小岛屿发展中国家和低洼沿海发展中国家面临的各种难题。

3—7日，国际货币基金组织审查巴巴多斯经济复苏和转型计划，双方签署工作人员级别的协议。该协议尚待国际货币基金组织执行委员会批准，届时巴巴多斯将获得1700万特别提款权（约相当于2400万美元）贷款。

11日

加勒比共同体召开政府首脑会议特别会议，任命卡拉·巴奈特为第八任秘书长，任期从2021年8月开始。巴内特是加勒比共同体首位女性秘书长。

15日

鉴于新冠疫情恶化，特立尼达和多巴哥总理基思·罗利宣布全国进入紧急状态，为期90天，宵禁时间从每天晚上9点至次日凌晨5点。

18日

多米尼克和古巴庆祝建交25周年，双方承诺进一步加强合作。

19日

加勒比共同体发表声明，对以色列和巴勒斯坦冲突持续升级表示严重关切，呼吁双方立即停火。

20日

东加勒比太阳能挑战赛正式启动。该挑战赛是加勒比国家自主贡献金融倡议的一个项目，由东加勒比国家组织和圣卢西亚于2017年启动。加勒比地区每年太阳照射时间超过200天，非常适宜发展太阳能。

21日

特立尼达和多巴哥与哥斯达黎加发表联合声明，庆祝两国建交50周年。

22日

美国国土安全部部长亚历杭德罗·N. 马约卡斯宣布给予海地人新的、为期18个月的临时保护身份，这仅适用于2021年5月21日前已经居住在美国并满足其他所有要求的个人，公告后试图前往美国的人无此资格，还可能被遣返。

25 日

圭亚那举行隆重活动，庆祝独立 55 周年。1966 年 5 月 26 日，圭亚那脱离英国殖民统治，获得独立。

世界银行批准向巴哈马提供 1 亿美元贷款，帮助巴哈马应对新冠疫情，推动经济复苏。

安提瓜和巴布达驻美洲国家组织大使罗纳德·桑德斯担任该组织常设理事会主席，这是他第二次担任该职务。

26 日

芙罗拉·查拉姆宣誓就职，成为伯利兹第一位女总督、第三位总督。

牙买加和古巴签署扩大两国教育合作的协议，协议涵盖的教学领域包括西班牙语、化学、物理、数学和体育。自 1997 年以来，共有 438 名古巴教师到牙买加提供服务，目前有 86 人在 78 所学校工作。

29 日

苏里南总统昌德里卡佩尔萨德·单多吉宣布，全国从 5 月 31 日至 6 月 18 日实行全面封锁措施，阻止新冠病毒传播。

30 日

特立尼达和多巴哥总统葆拉-梅·威克斯致辞，庆祝第 176 个印度人抵达日，号召国民摒弃政治、社会和种族分歧，团结起来，共同应对新冠疫情。1845 年 5 月 30 日，一艘载有 227 名印度人的船抵达西班牙港。

31 日

圭亚那卫生部部长弗兰克·安东尼宣布，非洲联盟已向加勒比共同体分派 150 万剂美国生产的强生疫苗，圭亚那预计在 6 月中旬之前收到 15 万剂。

6 月

1 日

美国总统约瑟夫·拜登宣布 2021 年 6 月为全国加勒比裔美国人遗产月，

鼓励所有美国人通过适当的仪式和活动，庆祝加勒比裔美国人的历史、文化和成就。

2日

危地马拉总统亚历杭德罗·贾马太会见来访的伯利兹总理约翰·布里塞尼奥。双方发布的联合新闻稿指出："虽然危地马拉的主张已提交国际法院，但两国元首重申了他们致力于进一步加强伯利兹和危地马拉之间的友谊与合作关系的承诺。"5月18日，伯利兹—危地马拉联合委员会在伯利兹市召开重组后的第一次会议。

中国国家主席习近平同多米尼加总统路易斯·阿比纳德尔通电话。习近平主席指出，中多建交以来，多米尼加坚定奉行一个中国政策，将对华关系作为外交优先方向，中方对此高度赞赏。新冠肺炎疫情发生以来，中多相互支持、同舟共济。中方将继续为多米尼加抗疫提供力所能及的支持。中方愿同多方一道，推动中多关系得到更大发展，不断迈上新台阶。阿比纳德尔对中国共产党即将迎来建党100周年表示诚挚祝贺。中方提供的医疗物资和疫苗为多米尼加抗击新冠肺炎疫情发挥了关键作用，多方对此表示衷心感谢。多方坚定坚持一个中国政策，愿同中方加强交往交流，扩大经贸等领域合作。

3日

巴哈马政府将95名海地非法移民驱逐回太子港，其中包括6名儿童和22名妇女。

4日

巴巴多斯总理米娅·莫特利在第20届南南合作高级委员会会议上表示，在评估发展中国家的优惠性融资资格时，应纳入脆弱性指数，而不是仅仅考虑人均收入。

6日

加勒比酒店和旅游协会呼吁采取干预措施，加快加勒比地区旅游业的复苏步伐。

8日

安提瓜和巴布达与俄罗斯签署基本关系条约，以促进多个领域的双边合作。2019年，两国签署协议，允许对方公民免签证入境90天，该协议于

10月正式生效。俄罗斯多年来一直为安提瓜和巴布达提供培训服务和奖学金。

9日

多米尼克政府与蒙特利尔管理顾问公司签署协议，双方同意开始建设多米尼克国际机场，正式启动这一拖延数十年的项目。

泛美卫生组织主任卡里萨斯·埃蒂安对拉丁美洲和加勒比地区新冠疫苗接种速度缓慢表示遗憾。据泛美卫生组织称，加勒比地区接种疫苗的人数不到300万。

10日

圭亚那总统伊尔凡·阿里宣布，该国的洪水已经达到国家灾难和危机的程度。他指出，截至6月7日上午，全国共有28228户家庭受到影响。

12日

英国政府表示，在4月拉苏弗里耶尔火山喷发后，英国皇家海军已向圣文森特和格林纳丁斯运送了75吨援助物资。

13日

第36届信风军事演习在圭亚那举行，演练在维护加勒比地区安全的过程中如何加强多边军事合作，来自巴哈马、伯利兹、百慕大、巴西、加拿大、多米尼加、法国、海地、牙买加、荷兰、特立尼达和多巴哥、英国和美国的军队参加了演习。本次军事演习持续到25日。圭亚那上次举办信风军事演习的时间是1999年。

14日

特立尼达和多巴哥政府采购的首批20万剂中国新冠疫苗运抵该国首都西班牙港，双方代表进行交接。5月19日，中国政府援助特立尼达和多巴哥的10万剂新冠疫苗运抵交接。

15日

特立尼达和多巴哥财政部部长科尔姆·因伯特在新闻发布会上为接受中国贷款进行辩护。他指出，中国提供的2.04亿美元贷款利率为2%，未施加任何严格的条件，而国际货币基金组织的贷款利率为1.05%，条件却非常苛刻。

欧洲投资银行向巴巴多斯提供5000万欧元长期贷款，帮助巴巴多斯应对新冠疫情，增加医疗保健投入。

16 日

东加勒比中央银行和 Bitt 公司因合作开发和推出世界上第一个零售型中央银行数字货币 DCash，获得 Central Banking 第四届金融科技和监管科技全球奖。

圣基茨和尼维斯政府宣布，由于近期新冠肺炎确诊病例增加，全国进入紧急状态，直至 7 月 6 日。

18 日

美国驻圣卢西亚大使琳达·塔利亚拉特拉宣布，美国将立即恢复与圣卢西亚皇家警察部队的安全合作，并提供援助。此前，相关合作和援助已停止 8 年。

21 日

联合国贸易和发展委员会发布《2021 年世界投资报告》。报告显示，巴哈马接受的外商直接投资在大流行期间大幅增长 47%，从 2019 年的 6. 11 亿美元提升至 2020 年的 8. 97 亿美元，在小岛屿发展中国家中表现最为强劲，巴巴多斯、格林纳达各增加 22%、11%，牙买加、圣基茨和尼维斯则分别下降了 45%和 47%。

古巴的 BioCubaFarma 公司宣布，Abdala 疫苗针对新冠病毒的有效率为 92%。古巴正在研制 5 种新冠疫苗。

23 日

美国和法国海军在马提尼克岛海岸举行军事演习，演练互操作性以及在海上进行通信、导航和共同作战能力。

美洲开发银行的《拉丁美洲和加勒比地区的数字差距：年度宽带指数报告》显示，巴巴多斯的宽带发展指数位居拉丁美洲和加勒比地区首位，在全球 65 个国家中排第 31 名。

184 个国家在联合国大会上投票赞成美国结束对古巴的经济禁运，美国和以色列投了反对票，哥伦比亚、乌克兰和巴西弃权。自 1992 年以来，联合国大会已经 29 次通过同样的决议。

世界银行批准从全球教育伙伴关系向圭亚那提供 670 万美元赠款，帮助圭亚那提升幼儿园的学习质量，增强小学的技术使用水平，改善教育管理信息系统功能。全球教育伙伴关系成立于 2002 年，是全球最大的、专门致力于改善低收入国家教育状况的教育基金。

美国国际开发署和加勒比共同体发展基金签署谅解备忘录，确定加强两个机构的合作，在加勒比共同体单一市场和经济的框架内促进经济一体化。

24 日

世界银行批准向巴巴多斯提供 1 亿美元贷款，用于应对新冠疫情和促进经济复苏。

23 日、24 日，美洲国家组织成员国参加第三届跨国有组织犯罪国家当局会议，就打击西半球跨国有组织犯罪问题达成一致意见，建议成员国采取 18 项行动，建议美洲国家组织总秘书处采取 7 项行动。

28 日

圣基茨和尼维斯总理蒂莫西・哈里斯宣布，为了应对新冠疫情，紧急状态从 7 月 7 日起延长 6 个月。

29 日

中国援助的新冠疫苗顺利运抵巴巴多斯。中国驻巴巴多斯大使延秀生和巴巴多斯总理米娅・莫特利、卫生和健康部部长杰弗里・博斯蒂克、外交和外贸部常务秘书西蒙尼・鲁德等前往机场迎接并出席交接仪式。

30 日

世界银行批准再向圭亚那提供 600 万美元融资，帮助圭亚那购买疫苗，加强卫生体系建设。

7月

1 日

安提瓜和巴布达总理加斯顿・布朗当选加勒比共同体主席，接替特立尼达和多巴哥总理基思・罗利，任期 6 个月。

6 月 15 日至 7 月 1 日，加勒比开发银行召开第 51 届理事会年会，主题是“创新、转型和可持续发展”，特克斯和凯科斯群岛总理查尔斯·华盛顿·米西克被任命为理事会主席。

2 日

美洲开发银行批准向巴哈马提供 4000 万美元融资，用于加强巴哈马卫生体系建设，重点是改善医疗服务。

6 日

5 日、6 日，加勒比共同体举行第 42 次政府首脑例会，共同商讨新冠疫情、新近发生的自然灾害、经济发展以及加勒比共同体单一市场和经济等问题。

特立尼达和多巴哥国家信托基金获得美国文化保护大使基金 20 周年合作伙伴计划提供的 20 万美元，受资助的项目名称为“特立尼达和多巴哥濒危文化遗产气候变化解决方案的合作调查”，这是本年度获此荣誉的西半球唯一一个英语国家的项目。

7 日

海地总统乔维内尔·莫伊斯在家中被枪杀身亡，其夫人受伤，后被送往美国迈阿密接受治疗。随后，临时总理克劳德·约瑟夫宣布全国进入戒严状态。

中国驻巴哈马大使戴庆利和巴哈马外交部部长达伦·亨菲尔德签署总额达 1200 万美元的经济、技术合作协议。

9 日

古巴批准紧急使用 Abdala 新冠疫苗，成为第一个成功研制和生产新冠疫苗的拉丁美洲和加勒比国家。

11 日

5—11 日，加勒比慈善联盟举办首届加勒比植树周活动，主题是“保护加勒比地区生物多样性和文化遗产”，旨在提高公众对植树重要性的认识。2020 年 2 月以来，加勒比慈善联盟及其合作伙伴已动员 22 个加勒比国家和地区的青年、社区和非政府组织种植 140 多万棵树。

因物资短缺等问题，古巴多地发生民众游行活动。

12 日

牙买加常驻美洲国家组织代表奥黛丽·马克斯就任美洲国家组织美洲

一体化发展委员会主席，任期至年底。美洲一体化发展委员会旨在增强成员国之间的合作，促进一体化发展，消除极端贫困。

美洲开发银行的一项新研究：《财政政策和气候变化：拉丁美洲和加勒比地区财政部的近期经验》指出，充分的财政规划有助于拉丁美洲和加勒比地区经济体脱碳，到2030年可创造1500万个就业机会。

13日

中国国家主席习近平与巴巴多斯总理米娅·莫特利通电话。习近平主席指出，中巴建交44年来，两国高层交往不断，合作富有成果。中方将继续同巴方加强疫苗、医疗等领域合作，助巴方早日战胜疫情，拓展基础设施等领域务实合作。中方愿继续为巴方经济社会发展提供力所能及的帮助。双方应加强在国际事务中协调配合，维护发展中国家共同利益。中方愿同巴巴多斯等加勒比国家推进共建“一带一路”，希望巴方为推动中国同加勒比共同体合作和中拉关系发展作出积极贡献。莫特利诚挚祝贺中国共产党成立100周年，相信并祝愿在中国共产党领导下，中国必将在实现第二个百年奋斗目标的新征程上取得更大成就。巴方愿同中方加强双方务实合作和多边沟通协作，共建“一带一路”，推动巴中关系和拉中关系取得更大发展，感谢中方为巴方抗击新冠肺炎疫情提供宝贵帮助，希望同中方加强疫苗合作。

特立尼达和多巴哥政府采购的第二批80万剂中国新冠疫苗运抵该国首都西班牙港。这是加勒比地区商业采购中国疫苗规模最大的一批，特立尼达和多巴哥总理基思·罗利当日接种，成为首位接种中国疫苗的拉丁美洲和加勒比国家总理。

14日

海地收到美国通过COVAX捐赠的50万剂新冠疫苗，成为拉丁美洲和加勒比地区继洪都拉斯、萨尔瓦多和玻利维亚之后第4个收到捐赠疫苗的国家。

15日

新任世界银行加勒比地区主任莉莉娅·布伦丘克访问荷属圣马丁，承诺推进和完成正在执行的项目，确保用好圣马丁信托基金，将剩余的1.2亿美元优先分配给五大项目。

20日

阿里尔·亨利宣誓就任海地总理。美国对此表示欢迎。

加勒比开发银行和欧洲投资银行签署协议，双方同意向加勒比国家提供3000万欧元融资，用于购买新冠疫苗，加强公共卫生体系建设。

21日

在第十一届加勒比共同体—联合国大会上，联合国秘书长安东尼奥·古特雷斯感谢加勒比共同体国家对联合国海地特派团的“坚定支持”。

继牙买加之后，特立尼达和多巴哥成为第二个因新冠肺炎死亡超过1000人的加勒比共同体国家。

25日

阿鲁巴举行大选，选举21名议员，人民选举运动、阿鲁巴人民党、RAIZ党、阿鲁巴主权运动和行动21党分别获得9、7、2、2和1个席位，人民选举运动再次获胜。

26日

加勒比共同体主席、安提瓜和巴布达总理加斯顿·布朗致函美国总统约瑟夫·拜登，敦促美国解除对古巴的制裁。

圣卢西亚举行大选，圣卢西亚工党赢得17个议会中的13席，执政的联合工人党获得2席，另2席为独立候选人所有。独立候选人成功进入议会，创造了圣卢西亚的历史。

27日

安提瓜和巴布达与英国签署协议，划定安提瓜和巴布达与安圭拉的海上边界。至此，安提瓜和巴布达超过75%的边界已确定，与蒙特塞拉特、圣基茨和尼维斯的边界仍有待谈判解决。

28日

加勒比旅游组织启动加勒比共同体旅游网络，以推动加勒比地区旅游业的持续发展。其职能包括促进和支持加勒比地区旅游业的发展战略，提高加勒比地区旅游业作为区域旅游产品的知名度和价值。

世界银行批准向圣卢西亚提供2190万美元融资，用于勘探地热能源。圣卢西亚几乎完全依赖进口燃料发电，高电价削弱其竞争力，不利于经济增长。

22—28日，第75届联合国大会主席沃尔坎·博兹基尔访问安提瓜和巴布达、圣文森特和格林纳丁斯、巴巴多斯，寻求更好地支持小岛屿发展中国家发展的方法。

30 日

东加勒比货币联盟银行家协会选举圣卢西亚的卡罗尔·曼格尔为第七任主席。东加勒比货币联盟银行家协会成立于 2004 年，由安圭拉、安提瓜和巴布达、多米尼克、蒙特塞拉特、格林纳达、圣基茨和尼维斯、圣卢西亚以及圣文森特和格林纳丁斯的银行家协会组成。

8 月

1 日

8 月 1 日是解放日，加勒比地区的领导人提醒人们记住 1838 年 8 月 1 日结束奴隶制的重要意义。

2 日

联合国大会设立非洲人后裔常设论坛，成员达 10 人。该论坛是非洲人后裔和其他利益攸关方的协商机制，旨在促进对非洲人后裔作为平等公民在政治、经济和社会等领域的全面包容，不得有任何歧视。

3 日

世界银行表示，从 2020 年 4 月到 2021 年 6 月，该行已为拉丁美洲和加勒比地区应对新冠疫情融资 291 亿美元。

5 日

圣文森特和格林纳丁斯总理拉尔夫·贡萨尔维斯在步入议会时被抗议者击伤头部，送往医院治疗。次日凌晨，议会通过《公共卫生法》修正案，规定强制接种新冠疫苗。

联合国拉丁美洲和加勒比经济委员会发布《拉丁美洲和加勒比地区的外商直接投资 2021》。该报告指出，由于受到新冠疫情影响，2020 年流入加勒比地区的外商直接投资额同比下降 25. 5%，但巴哈马和巴巴多斯呈现正增长。

加勒比航空公司公布未经审计的财务业绩显示，2021年上半年经营亏损4800万美元，原因在于大流行导致乘客人数下降44.8%。

6日

加勒比航空公司宣布将在8月30日裁减42名牙买加员工。6月，加勒比航空公司计划裁员450人，后改为280人。牙买加、特立尼达和多巴哥政府分别占有加勒比航空公司16%、84%的股份。

9日

圭亚那议会通过《石油勘探和生产（修正）法案》，加强政府对大型石油项目中征收私人土地的监督，确保被征收土地的公民得到适当补偿。

10日

英联邦秘书处发布《全球青年发展报告2020》，对2010—2018年间181个国家的青年发展状况进行排名，其中，巴巴多斯在加勒比和中美洲地区排名最高，牙买加、格林纳达和古巴进入前五名。

13日

圭亚那国家标准局与美国石油协会签署谅解备忘录，同意由圭亚那国家标准局使用美国石油协会的石油和天然气标准，促进双方在圭亚那能源产业的安全指南和要求方面的合作。

14日

距离海地首都太子港以西约150公里处发生7.2级地震，造成至少300人死亡。总理阿里尔·亨利宣布进入紧急状态，为期一个月。当日，海地还发生6次5.0级以上、9次4.0级以上余震。

16日

56名古巴卫生工作者抵达圭亚那首都乔治敦，圭亚那卫生部官员到机场迎接。古巴医疗队为圭亚那提供服务将近44年。13日，已在此工作4年的古巴医疗队回国。

伯利兹外交官卡拉·巴奈特出任加勒比共同体第八任秘书长。巴奈特是加勒比共同体第一位女性秘书长，此前曾担任该组织的副秘书长、加勒比开发银行副总裁。

17日

海地总理阿里尔·亨利宣布全国哀悼三天，悼念1419名地震遇难者。

美国宣布本周将向牙买加、圣卢西亚分别运送 208160 剂、62650 剂辉瑞新冠疫苗。上周，美国已向安提瓜和巴布达、巴巴多斯、特立尼达和多巴哥、巴哈马、圣文森特和格林纳丁斯、圣基茨和尼维斯运送了近 100 万剂疫苗。

20 日

17—20 日，苏里南代表团访问圭亚那，两国总统肯定战略对话与合作平台对两国合作的促进作用，并决定加快平台建设，强化全面合作。

23 日

由海地总理阿里尔・亨利主持的技术指导委员会会议初步估计，地震重建资金需 12 亿美元。联合国、欧洲联盟和世界银行的代表出席了会议。

24 日

在英国《金融时报》旗下《专业财富管理》杂志发布的 2021 年投资入籍项目排名中，多米尼克连续第五年名列榜首，圣基茨和尼维斯并列第一，格林纳达、圣卢西亚、安提瓜和巴布达紧随其后。

27 日

加勒比共同体召开特别会议，讨论海地的政治和人道主义局势，承诺向海地提供援助，不遗余力地支持海地。

30 日

苏里南军事法庭维持对前总统德西・鲍特瑟 20 年有期徒刑的判决。2019 年 11 月，鲍特瑟因 1982 年谋杀 15 名反对者而被判刑。

中国国家主席习近平同古巴国家主席米格尔・迪亚斯-卡内尔通电话。迪亚斯-卡内尔转达劳尔・卡斯特罗同志对习近平主席的诚挚问候，并通报了近期古巴国内形势。习近平主席请迪亚斯-卡内尔转达对劳尔同志的亲切问候。

9 月

1 日

国际刑警组织和巴巴多斯政府签署协议，在加勒比共同体犯罪与安全执行局位于巴巴多斯圣迈克尔的联合区域通信中心设立联络处，加强 25 个加勒比国家和地区警察的合作，维护该地区的安全。这是国际刑警组织在加勒比地区设立的第一个联络处。

3 日

1—3 日，第二届英国—加勒比地区国防参谋长会议在安提瓜和巴布达举行，最后一场会议地点设在英国皇家海军麦德威号巡逻舰上，会议讨论的主题包括应对自然灾害、有组织犯罪的威胁和英国支持加勒比地区防务倡议。

7 日

首届加勒比共同体—非洲峰会线上举行，会议主题是“跨越大陆和大洋的团结：深化一体化的机遇”。与会的各国国家元首和政府首脑承诺加强合作和团结，促进两个地区之间的贸易、投资和民间交往。

8 日

联合国秘书长安东尼奥·古特雷斯在阿根廷政府主办的美洲气候行动高级对话上发表讲话，称赞拉丁美洲和加勒比国家在气候行动方面的领导作用。

东加勒比国家组织开通全球数字图书馆，这是一个面向早期学习者的开放式教育资源库，包括用 83 种语言出版的 6000 多本书和一个快速增长的早期数学资源库，是东加勒比国家组织第一个用于教育的数字公共产品。

14 日

加勒比共同体主席、安提瓜和巴布达总理加斯顿·布朗致函英联邦，表达加勒比共同体 15 个成员支持帕特丽夏·苏格兰连任英联邦秘书长的立场。因新冠疫情影响，原定 2020 年 6 月在卢旺达基加利举行的英联邦政府首脑会议已两度推迟。

15 日

古巴中央银行 2021 年第 215 号决议正式生效，比特币和其他加密货币可以用于古巴的商业贸易和投资。

联合国教科文组织发布公告，将马提尼克纳入联合国教科文组织人与生物圈计划。2020 年 12 月，马提尼克传统的多桨帆艇被列入联合国教科文组织非物质文化遗产名录。

加勒比共同体外交和共同体关系委员会举行特别会议，为 21 日开始的联合国大会做准备。会议讨论了气候变化、与新冠肺炎相关的经济和公共卫生问题、疫苗歧视、伯利兹和圭亚那的边界问题。

圣文森特和格林纳丁斯将拉苏弗里耶尔火山警报级别从橙色降至黄色，这表示火山仍不稳定，但撤离的居民可以返回家园。

16 日

巴哈马举行大选，进步自由党赢得 32 个议席，剩下 7 个议席由自由民族运动获得。39 名议员中有 7 名女性，为史上最多。

古巴要求世界卫生组织批准其研制的 3 种新冠疫苗。

17 日

菲利普·戴维斯在总督办公室宣誓就任巴哈马总理。

19 日

圭亚那农业和普通工人工会与圭亚那糖业公司达成协议，确保工人得到补偿，结束为期 5 天的罢工。

21 日

伯利兹庆祝独立 40 周年。

加勒比共同体成员的外交部长与美国副国务卿温迪·谢尔曼举行会谈，讨论气候变化、新冠疫情和经济增长等一系列问题。

圣基茨和尼维斯与埃及签署联合公报，建立外交关系。

25 日

在 9 月的后三周，巴巴多斯和 6 个东加勒比国家（安提瓜和巴布达、多米尼克、格林纳达、圣卢西亚、圣基茨和尼维斯、圣文森特和格林纳丁斯）的新冠肺炎病例增加了近 8000 例，比 8 月多 52%，新增病例多数未接种疫苗。由于病例剧增，当地医护力量不足，卫生设施不堪重负。

27 日

加勒比开发银行批准向安提瓜和巴布达、安圭拉各提供 2500 万美元、750 万美元贷款，用于疫情防控和支持经济复苏。

加勒比地区旅游业的利益相关者举行线上会议，纪念世界旅游日。会议围绕世界旅游日今年的主题“旅游促进包容性增长”展开。

29 日

泛美卫生组织宣布已与科兴生物公司达成协议，并与其他疫苗生产商协商，争取获得更多疫苗。迄今为止，泛美卫生组织已通过 COVAX 提供了 5000 万剂疫苗，其中近 1400 万剂为捐赠。

30 日

美国疾病控制和预防中心剔除登革热观察名单上的圣文森特和格林纳丁斯、瓜德罗普、圣卢西亚、圣马丁以及特克斯和凯科斯群岛，至此，该名单上仅剩 3 个加勒比国家和地区。伯利兹、法属圭亚那和多米尼加的登革热病例仍高于正常水平。

10月

3 日

在 1899 年 10 月 3 日仲裁 122 周年之际，圭亚那外交与国际合作部发表声明，重申和平解决与委内瑞拉边界争端的立场。

4 日

中国向加勒比公共卫生署捐赠价值 7.7 万美元的医疗用品，帮助加勒比地区防控新冠肺炎。2020 年 12 月，中国和加勒比建交国举行第二次新冠肺炎副部长级特别会议，中国宣布向加勒比九国和加勒比共同体秘书处捐赠价值 500 万元人民币的医疗物资。本次捐赠为会议的后续行动。

巴巴多斯和圭亚那举行双边会谈，讨论促进双方在农业和渔业、石油和天然气、采矿业、林业、旅游业、酒店业、交通、住房和水资源等领域的合作和投资。双方发表联合声明称，计划利用两国农业潜力，减少粮食进口，并建立机制予以监督。

5 日

欧洲联盟理事会将安圭拉和多米尼克从其非合作司法管辖区名单中删除。此前，安圭拉和多米尼克未达到欧洲联盟的税收透明度标准。

6 日

巴巴多斯和肯尼亚签署三项合作协议，涉及航空、环境保护、贸易和投资合作。两国于 2014 年 9 月建交。

7 日

加勒比开发银行与加勒比可再生能源和能源效率中心签署框架协议，双方同意建立伙伴关系，推动加勒比地区能源的可持续发展，提升能源效率。

3—7 日，联合国贸易和发展会议第十五届大会在巴巴多斯首都布里奇顿和瑞士日内瓦举行，会议主题为“从不平等和脆弱性到全民繁荣”，140 多个国家和地区的 5300 名代表参会，会议通过《布里奇顿共识》和政治宣言（“斯佩茨敦精神”）。联合国贸易和发展会议每四年举办一次，这是第一次在小岛屿发展中国家举行。

中国政府援助加勒比共同体秘书处抗疫物资交接仪式在中国驻特立尼达和多巴哥使馆举行。中国驻特立尼达和多巴哥大使方遒、加勒比共同体副秘书长道格拉斯·威尔伯特·斯雷特、加勒比公共卫生署署长乔伊·圣约翰分别通过线下、线上方式出席并致辞。当前，加勒比地区疫情仍然严峻，中方向加勒比共同体秘书处捐赠价值 50 万元人民币的第二批紧缺抗疫物资。

8 日

美国总统约瑟夫·拜登表示，在 2022 财年，美国给拉丁美洲和加勒比地区难民入境的名额为 15000 个。

11 日

大赦国际发布报告声称，库拉索拒绝保护委内瑞拉移民。该组织估计有 17000 名委内瑞拉非正常移民进入库拉索。

12 日

加勒比旅游组织公布的初步数据显示，该地区 2021 年上半年旅游业的表现好于世界上其他地区，接待的国际游客达到 660 万人次，同比下降 12%；截至 5 月底，入境的国际游客达 520 万人次，同比下降 30.8%，远好于全球平均下降 65.1%的水平，这主要得益于第二季度美国游客增加、放宽旅行限制和增加航空运力。

13 日

泛美卫生组织宣布，阿根廷、圭亚那、洪都拉斯和牙买加分享美国、加拿大、德国和西班牙捐赠的 130 万剂新冠疫苗。牙买加、圣卢西亚、圣文森特和格林纳丁斯以及海地接种疫苗的人口比例低于 20%。

12 日、13 日，第二届中国—拉共体高级别学术论坛暨第六届中国—拉美和加勒比智库论坛在北京举行，本次论坛的主题是“中拉合作：共迎挑战，共创未来”，采取线上线下相结合的方式举行。

15 日

牙买加酒店经营者尼古拉·马登-格雷格当选加勒比酒店和旅游协会主席，任期一年。

伯利兹政府宣布，将于次日向古巴运送第一笔人道主义援助物资，其中包括食品、卫生设备和卫生用品，价值 20 万伯利兹元。

英属维尔京群岛卫生部部长卡文·马龙宣布，从次日开始取消宵禁，同时放宽聚会限制，将原来要求在聚会中保持 6 英尺社交距离降至 3 英尺。

世界粮食计划署表示，气候危机对加勒比地区的粮食安全构成严重威胁；在过去 70 年中，加勒比地区遭受 324 次灾害影响。10 月 16 日是世界粮食日。

联合国安全理事会 15 个理事国一致决定，将联合国海地综合办事处的任期延长 9 个月，至 2022 年 7 月 15 日。

16 日

圣卢西亚解除紧急状态。

20 日

巴巴多斯议会投票选举现任总督桑德拉·梅森为第一任总统，将于 11 月 30 日宣誓就任。

21 日

特立尼达和多巴哥众议院和参议院以 47 票对 24 票否决了弹劾总统保拉·梅·威克斯的动议。

22 日

拉丁美洲和加勒比国家共同体 32 个成员国一致批准《拉丁美洲和加勒比卫生事务自给自足计划》，并计划在短期内启动三大机制建设：监管趋同和认可机制，区域临床试验平台，疫苗和基本药物的国际集中采购机制及其用于开发区域市场的机制。

27 日

在英国格拉斯哥联合国气候变化大会召开前，加勒比共同体气候变化部长会议发表宣言，紧急呼吁全球团结一致，将全球变暖控制在 1.5℃ 以内，实现气候正义，确保加勒比地区的生存不受损害。

29 日

中国援助古巴的安乃近片和注射用头孢他啶运抵哈瓦那，本批药品共计 1600 箱，总重 28 吨。7 月底以来，中国已分 8 批向古巴提供呼吸机、制氧机、抗原检测试剂、个人防护用品、医用耗材、药品等多项物资。

31 日

小岛屿国家联盟主席、安提瓜和巴布达总理加斯顿·布朗和图瓦卢总理卡乌塞亚·纳塔诺签署一项历史性协议，成立小岛屿国家气候变化和国际法委员会。该委员会致力于制定和推行公平、公正的全球环境规范，有权就各国对碳排放、海洋污染和海平面上升的法律责任征求国际海洋法庭的意见，其成员资格向所有小岛屿国家开放。

11 月

1 日

安提瓜和巴布达庆祝独立 40 周年。

加勒比共同体副秘书长阿姆斯特朗·亚历克西斯正式上任。此前，亚历克西斯曾在联合国开发计划署任职。

美洲开发银行的新《环境和社会政策框架》生效。该框架在保护人类和环境方面设定了世界级的标准，适用于新的投资贷款、援助和担保，并对政策性贷款和技术合作项目做出具体规定。

2 日

加勒比共同体启动能源月活动，本月重点关注青年参与的活动，特别是加勒比共同体能源青年论坛、绿色教育和能源职业日。22—25 日举办的第七届加勒比可持续能源论坛也是能源月活动的一部分。

加勒比开发银行与其他 8 个多边开发银行发表联合声明，共同承诺让自然成为政策和行动的主流，扩大对自然的融资。

加勒比法院开庭审理伯利兹诉特立尼达和多巴哥未承担《查瓜拉马斯条约》规定的义务一案。该条约规定，加勒比共同体国家必须对从加勒比地区以外进口的红糖征收 40%的共同对外关税。伯利兹认为，2018 年 11 月至 2020 年 6 月期间，特立尼达和多巴哥进口加勒比地区之外的红糖时并没有征收共同对外关税，特立尼达和多巴哥予以否认。

4 日

东加勒比国家组织签署《格拉斯哥旅游业气候行动宣言》，承诺与旅游利益相关者在气候变化领域开展合作。

5 日

东加勒比国家组织启动 iLearn 教育平台，为教师、家长和学生提供庞大的高质量数字教育资源。

8 日

正在英国格拉斯哥参加联合国气候变化框架公约第 26 次缔约方大会的加勒比共同体和太平洋岛国论坛负责人举行会谈，双方呼吁发达国家履行每年提供 1000 亿美元的承诺，帮助包括小岛屿国家和低洼沿海国家在内的发展中国家应对气候变化的挑战。

加勒比开发银行行长海基努斯·莱昂呼吁，发达国家应将其特别提款权的 2%对小岛屿发展中国家进行气候适应投资。

9 日

美洲开发银行和西班牙电信公司举行会谈，双方同意共同促进拉丁美洲和加勒比地区的包容性数字化转型。会议启动了企业创业平台 CIV-LAC，计划帮助 600 家左右的创业公司成长。

世界银行发布题为《360°弹性：加勒比地区准备应对新一代冲击指南》的报告，指出加勒比地区是最容易发生灾害的地区之一，虽然在提高弹性方面取得一些进步，但没能促进包容性经济增长，应采取更全面的弹性方法应对气候变化、新疾病以及不断变化的社会、经济和环境带来的挑战。

11 日

安提瓜和巴布达大使康罗德·亨特被选举为联合国联合检查组成员，任期从 2023 年到 2027 年。联合检查组是联合国系统内唯一受命进行系统范围内评估、检查和调查的联合国外部监督机构。

12 日

牙买加当选为联合国教科文组织拉丁美洲和加勒比国际高等教育研究所的理事会成员，期限为 2021—2025 年。该研究所是联合国系统中唯一以促进成员国高等教育发展为使命的专业机构，由联合国教科文组织大会于 1997 年创建。

13 日

巴哈马结束为期 18 个月的紧急状态。

14 日

牙买加总理安德鲁·霍尔尼斯宣布在全国 7 个警区实施公共紧急状态，遏制暴力犯罪激增的态势。牙买加的凶杀率位居世界前五名。

15 日

加勒比共同体启动对地区青年发展状况的调查，为落实《加勒比共同体青年发展行动计划》提供新数据。

巴巴多斯外交和外贸部发表声明，宣布建成世界上第一个元宇宙大使馆，计划于 2022 年 1 月正式启用。巴巴多斯希望将元宇宙大使馆建设成促进与其他国家关系的中心。

17 日

特立尼达和多巴哥议会批准结束紧急状态。

圣基茨和尼维斯总理莫西·哈里斯为该国驻阿拉伯联合酋长国大使馆揭幕。

18 日

16—18 日，苏里南政府代表团出访特立尼达和多巴哥，双方举行一系列会议，协商加强双边合作事宜，并签署谅解备忘录。

巴拿马外交部部长艾丽卡·穆因斯表示，巴拿马、多米尼加和哥斯达黎加已签署一体化协议，以促进民主制度建设和经济增长。多米尼加正推进与中美洲的融合，三国的第三次会议将于 2022 年 12 月在多米尼加举行。

17 日、18 日，第二届拉丁美洲和加勒比地区减少粮食损失和浪费峰会在智利圣地亚哥举行。会议寻求减少粮食损失和浪费的方案，确定中期（2025 年）和长期（2030 年）的优先事项。

在法国巴黎举行的联合国教科文组织大会第 41 次会议上，格林纳达、海地和圣卢西亚当选为联合国教科文组织执行局成员，任期从 2021 年至 2025 年。

22 日

多米尼克总理罗斯福·斯凯里特与中国新任驻多米尼克大使林先江签署两国免签证旅行协议，协议立即生效。两国于 2004 年 3 月建交。

加勒比公共卫生署与全球疾病传播媒介中心签署谅解备忘录，双方同意建立媒介传播疾病和能力建设的合作伙伴关系，增强加勒比地区疾病媒介控制能力。

24 日

美洲开发银行批准向加勒比开发银行提供 5000 万美元的全球信贷项目，帮助东加勒比国家组织成员提高抗灾救灾和应对气候变化的能力。

中国驻牙买加大使田琦和牙买加总理安德鲁·霍尔尼斯出席蒙特哥贝绕城路项目签约仪式。该项目全长 26.7 公里，由牙买加政府投资建设，中国港湾工程有限责任公司承建。

25 日

菲德尔·卡斯特罗·鲁兹中心落成典礼在古巴首都哈瓦那举行。该中心是第一座也是唯一一座以菲德尔·卡斯特罗的名字命名的古巴建筑。

27 日

26 日、27 日，第 14 届圣卢西亚—中国台湾合作贸易展在圣卢西亚格罗斯岛的人力资源发展中心举行，主题是“科技促进商业发展”。该展览每年举办一次。

29 日

东加勒比国家组织的技术创新和创业生态系统竞争中心选择 46 家企业参与孵化和加速项目，用 6 个月时间培训、指导和帮助这些企业成长。第二阶段计划于 2022 年第一季度启动。

世界旅游组织和东加勒比国家组织签署谅解备忘录，双方同意加强合作，在东加勒比地区发展更具包容性、可持续性和弹性的旅游业。

30 日

在独立 55 周年之际，巴巴多斯正式建立共和国，桑德拉·梅森宣誓就任总统，取代英国女王伊丽莎白二世成为国家元首。巴巴多斯是继圭亚那、特立尼达和多巴哥以及多米尼克之后的第四个英语加勒比共和国。

世界银行再向圣文森特和格林纳丁斯提供 4000 万美元融资，用于拉苏弗里耶尔火山喷发后的经济社会重建。据估计，这次火山喷发导致的损失达 1.75 亿美元。此前，世界银行已于 4 月、6 月分别融资 2000 万美元、5000 万美元。

12 月

2 日

欧洲联盟—拉丁美洲和加勒比领导人会议线上举行，2021 年担任区域和次区域组织主席国的拉丁美洲和加勒比七国国家元首或政府首脑参加会议。这是中断 6 年后重启欧洲联盟与拉丁美洲和加勒比地区最高级别对话的重要一步。

3 日

中国—拉共体论坛第三届部长会议以视频方式举行。中国国家主席习近平，拉共体轮值主席、墨西哥总统安德烈斯·曼努埃尔·洛佩斯·奥夫拉多尔分别向会议发表视频致辞。中国国务委员兼外长王毅主持会议并发表主旨讲话。会议通过了《中国—拉共体论坛第三届部长会议宣言》和《中国与拉共体成员国重点领域合作共同行动计划（2022—2024）》。

4 日

美洲开发银行和联合国难民署签署谅解备忘录，双方同意共同应对拉丁美洲和加勒比地区因日益增加的无家可归者而产生的挑战。

6 日

巴哈马启动新的体面劳动国别计划，国际劳工组织和联合国的高级官员出席了启动仪式。该计划为期 5 年，直至 2026 年。巴哈马是第一个启动第二代体面劳动国别计划的加勒比国家。

7 日

多米尼克和蒙特塞拉特启用东加勒比中央银行的 DCash 支付系统。至此，在东加勒比货币联盟的 8 个成员里，只有安圭拉尚未使用该支付系统。

巴巴多斯总理米娅·莫特利接受联合国环境规划署颁发的地球卫士奖。该奖于 2005 年设立，每年颁发一次，是联合国最高的环境荣誉。

圭亚那和加纳签署合作框架协议、石油合作谅解备忘录和投资合作谅解备忘录，加强双边关系。

8 日

美洲市场情报公司预测，到 2035 年，圭亚那将日产 140 万桶石油，成为世界上人均石油产量最高的国家。据埃克森美孚公司估计，圭亚那石油储量超过 100 亿桶。

9 日

埃克森美孚公司宣布，已将在特立尼达和多巴哥的所有供应链服务转移到圭亚那。2008 年，埃克森美孚公司开始在圭亚那勘探石油和天然气，2015 年钻探第一口油井 Liza-1，2019 年起生产石油。

加勒比开发银行发表声明，承诺开展业务时在借款成员国中打击一切形式的腐败行为。

10 日

英属维尔京群岛和联合国签署新的《联合国多国可持续发展框架》，指导双方在未来 5 年内的合作，确定 4 个优先事项：经济增长、保障人权、应对气候变化与确保社会和平与公正，来自联合国开发计划署、联合国儿童基金会、泛美卫生组织、联合国教科文组织和世界粮食计划署的代表参加了签字仪式。

圭亚那财政部部长阿什尼·辛格和联合国驻地协调员耶希姆·奥鲁克签署 2022—2026 年的《英语和荷兰语加勒比地区多国可持续发展合作框架》。该合作框架旨在加快实现可持续发展目标和 2030 年可持续发展议程。

12 日

海地全国过渡委员会 52 名成员就任，其任务是负责选举海地临时总统和总理。

14 日

美洲人民玻利瓦尔联盟—人民贸易条约成员国举行第 20 次峰会，纪念该联盟成立 17 周年，并发表宣言，承诺加强这一基于团结、社会正义、合作和经济互补原则的政治协调机制，捍卫拉丁美洲和加勒比地区的一体化与和平，强烈谴责美国封锁古巴的行径。

16 日

美洲开发银行批准一项与苏里南合作的 2021—2025 年新国家战略，预计提供资金 4.5 亿美元，支持苏里南恢复宏观经济可持续发展，提升私营部门竞争力，改善基本服务和社会保障。

17 日

巴巴多斯总理米娅·莫特利和联合国驻地协调员迪迪埃·特雷布克签署新的《联合国多国可持续发展合作框架》，其时间范围为 2022—2026 年。

应海地要求，美国决定向海地提供高性能武器和装甲车，并帮助培训海地军队。

联合国秘书长安东尼奥·古特雷斯任命牙买加人考特尼·拉特雷为办公室主任。拉特雷是资深的外交官，自 2021 年 7 月起担任最不发达国家、内陆发展中国家和小岛屿发展中国家高级代表。

20 日

加勒比共同体气候变化中心发表声明称，11 月的英国格拉斯哥联合国气候变化会议只为将全球变暖控制在 1.5℃以下“提供了非常狭窄的机会窗口”。

23 日

安提瓜和巴布达结束紧急状态，比原定时间提前了 4 天。

24 日

中国国家发展和改革委员会主任何立峰与古巴副总理里卡多·卡布里萨斯签署了《中华人民共和国政府与古巴共和国政府关于共同推进“一带一路”建设的合作规划》。

27 日

泛美卫生组织启动“拉丁美洲和加勒比地区物质使用障碍全民医疗保健”项目，该项目由美国国务院国际麻醉品和执法事务局资助，为哥伦比亚、哥斯达黎加、厄瓜多尔、圭亚那和巴拿马提供技术支持，提高这些国家应对与物质使用相关的难题的能力。活动将持续 18 个月，重点是培训卫生和社会工作者。

29 日

圭亚那议会通过《自然资源基金（修正）法》，旨在加强对国家石油收入的管理，特别是增加透明度和问责力度。原《自然资源资金法》于 2019 年颁布实施。

墨西哥卫生安全委员会批准使用古巴的三剂 Abdala 新冠疫苗。

责任编辑：邵永忠
封面设计：黄桂月

图书在版编目（CIP）数据

加勒比地区发展报告．2021年/余江 主编；天津外国语大学拉丁美洲研究中心编著．—北京：人民出版社，2023.11
ISBN 978-7-01-026013-6

Ⅰ．①加… Ⅱ．①余… ②天… Ⅲ．①加勒比海-群岛-区域发展-研究报告-2021 Ⅳ．①F175.07

中国国家版本馆CIP数据核字（2023）第195098号

加勒比地区发展报告（2021年）
JIALEBI DIQU FAZHAN BAOGAO 2021NIAN

余江 主编 天津外国语大学拉丁美洲研究中心 编著

人民出版社 出版发行
（100706 北京市东城区隆福寺街99号）

北京中科印刷有限公司印刷 新华书店经销

2023年11月第1版 2023年11月北京第1次印刷
开本：710毫米×1000毫米 1/16 印张18.5 字数：300千字

ISBN 978-7-01-026013-6 定价：90.00元

邮购地址 100706 北京市东城区隆福寺街99号
人民东方图书销售中心 电话（010）65250042 65289539